国家社科基金后期资助项目"服务企业服务补救影响机理研究：基于企业和顾客认同的视角"（项目号：19FGLB021）研究的最终成果

服务企业服务补救影响机理研究： 基于企业和顾客认同的视角

谢凤华　著

南開大學出版社

天　津

图书在版编目(CIP)数据

服务企业服务补救影响机理研究：基于企业和顾客认同的视角 / 谢凤华著. —天津：南开大学出版社，2021.1

ISBN 978-7-310-06074-0

Ⅰ.①服… Ⅱ.①谢… Ⅲ.①服务业－企业管理－研究 Ⅳ.①F719

中国版本图书馆 CIP 数据核字(2021)第 015860 号

服务企业服务补救影响机理研究：
基于企业和顾客认同的视角
FUWU QIYE FUWU BUJIU YINGXIANG JILI YANJIU：
JIYU QIYE HE GUKE RENTONG DE SHIJIAO

南开大学出版社出版发行
出版人：陈　敬
地址：天津市南开区卫津路 94 号　　邮政编码：300071
营销部电话：(022)23508339　营销部传真：(022)23508542
http://www.nkup.com.cn

北京明恒达印务有限公司印刷　全国各地新华书店经销
2021 年 1 月第 1 版　　2021 年 1 月第 1 次印刷
238×165 毫米　16 开本　16.75 印张　2 插页　289 千字
定价：59.00 元

如遇图书印装质量问题,请与本社营销部联系调换,电话:(022)23508339

国家社科基金后期资助项目

出 版 说 明

后期资助项目是国家社科基金设立的一类重要项目，旨在鼓励广大社科研究者潜心治学，支持基础研究多出优秀成果。它是经过严格评审，从接近完成的科研成果中遴选立项的。为扩大后期资助项目的影响，更好地推动学术发展，促进成果转化，全国哲学社会科学工作办公室按照"统一设计、统一标识、统一版式、形成系列"的总体要求，组织出版国家社科基金后期资助项目成果。

全国哲学社会科学工作办公室

前　　言

　　服务业是我国十二五重点扶持产业，发达国家服务业在国民经济中占有的比重超过 70%，我国还有很大差距。服务的特点有无形性、随时变化性、无法储藏性、生产与消费同步产生而导致的不可分离性等。服务这些特点的存在给现代服务企业的生产和经营带来了非常大的挑战。高度的不确定性让服务企业在经营中的变数变大，特别是与顾客接触频繁的服务企业更是如此，服务失误随时随地可能发生。目前在我国，网络购物、房屋质量、预付费消费、银行卡难退、飞机无故延误等服务类消费已成为顾客投诉的热点。对于服务行业或企业而言，服务补救是解决问题的唯一办法。"服务补救悖论"（Service Recovery Paradox）是学者们关注的热点。学者们对"服务补救悖论"进行了仁者见仁，智者见智的解释。这些研究结论在让我们认识服务补救复杂性的同时，也让我们逐渐明晰"服务补救悖论"的本质。"服务补救悖论"中其实还隐含着一个重要前提，即服务企业是否积极主动进行服务补救，服务企业是否认同企业服务补救投入（以下简称"企业认同"）？顾客是否认同服务企业服务补救的措施（以下简称"顾客认同"）？我们认为，企业和顾客的双重认同（而不仅仅只是顾客的认同）是诠释"服务补救悖论"产生的更真实的原因。因为，只有服务企业和顾客双方都认同服务补救，认可服务补救的价值，服务补救才会有好的效果。那么，企业和顾客认同到底对服务补救有何作用？作用机理是什么？然而，现今却缺乏这一视角的探索性研究。因此，我们非常有必要明确企业和顾客认同对服务补救的重要影响，挖掘和求证企业和顾客认同对服务补救的内在作用机理，引导服务企业正确而有效地实施服务补救，特别是高顾客接触型服务企业正确而有效地实施服务补救成为一个亟须破解的研究论题。本研究紧紧围绕服务企业破解其中的关键环节，以基于企业和顾客认同视角的服务补救影响机制和权变模型为研究核心，进一步拓展和剖析服务补救理论。

　　本研究特别针对服务企业，探索企业和顾客认同对服务补救的独特重要作用。研究在有针对性的同时，也拓宽了现有理论研究范畴。另外，国内现有服务补救研究由于研究领域和实证行业的差别，尚未形成共识性的理论体系，研究视角侧重于顾客视角。本研究关注的是服务企业和顾客双方，着重探讨服务企业这一方对于服务补救投入的积极性，另一方面，感知顾客对于服务企业服务补救的接受意愿，基于双方的调查进一步挖掘和深化现有的服务补救理论。本研究丰富了消费者行为理论和服务补救理论，对于从事管理科学的同行们，是一份有新意的研究成果；对于在校的管理学科的学子们，也是一本有价值的参考书。

谢凤华

2020 年 4 月 18 日

目　　录

第 1 章　绪论

1.1　研究背景

　　服务业是我国十二五重点扶持产业，发达国家服务业在国民经济中占有的比重超过 70%，我国还有很大差距。服务的特点有无形性、随时变化性、无法储藏性、生产与消费同步产生而导致的不可分离性等。服务这些特点的存在给现代服务企业的生产和经营带来了非常大的挑战。高度的不确定性让服务企业在经营中的变数变大。特别是与顾客接触频繁的服务企业更是如此，服务失误随时随地可能发生。目前在我国，网络购物、房屋质量、预付费消费、银行卡难退、飞机无故延误等服务类消费已成为顾客投诉的热点。对于服务行业或企业而言，服务补救是解决问题的唯一办法。"服务补救悖论"（Service Recovery Paradox）是学者们关注的热点。学者们对"服务补救悖论"进行了仁者见仁，智者见智的解释。这些研究结论在让我们认识服务补救复杂性的同时，也让我们逐渐明晰"服务补救悖论"的本质。"服务补救悖论"中其实还隐含着一个重要前提，即：服务企业是否积极主动进行服务补救，服务企业是否认同企业服务补救投入（以下简称"企业认同"）？顾客是否认同企业服务补救的措施（以下简称"顾客认同"）？本研究认为，服务企业和顾客的双重认同（而不仅仅只是顾客的认同）是诠释"服务补救悖论"产生的更真实的原因。因为，只有服务补救的价值得到了服务企业和顾客的共同认可，对服务补救的效益持肯定态度，这样，服务企业的服务补救效果才会朝好的方向发展。那么，企业和顾客认同到底对服务补救有何作用？作用机理是什么？然而，现今却缺乏这一视角的探索性研究。因此，我们非常有必要明确企业和顾客认同对服务补救的重要影响，挖掘和求证企业和顾客认同对服务补救的内在作用机理，引导服务企业正确而有效地实施服务补救，特别是高顾客接触型服务企业正确而有效地实施服务补救成为一个亟须破解的研究论题。本研究紧紧围绕服务企业破解其中的关键环节，以基于企业和顾客认同视角的服务补救影响机制和权变模型为研究核心，进一步拓展和剖析服务补救理论。

1.2　研究的理论和实践价值

借鉴学者们的研究成果，本研究将从理论上和实践上，进行一系列理论的深入拓展，构建一个较为系统的服务补救理论研究框架。本研究以此为基础，从更为操作实用性和理论宽广性上出发，用一个逻辑缜密、相互验证考究的服务补救模型来诠释和分析企业和顾客两个方面，或者理解为两个角度对服务补救的认知以及基于这一认知的服务企业服务补救流程优化。国内外学者对服务补救的众多有益结论和研究局限、展望在成为本研究框架构建和理论探索有益参考的同时，也为本研究的进一步拓展提供了可行的路径探索：①国外学者对服务补救的研究重点在于探究服务补救的前因和流程，国内学者参考国外的分析范式注重从服务失误的直接原因探寻服务企业服务补救措施，较少结合中国国情进行适应性研究。本研究扎根于中国本土情境，探索服务企业开展有着中国特色的服务补救措施的实施效果和弥补途径。②迄今为止，学者们对服务补救的探索较多的是从顾客视角研究和探讨，研究视角较为片面和单一。现有研究较少将顾客和服务企业放在同一平台上来研究服务企业如何实施服务补救，对服务补救过程中顾客心理反应涉及少，尤其缺乏实证研究。本研究将服务企业和顾客两者有机地结合在一起，基于企业和顾客认同的视角研究服务补救的影响机制，试图从制度设计上构建企业服务补救投入和顾客心理反应的权变模型。

（1）理论价值：第一，本研究特别针对服务企业，探索企业和顾客认同对服务补救的独特性和重要性作用。研究在有针对性的同时，也拓宽了现有理论研究范畴。第二，国内现有服务补救研究由于研究领域和实证行业的差别，尚未形成共识性的理论体系，研究视角侧重于顾客视角。本研究关注的是企业和顾客双方，着重探讨服务企业在服务补救过程中的积极投入效果和顾客对服务企业服务投入的主观认知程度二者之间的互动和相互作用机理，对现有的服务补救基础理论进一步拓展和挖掘。

（2）实践价值：第一，服务企业是顾客与服务提供者高度接触的服务企业，本书以此为研究背景，能够更全面和彻底地研究服务补救，提高研究结论的实践应用性。第二，本研究试图从企业和顾客认同视角分别探索服务企业和顾客对服务补救感知的关键影响因素及其作用机理。研究为服务企业服务补救提供更准确合理的依据和新的思考视角，有利于服务企业服务补救战略的制定和策略的实施。第三，本研究构建了基于企业和顾客认同的服务企业服务补救投入和顾客心理反应权变模型，研究有利于揭示服务企业服务补救和顾客心理的适时互动，有利于提高服务企业服务补救行为的科学性和持久性。

1.3 研究的目标

本研究的研究目标有三个：一是，探索服务企业对服务补救感知的关键影响因素及其企业认同在服务补救中的中介作用；二是，挖掘顾客对服务补救感知的关键影响因素及其顾客认同在服务补救中的中介作用；三是，探寻基于企业和顾客认同的服务补救投入和顾客心理反应权变模型。

1.4 研究的内容

1. 基于企业认同的服务补救关键影响因素及作用机制

关于服务补救前因的研究，学者们基于顾客感知视角的研究成果丰富。然而基于服务企业感知视角的研究却很少，有必要研究服务补救实施的主体——服务企业的感知，探讨服务企业对服务补救的认可程度及其中的作用机理。本研究在文献研究的基础上，以服务企业为研究主体，研究企业对服务补救的感知和投入意愿；揭示服务企业对服务补救感知的关键影响因素，剖析其中的作用机理，重点研究企业认同的中介作用。本部分的具体研究内容有如下五个方面：

①服务企业对服务补救感知的影响因素及其关键影响因素；

②服务企业对服务补救的具体感知因素、企业认同和服务企业服务补救投入的关系；

③企业认同的中介作用；

④可信的第三方介入和公众的关注度的调节作用；

⑤基于企业认同的服务补救概念模型。

　　根据前期文献，本研究初步归纳基于企业认同的服务补救关键影响因素模型为图 1.1 所示。本研究中最终运用线性回归方程挖掘和探索了企业认同的中介作用。

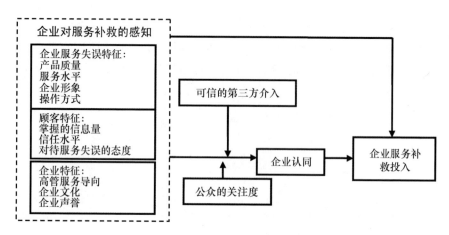

图 1.1　基于企业认同的服务补救关键影响因素模型

　　2. 基于顾客认同的服务补救关键影响因素和作用机制

　　服务补救过程中，顾客作为服务补救的客体感知的因素非常多，学者们对此进行了非常丰富的研究，却很少有研究关注顾客心理层面的认知，较少关注顾客对服务补救的主观评价和认可程度。研究按照刺激—认知—情感的序列模式，结合运用实际消费中顾客抱怨记录、焦点小组座谈及其情景模拟实验等方法，以服务企业为研究对象，探索服务补救过程中顾客心理反应的个体特征变量，剖析顾客对企业服务补救投入的感知和顾客心理反应机制，研究其中的作用机理，关注顾客认同的中介作用。研究内容包括：

　　①顾客个体特征和顾客认同的关系和影响；

　　②顾客对服务补救的具体感知、顾客认同和顾客后续行为意向的关系；

　　③顾客认同的中介作用；

　　④服务失误类型、可信的第三方介入和自我解释倾向（stable-self）的调节作用；

　　⑤基于顾客认同的服务补救概念模型。

　　这部分所构建的研究框架如图 1.2 所示。为了挖掘顾客认同的中介作用，我们也考虑两个研究模型：一个直接模型和一个间接模型，运用结构方程比较直接模型和间接模型的拟合优度指标，从而发现顾客认同的中介作用。

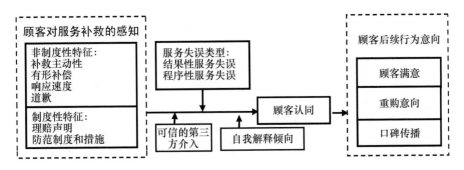

图 1.2　基于顾客认同的服务补救关键影响因素模型

3. 企业服务补救与顾客心理的互动机理

企业服务补救与顾客心理形成了一个有机系统，企业服务补救投入与顾客心理反应是一个互动的关系，两者相互促进，共同发展。研究以服务企业为研究对象，构建服务补救与顾客心理的互动双螺旋模型，并进行实证检验，探索服务补救投入与顾客心理反应之间关系的积极互动条件；运用博弈理论，探讨服务补救决策机制的选择，构建基于企业和顾客认同视角的服务补救投入和顾客心理反应的权变模型。

1.5　研究的思路和方法

从整体上来看，本书遵循服务补救微观层面的"行为解析—模型构建—机制设计"技术路径，采用解释性研究基于企业和顾客认同的服务补救关键影响因素及作用机制，使用规范性研究服务企业在服务补救过程中的积极投入效果和顾客对企业服务投入的主观认知程度二者之间的互动和相互作用机理，对现有的服务补救基础理论进一步拓展和挖掘；试图构建服务企业服务补救系统理论架构与规范性的案例研究方法，完整提出解决问题的方案。

基于企业和顾客认同的视角的服务企业服务补救影响机理研究采用的研究方法主要包括文献研究法、基于访谈的定性研究（Qualitative Research）法、内容分析法、问卷调查和多案例研究四种方法。

（1）文献研究法。本研究整理和综合分析了国内外服务补救研究文献，试图在研究立论、理论拓展和研究方法上引领服务补救理论方向。在企业和顾客认同的服务补救关键影响因素、基于企业和顾客认同的服务补救权变选择等方面都需要在国内外文献的基础上按照文献提出的时间顺序逐一列表归类，从而奠定扎实的文献基础。

（2）基于访谈的定性研究法。在揭示服务企业和顾客对服务补救的感知、企业服务补救投入和顾客心理互动机理等问题时，本研究在文献研究的基础上，有针对性地选择湖南、浙江、上海和广东等地服务企业进行实地访谈。本研究的访谈对象为服务企业从事服务管理和执行工作的高层管理人员，同步进行湖南、浙江、上海和广东等地顾客服务补救现场和事后情绪反应的记录。本研究通过梳理访谈数据，佐证研究思路，挖掘服务补救企业和顾客认同的影响机理，识别服务企业服务补救过程中和顾客心理反应的关键事件。

（3）内容分析法。在服务企业对服务补救感知的关键影响因素和顾客对服务补救感知的关键影响因素研究方面通过服务企业、顾客访谈和焦点小组座谈的方式得到访谈数据，将访谈数据转录为文本格式后用典型的内容分析法对其中的影响因素进行提炼。本研究通过内容分析法提炼出服务企业对服务补救感知的关键影响因素和顾客对服务补救感知的关键影响因素。

（4）问卷调查和多案例研究。在研究顾客和服务企业对服务补救感知的关键影响因素时，本研究在搜集和整理国内外学者研究的基础上，积极采用企业和顾客认同问卷调查，并且结合正面服务补救和反面服务补救案例进一步诠释的研究方式。本研究中的问卷调查数据采用 SPSS 和 AMOS 软件进行分析处理。代表性的服务补救多案例剖析的目的是力图通过多案例的比较揭示服务补救影响机理。正面案例和负面案例的多案例多角度呈现，最终的目的是提高服务企业服务补救对策的针对性和有效性。

1.6　研究变量的概念界定

本研究中涉及的研究变量众多，这些变量的界定成为本研究继续探索和已经有结论可信的基础。研究梳理了研究中的核心变量服务失误、程序性失误、结果性失误、服务补救、服务企业、顾客认同和企业认同的定义，分别如下所示：

本研究认为，在服务企业提供服务的过程中，顾客期望水平与顾客感知到的服务水平存在差距而导致的顾客不满意情绪和行为的发生，那么在这一服务提供的过程中，服务失误也就发生了。

本研究中涉及程序性失误和结果性失误的实证研究，研究中对于程序性失误和结果性失误的操作性定义为：程序性失误是指服务企业在提供和传递服务的过程中出现的一些失误，不能按照顾客的心理预期和需求提供核心服务，使顾客不能认知和解读服务，由此而产生不愉快的经历；结果性失误是一种服务企业的核心服务没有按照预期计划实施下去，顾客没有享受到服务提供者的基本服务内容或者核心服务，即企业和顾客的双方交易没有按照预期达成。

根据学者对服务补救的理解和本研究的需要，本研究对服务补救做出了如下定义：服务补救是指服务提供者在发生服务失误后，针对引起服务失误发生的原因进行修复和弥补，以期获得顾客的满意、提高顾客忠诚度、维持长远顾客关系的一系列企业修复行为。

服务企业是指为顾客提供产品销售服务的企业。这一服务有可能是顾客购买的主要标的物，也有可能是在购买产品时连带产生的。本研究包括两类服务企业：一类是制造型服务企业，特别是指有一定技术含量售后服务的制造企业；另一类是纯粹的服务企业，这类企业的产品销售过程也是服务产生的过程。

谢毅和郭贤达（2010）从顾客认同理论探讨了组织市场中公司与公司之间的关系。这一理论可以拓展到公司与个体消费者的关系中。本研究探索服务失误出现时，顾客对企业服务补救的认同，是将谢毅和郭贤达的研究进一步拓展到具体的企业—顾客关系中，探讨顾客认同视角下服务补救的作用机制。因此，本研究将顾客认同界定为顾客企业服务补救提供的有形和无形服务举措的综合认定和认可的程度。

服务企业对服务失误的补救会给自身带来回报和效益，而且给其带来的回报和效益越大，服务企业对于服务补救的投入及其价值的认可程度就会越高，本研究把这种认可度称之为企业认同。

第 2 章　国内外研究综述

2.1　服务失误的相关研究述评

2.1.1　服务失误的界定

在服务提供过程中存在着服务的独特性质：复杂性、不确定性、生产和消费同步进行。这几种独特的原因也就导致了服务型企业无法及时、准确、有效地感知到顾客的心理需求，继而增加了服务型企业工作的实施难度。因此，在服务提供的过程中，想要做到完美无瑕，"零缺陷"的目标是极其困难的。在现实企业服务环境中，这种目标甚至是可望而不可即的。美国哈佛大学教授 Hart、Heskett & Sasser 在《哈佛管理评论》中提出，失误是服务过程中不能避免的。不管付出多大精力，在服务行业中也会不可避免地出现一些偶然性的失误，即使在世界顶尖的服务企业这种类似的情况也是在所难免的：飞机航班的延误、牛排烹饪过度和快递的遗失等。"零缺陷"的服务只是一种理想化的状态，在实践过程中是不可能做到完美的。Smith、Bolton 和 Wagner（1999）、李克芳、钟帅、纪春礼（2017）的研究发现，服务失误会导致顾客拒绝重购、口口传播负面消息等，进而降低对服务企业的忠诚度，最终会使服务企业顾客流失。因此，服务失误对服务企业的生存和发展有着至关重要的作用。而对于服务企业来说，如何减少服务失误，以及避免由服务失误带来的种种不良影响，是其思考的首要问题。

Kelley & Davis（1994）最早提出服务失误这个概念，并经由 Sparks 对服务失误概念进行丰富化，是指"服务（水平）低于消费者的期望"。一般情况下，在消费者享受服务之前，其在脑海中会构建出一个对于服务水平的预期期望值，将其与真实的服务水平进行对比之后会产生满意或者不满意的情绪。若其接受服务之后得到的满意水平低于之前的预期期望值，就会产生不满意情绪。对服务企业来说，服务失误也就发生了。在此基础上，各位学者针对不同情境都对服务失误做出了相关概念的鉴定。

Hays & Hill（1983）将服务失误定义为："导致顾客不满意的服务遭遇"；Bell & Zemke（1987）认为，服务失误是指服务企业提供的服务低于顾客的预期，服务失误是服务消费过程中最为熟悉的哒哒声，每一次低于顾客预期的服务经历，都意味着服务失误的发生；而 Bitner、Booms & Tetreault（1990）、薛珠（2017）则从顾客角度出发，拓宽了服务失误的范围，指出只要顾客的需求没有被满足或者低于其预期值，则服务失误也就随着发生；Gronroos（1990）将服务失误界定为不按照顾客预期的要求进行的服务；Keaveney（1995）指出当顾客对整个服务前期、服务过程、服务后期这三方面中任何一方面产生不满意时，这就说明服务失误发生了，并且有 90%—95% 的顾客会义无反顾地离开企业，不进行抱怨；Smith（1998）指出当服务提供者不能满足消费者的要求，并且消费者产生不满行为时，服务失误这时候就存在了，只要商家提供的服务不能按照预期设想实施或者不能按照顾客期望提供，客户就会感觉到"服务失误"；Michel（2001）指出，从顾客角度出发，服务失败意味着服务没有达到顾客预期期望的水平；Hays & Hill（2006）指出，服务失败是"造成顾客不满的任何服务接触情境"；Bhan-dari、Tsarenko & Polonsky（2007）指出，当一项服务提供没达到顾客期望水平时，服务失误即发生，而且这会削弱或者影响到顾客满意的结果，并由此导致顾客的抱怨行为；赖晓云（2004）将服务失误运用于图书馆服务，认为在提供服务过程中，一旦出现顾客抱怨或者不满意行为就称为服务失误；张圣亮和钱路（2010）将服务失误运用于银行服务业，提出顾客在享受服务过程中所发生不愉快的经历就称为服务失误。

通过以上文献研究发现，在对服务失误做出概念性的鉴定时，国内学者在这一方面基本都是参照国外学者的观点，并且在此基础上，结合本国、本行业的具体情境加以运用。国外学者在对服务失误做出解释时，可谓是百花齐放。有从服务提供者的角度定义的，如 Tetrearlt（1990）认为，服务失误的主要责任应该由服务提供者承担，是服务提供者的疏忽、失职、操作失当等原因引起的；有从顾客的角度定义的，如 Palmer（2000）认为，服务失误的责任不能由服务提供者单独承担，服务接受者受认知、价值观、文化的影响同样也会导致服务失误的产生；也有从企业、顾客的综合角度对服务失误进行定义，如 Binter、Booms & Mohr（1994）认为，服务失误是服务参与者共同的责任，双方的立场、利益不同，将会导致服务关系的僵化，由此而产生服务失误。随着时间的发展和研究的不断深入，多角度的定义和解释丰富了服务失误的内涵，为服务失误具体运用提供了方向性指导。本研究认为，无论从哪种角度定义服务失误，服务失误的侧重点还是在于顾客对于服务企业提供的服务的感知和满意水平，是顾客主观情绪上的评价，而不是服务企业自身的简单评价。因此，本研究认为，在服务企业提供服务的过程中，顾客期望水平与顾客感知到的服务水平存在差距而导致的顾客不满意情绪和行为的发生，那么在这一服务提供的过程中，服务失误也就发生了。

Vaerenbergh & Varga（2018）等学者创新性地从顾客角度出发重新定义了服务失误。他们认为，服务失误是指消费者常规性的服务体验遭到打断，出现暂时性停止或永久性中断。此定义为体验式旅程的服务补救研究奠定了理论基础。

学者郭婷婷和李宝库（2019）从服务提供商和顾客预期两方面出发，将服务失误定义为，服务提供商没有切实履行或延迟履行自身的服务承诺，以及商品或服务没有达到顾客的预期。

2.1.2 服务失误的类型

过去的研究中，学者们基于不同的视角对服务失误进行了不同的分类。1982 年克·格鲁诺斯提出"顾客感知服务质量模型"。根据该模型，服务失误可以划分为两种不同的类型：程序性失误和结果性失误。程序性失误与服务质量中的功能质量相关，是指在服务的实现方式和传递方式上企业服务存在着缺陷，其侧重点在于顾客在精神上和情感上的不满意，服务企业不能按照顾客的心理预期和需求提供服务全过程，使顾客在这一过程中产生了不开心、不愉快的经历。结果性失误则与服务质量中的技术质量相关，是指服务企业没有提供达到顾客期望水平的服务，其关注的更多是物质利益的交换失败，说明了双方的交易并未完成，企业没有如期提供服务，顾客也未享受到服务。Bitner、Booms & Tetreault（1990）、Bitner、Booms & Mohr（1994）则从服务失误出现时员工的工作行为表现的视角将服务失误分为以下四种类型：服务传递系统失误、顾客定制服务失误、由员工不经意的行为引起的失误、由问题顾客引发的失误。Johnston（1994）则从失误主体的不同将服务失误划分为企业导致的失误即企业行为失误和由顾客引发的失误即顾客行为失误。企业行为失误即失误发生的原因主要是由企业一线员工服务行为不当而产生的；顾客行为失误即失误发生的原因主要是由顾客在享受服务过程中双方关系僵化并且不能有效控制而产生的。Keaveney（1995）认为顾客对企业员工负面的描述主要有以下几种：漠不关心、不礼貌的行为、视而不见和不具备相应的知识。Armistead、Clark & Stanley（1995）提出，导致服务失误出现的原因包括以下三种：服务提供者出现差错、顾客出现差错和与企业相关的差错。Smith、Bolton & Wagner（1999）在划分服务失误类型上和克·格鲁诺斯是一致的，将服务失误分为程序性失误和结果性失误两种类型。Hoffman、Kelley & Rotalsky（1995）将研究企业主体聚焦于餐饮行业，对服务失误进行了翔实的划分，分为三个大类十一个小类，分别如下：（一）服务传递系统失误：产品有缺陷、等待的时间太久、设备出现故障、规章制度不明显、企业的产品出现缺货或卖完。（二）没能及时响应顾客的需要：未达到烹煮的要求、座位比较缺乏的问题。（三）员工个人行为：员工态度不好抑或行为失常、送错菜、遗漏餐点、算账错误等。

在国内，学者梁新宏、章佳文将服务失误分为三种类型分别是：第一，系统性失误。其是指服务企业缺少完善的服务架构从而导致在服务提供过程中出现的差错。主要有以下三点：企业的服务体系不完善，服务设计不合理；服务架构不完备，服务要求不到位；缺乏有效的服务监督体系或没有完备的服务保障措施来满足顾客的要求等。第二，员工操作失误。这类服务失误是指由于员工在提供服务过程中出现的与工作相关的失误。主要表现为因违反服务规程而出现的行动迟缓、态度欠佳、业务不熟、用语不当等。第三，由顾客言行控制不力导致的服务失误。顾客在遭遇到企业未能提供给令其满意的服务内容时会出现一些不当甚至过激的言行举止，而服务一线的员工若无法及时有效地解决处理好顾客的情绪，则会导致顾客的不满意情绪爆发，甚至会将这种不满意情绪传染给其他顾客，从而给企业带来不利影响。

在众多的分类方法中，程序性失误和结果性失误分类法是学术界公认的分类方法（Parasuraman、Berry & Zeithmal，1991；Hoffman、Kelley & Rotalsky，1995；Gronroos，1998；Smith & Bolton，2002；Kumar & Dass，2018；Tektas，2017；郭帅、银成钺、苏晶蕾，2017；徐哲俊、李春花、于弋扉，2018；贾薇、赵哲，2018；黄珍、常紫萍，2020）。本研究中涉及程序性失误和结果性失误的实证研究，研究中对于程序性失误和结果性失误的操作性定义为：程序性失误是指企业在提供和传递服务的过程出现的一些失误，不能按照顾客的心理预期和需求提供核心服务，使顾客不能认知和解读服务，由此而产生不愉快的经历；结果性失误是一种企业的核心服务没有按照预期计划实施下去，顾客没有享受到服务提供者的基本服务内容或者核心服务，即企业和顾客的双方交易没有按照预期达成。

在针对网络环境下服务失误的研究中，学者郭婷婷（2019）等在前人研究成果的基础上，将服务失误定义为以下三个类型：首先是核心服务失误，即由于商品质量问题而导致的服务失误；其次是传递系统服务失误，主要涉及网络环境下商品配送相关的内容；最后是交互系统失误，包括的内容有沟通交流失误、网站系统失误等交互类的失误内容。

2.1.3　服务失误的原因

服务企业在运营的过程中都希望能向顾客提供优质的服务，使得顾客满意，从而增加顾客黏性和回头率，也进一步提高企业的知名度和良好声誉，在社会中树立企业的良好形象，增加企业绩效等。正如前文所述，虽然服务失误是在所难免的，但是服务失误发生的背后一定存在着某些企业需要注意且可以修正的原因。本研究通过了解产生服务失误的原因，从而能够帮助企业认识自身管理上的不足，有针对性地提升服务质量。

Albrecht & Bradford（1989）认为，服务接触是服务企业提供服务过程中的"关键时刻"，企业一定要重视这一"关键时刻"，在这一阶段中尽量减少服务失误发生的频率。Bituer、Booms & Tetreault（1990）则将服务接触这一关键时刻进行细分，发现存在着三种不同的失误原因：服务传递系统失误的服务失败；员工对顾客需求与要求的服务失败；员工行为造成的服务失败。Power（1991）则从顾客的角度出发，指出当今的顾客需求多样化和复杂化，并且顾客拥有的信息更多，使得在问题出现时顾客更有主见，从而导致服务失误的发生；在顾客购买产品和享受服务时，也受其价值取向的影响，这也在一定程度上刺激服务失误发生的概率。有价值的顾客需求，会使得顾客想要的变成是"品质、合理价格、良好服务"的综合体。Schlesinger & Heskett（1991）则以循环为视角，论证了服务失误出现时发生的一连串反应，因主体不同将服务失误循环分为顾客循环和员工循环两种。Goodwin & Ross（1992）认为服务的产生和消费是同一时间发生的，二者是不可分割的，服务传送和服务提供的过程中任何时间点都是可能出现服务失误的，都会导致顾客的不满意情绪的产生，从而不利于企业发展和生存。Kelly & Davis（1994）指出，探讨服务失误应从时间、严重性、频率三个维度来进行分析。Waer（1995）则从不同的视角出发，以期望不一致为起点，论证了服务接触三阶段满意理论的合理存在，并给出了一个结论：服务的期望与绩效会随着服务接触中时间的变迁而不同。

在国内，学者们这一部分的研究也颇丰。学者何会文（2006）将服务失误按照出现的原因不同分为三种类型：一是服务提供系统失误；二是前台员工的不合理言行；三是顾客言行的控制不力。宋亦平、王晓艳（2005）认为服务失误的产生有三个方面的原因：一是"内因"，是由企业内部服务体系不完善，服务人员素质不高而造成的；二是"外因"，是由企业不可控因素，诸如顾客情绪、偶然因素等造成的；三是"第三方原因"，是由除服务提供者和接受者之外的第三方人员的因素而造成的。曾春中（2009）认为服务失误造成的原因有：一是服务质量构成的特殊性；二是服务提供者的原因；三是顾客方面的原因；四是随机因素的影响。学者杨俊、刘英姿、陈荣秋（2002）也同样提出了类似的原因。

除了以上所列归因，服务失误的原因研究还有众多。本研究根据学者们的研究结论，将上述研究结论进行整合归纳，主要存在以下四种服务失误的原因：

（1）服务员工方面存在的原因。绝大部分服务立足于员工与顾客进行互动的基础上建立的，而服务也是在这个过程提供和接受的。然而，由于服务员工也是一个个体，不可避免会受到其情感波动、服务技术水平和沟通能力的影响，从而导致服务失误的出现。

（2）企业服务系统方面存在的原因。企业在向顾客提供服务的过程会使用一些辅助性工具、设备等，这样才能将完美的服务展现给顾客。但是这些工具、设备有时也会出现偶然性的故障，缺少这些辅助性工具和设备的帮助，服务失误也就在所难免。

（3）顾客方面存在的原因。绝大部分服务是立足于员工与顾客进行互动的基础上产生的。因此，服务失误出现的原因也可能出现在顾客的身上。顾客作为服务的接受者，服务质量的好坏是由顾客来评价的，因此顾客也会对服务失误的产生有着一定的影响。在接受服务的过程中，顾客可能不知道服务的具体的活动流程或者在活动过程中出现了失误操作，这些都会引发服务失误的出现。

（4）顾客与服务企业对同一服务理解差异方面存在的原因。对于企业来说，提高产品和服务的接受度和销量才是最重要的，其首要考虑的是产品的"通用性"。对于顾客来说，不同的顾客在面对同一类服务时有着不同的细分需求。需求的独特性和服务的通用性就产生了矛盾，于是顾客在接受服务的过程中由于未能达到自己满意的水平，服务失误也就随之而来。

学者仇立（2018）在针对网络虚拟消费情境下服务失误的研究时指

出，异质性、易逝性、无形性是服务所固有的性质，而且新型消费者的需求也变得多样化，这些特质在一定程度上导致了服务失误的产生是不可避免的。

2.1.4 服务失误的结果

由上文所述可知，服务失误可能并不是由企业单方面因素导致的。但是学者们大量的研究成果发现，所有类型的服务失误都会使得顾客的服务预期产生失验（Disconfirmation），导致顾客的不满意情绪的爆发，进而采取不利于企业的消极行为，降低企业服务绩效。Parasuraman、Zeithaml & Berry（1985）以及 Kelley、Hoffman & Davis（1993）、李冬迪、刁美灵、王蕾（2017）的研究表明，服务失误可以使顾客产生不满情绪；Bitner、Booms & Mohr（1994）指出，服务失误会导致员工士气和工作绩效的降低；Armistead、Clark & Stanley（1995）认为，服务失误的出现会导致企业收入降低而成本增加；Boshoff（1997）、Boshoff、Leong（1998）和杨强、孟陆、董泽瑞（2017）发现服务失误会降低顾客对企业的信任度；Fizsimmons（1998）在研究中指出，当顾客由于服务失误导致不满意后，会将其遭遇的服务失误经历向身边的 10—20 人描述，即使不满意情绪被妥善解决的顾客也会向 5 人描述自己的被服务经历。如果考虑信息在人群中的扩散效应，这将是一个指数级爆炸增长的过程。Smith、Bolton & Wagner（1999）则将其结果失误与过程失误所带来的后果进行对比，发现过程失误所带来的消极情绪会比结果失误所带来的消极情绪更为严重一些。Bailey（1994）和 Matti（2001）指出，许多时候顾客对令人不满意的服务接触的反应是负面的口碑传播，进而改变行为倾向，对企业的信任和承诺程度降低；Miller、Craighead & Karwan（2000）证实，服务失误容易使顾客"背叛"企业。Sousa、Voss（2009）通过实证研究表明，服务失误将会对顾客忠诚度产生一定的负面影响，比如顾客抱怨、拒绝重购、忠诚度降低等。

国内学者在基于国外学者研究的基础上，同样提出了服务失误的严重性后果。迟焕鹏、张乾（2012）在其研究中一针见血地指出，服务失误存在负面性影响，如果不能及时地采取有效措施去弥补过失，可能导致的后果就不是一个顾客的流失那么简单，流失顾客会将其所遭遇的服务活动过程传递给他人，成为企业的"反面广告者"和"坏消息的传播者"。谢礼珊、龚金红（2008）认为，服务失误会给企业带来一系列的负面效应，如顾客抱怨、负面的口碑宣传和顾客跳槽等。服务失误发生后，顾客的这些情感反应或行为倾向，一定程度上是基于其对服务失误原因和责任的认知。韦福祥（2002）指出，服务失误的后果主要有两种类型：第一种是显性的后果，即顾客流失，而第二种则是隐性的，即不满意顾客的情绪传播和负面的口碑宣传发酵等。有调查显示，顾客由于服务失误产生不满意情绪后，不满意顾客将向 9—16 人讲述他们所遭受的不好的服务经历，而这 9—16 人又会向另外的 9—16 人讲述所听到的服务过程。从点到面，这是一个剧烈增长的过程，从而使得企业的形象在消费者心中下降，影响企业的经营绩效。

本研究通过总结学者们的研究结论发现服务失误产生的后果主要有以下三类：

（1）顾客产生消极反应和不良行为。在服务失误发生后，许多顾客将会产生拒绝重购、抱怨意图、负面口碑传播等行为，如向亲朋好友抱怨他们的遭遇。有的甚至终止与企业之间的关系，造成顾客的流失。

（2）员工积极性下降，士气受挫。在服务失误发生后，在以卖方市场为主导的环境中，员工必然受到企业的苛责。这就使得员工的积极性下降，士气受挫。

（3）企业业绩下滑，声誉受损。在服务失误发生后，企业的产品和服务很难被再次关注和接受，进而影响企业的利润。口口传播等行为也会使企业的声誉受损，对企业的发展、壮大有致命的影响。

由此可见，企业服务存在失误的情况下会给企业带来巨大的影响。因此，企业应当在充分了解其服务失误原因的情况下，及时进行补救调整，将服务失误的不良影响和对企业声誉的伤害减少到最小，尽最大可能挽回企业损失。

Berry & Tanford（2018）等学者指出，经过服务失误的顾客通过互联网渠道投诉可以接触到企业直接目标市场的许多潜在客户。这不仅会立即造成损害，而且这些评论有可能产生持久的影响。负面评论可能尤其有害，因为它们会影响到那些对该产品感兴趣的人，而且一旦形成坏的印象，往往很难挽回，导致企业业务减少和收益降低。

就网络消费环境下的服务失误，学者仇立（2018）认为，与传统商业模式相比，网络消费模式下的服务失误发生时，如果消费者的抱怨、不满等消极情绪没有被服务企业及时地采取有效措施进行平复处理，那么，由顾客所衍生出的负面消费体验感知会极其快速的传播，而且传播甚广，顾客群体针对性不满意也会随之而来。

2.2 服务补救的相关研究述评

对服务失误相关文献的梳理可以发现，服务失误是难以杜绝的，并且服务失误容易导致顾客出现负面反应。因此，服务企业非常有必要针对服务失误进行适当地管控。Hart、Heskett & Sasser（1990）发现，尽管公司很难完全杜绝服务失误，但最大限度地进行补救有助于减轻其负面的社会影响。Berry & Parasuraman（1992）提出，企业不需要把服务失误视作一件可怕的事情，因为服务失误发生的同时，也为企业建立顾客满意提供了机会。Feinberg（1990）等指出，客户不满意可能是出于公司对失误的反应方式（或缺乏反应），而不是服务失误这件事。基于这种情况，与服务失误相关的服务补救概念和一系列补救措施也就逐渐引起学者们的广泛讨论与研究。Johnston & Fern（1999）通过研究指出，企业对服务失误的高效处理会对企业的运营起到长远的积极作用。因此，Gronroos（2000）明确提出观点，尽管服务质量管理是企业不可或缺的一部分，但服务补救更需要被重视和运用。

2.2.1 服务补救的界定

在20世纪70年代初期，服务补救仅应用于修复非人为的环境灾害，或者解决特定事故，尚未被大范围应用。自从20世纪70年代中期起，服务补救开始被应用于解决特定的服务问题，而且突出服务补救为企业长期发展带来的帮助，例如促使客户回购，提高客户忠诚度并赢得良好声誉。Etzel & Silveman（1981）在研究如何提升客户的保留率时，率先提及并使用了补救（Recovery）一词，从那时起，许多学者对其进行了更深入的分析和研究，并根据理解从各个方面定义了服务补救的概念。对服务补救的定义早期主要指处理局部问题。例如 Groonroos（1988）对服务补救进行了界定。他指出，服务补救是企业为挽回服务失误而进行的一系列活动，主要涵盖了解决问题并改善不满意顾客的消极反应，从而减少顾客背离。Tax & Brown（1989）将服务补救视为管理，并指出服务补救必须先识别服务失误，研究失误发生的原因，然后基于定量分析，评价估量服务失误并实施相应的管理措施对失误进行修复。Zemke & Bell（1990）把服务补救定义为，当客户对企业提供的服务或产品产生不满时，企业为了尽力满足客户期望采取的行动。Hart、Heskett & Sasser（1990）认为，服务补救措施有助于减轻顾客的负面情绪并提升顾客对企业的忠诚度。Kelly & Hoffman（1993）则把服务补救定义为，企业为处理服务失误所实施的一系列"补强"（reinforce）策略。部分学者接着延伸了服务补救的概念，Schweikart（1993）等研究表明，服务补救是质量管理的重要组成部分。他们认为，服务补救是以促使企业与客户建立良好关系为最终目标的。Kelly & Davis（1994）提出，在服务失误后，企业采取的服务补救是有助于减少顾客流失，留住顾客的重要补救行动。Johnston & Hewa（1997）指出，服务提供商能通过服务补救减轻和弥补他们在服务提供过程中对客户产生的负面影响。从服务计划的角度来看，一些学者将服务补救视为"服务提供商为减轻和/或弥补因其不遵守服务计划而造成的客户损失而采取措施"。Smith、Bolton & Wagner（1999）等研究人员指出："相较于顾客抱怨处理，服务补救涵盖的范围更大，因为顾客并未发起投诉或抱怨的服务失误事件也将通过服务补救进行修复。"Colgate & Norris（2001）认为，通过服务补救，也许服务失误无法被彻底修复，但当企业重视服务失误并进行妥当处理时，相应的负面影响可以被有效缓解。基于归因理论角度，Maxham & Netemeyer（2002）指出，服务补救是企业承担由内部原因引发的服务失误，并实施战略及措施以尽量减少此类错误再次出现的概率。Roggeveen、Tsiros & Grewal（2012）认为，由于共同创造允许顾客塑造他们体验的内容或者予以个性化，它将通过服务补救影响顾客满意度，同样也将提供一个更具成本效益的替代补偿。通过不同的情景设置，研究得出结论，即共同创造在不同的情景下有不同的服务补救效果。

学者韦福祥（2002）将服务补救视为主动行动，认为是企业在服务出现失误时企业及时地做出服务响应。服务补救的目的是通过这种行为最大限度地减少服务失误对顾客满意度、顾客感知服务质量以及员工满意度所产生的消极影响。

学者杨俊、刘英姿、陈荣秋（2002）指出，服务补救的本质是指服务提供者在服务失误后采取措施提高服务质量，使顾客感到满意并降低顾客流失率，从而达到修复和补偿服务质量失误的目标。

学者陈忠卫、董晓波（2005）认为，服务补救的定义可分为狭义和广义。狭义的服务补救是指针对服务失误，服务提供者实施的相关措施（Gronroos，1990）；广义的服务补救指的是，针对服务系统中尚未发生的或实际发生的失误的一连串措施的总称，其中，组织所有的成员都参与对客户的弥补，从而保持长期的顾客关系并持续改善服务体系。

学者张建斌、陈爱平（2011）提出，服务补救期望的定义至少涵盖了两个方面。第一，针对服务补救的内容，即服务补救与客户期望存在不一致的疑问（就性质和类型而言）。第二，针对服务补救的程度，即服务补救是否适量的疑问（就数量和程度而言）。

Vaerenbergh & Varga（2018）等学者认为，尽管学者们经常使用"服务失误体验"（Holloway & Beatty，2003）和"服务补救体验"（Michel & Meuter，2008）这两个术语，但是很少有人将补救进行概念化管理。服务补救作为一种体验旅程，时间维度的忽略可能导致无法全面深入地了解整个服务体验。因此，他们的研究引入了"服务恢复旅程"的思想，并将此旅程分为补救前、补救和补救后三个阶段。

学者孙乃娟、郭国庆（2019）认为，服务补救是企业针对经历服务失误并造成顾客产生生理或心理损害所做出的一系列的应对性的补偿活动。服务补救根本性的目的是博得消费者的宽恕，获取原谅并持续维系与顾客的长远关系。

王子贤、吕庆华（2018）从网购用户角度出发研究服务补救、感知公平与顾客满意的关系，研究将服务补救定义为一个连续过程，这个过程包括从服务失误事件的发生到顾客反应，再到企业采取补救措施，最后完成补救四个过程。

仇立（2018）认为，在网络环境下的服务补救是电商企业基于服务失误情境选择恰当的补救时机，通过补救措施落实与完善，向顾客传递企业进行补救的诚意，最大限度地降低顾客流失的可能性，并且重新维持网络环境下与顾客的关系质量，重新获取顾客态度忠诚和行为忠诚。

贾薇和赵哲（2018）基于情绪视角研究了服务补救，研究从广义角度对服务补救进行了定义。研究认为，服务补救是在服务失误发生情况下，企业或商家为了弥补顾客损失，再次获得顾客满意并维持与顾客良好关系所采取的一系列的具体行为。

基于上述服务补救定义的延伸，本研究总结得出结论，虽然服务补救尚未得到统一的定义，但大多数学者都将服务补救定义为补救行为，从而达到弥补服务失误、提高客户满意度、保留顾客和提升企业收益的目标。服务行业的迅速发展也促使着服务补救的内涵和外延持续延伸。

本研究认为，扩展服务补救的定义以防止忽略问题，加强服务质量控制是一种谨慎的方法。但是，本研究认为，盲目地延伸其定义以突出服务补救的重要性并不是一种合理的方法。尽管这种思维可以用作指导性概念，但是它并不是很实用。例如，服务质量管理和服务质量控制中包括了失误前的预警机制，但从补救一词的概念出发，补救应该针对实际存在的失误，若把服务预警机制也视为服务补救的一部分，则不太合适。另外，将组织中的所有成员都视为采取服务补救措施的人员也是不合适的，因为这与管理中权责分明的原则是相违背的。所以，研究认为，对服务补救进行定义时，需要考虑与管理情景的匹配程度，而不仅仅只是依赖研究者的逻辑判断。根据学者对服务补救的理解和本研究的需要，本研究对服务补救做出了如下定义：服务补救是指，服务提供者在发生服务失误后，针对引起服务失误发生的原因进行修复和弥补，以期获得顾客的满意、提高顾客忠诚度、维持长远顾客关系的一系列企业修复行为。

2.2.2　服务补救的维度

在深入讨论服务补救定义的同时，众多学者也对服务补救的维度展开了研究。哪些补救措施是需要的，是有效的？哪些是不可忽略的关键？学者不但列举了诸多服务补救措施，而且尝试从各种角度分析服务补救的维度和影响因素，建立多样的模型，深化对服务补救的探索和认知。在研究的前期，有关服务补救维度的研究主要有：解释（Bitner，1990；Conlon & Murray，1996；Albrecht et al.，2019；肖必燕，2017；仇立，2018），道歉（Bell & Zemke，1987；Bitner，1990；Goodwin & Ross，1992；Christo，B.，1996；Park & Ha，2016；Tektas，2017；杨秀云、李扬子、张园园，2018；崔占峰、陈义涛，2019），有形补偿（Chrosto，1996；Xu，Liu & Gursoy，2019；许超、杨薇等，2018）等内容。Boshoff & Leong（1998）率先使用实证方法对 239 个航空和银行业的顾客展开分析。基于归因理论和公平理论，学者们提出了企业服务补救的三维观点，也就是道歉，归因以及员工授权这三个维度。后来的学者针对补救提出了越来越多花样的维度。例如，Boshoff（1998）对客户的期望进行了研究，从而将服务补救的有关维度做了分类，包括六个方面：授权、沟通类型、反馈、解释、补偿和有形性。现在，学者们最常用的四个维度是 Boshoff（1997）年提出的，也就是，最终产品，包括补偿和改进；顺序和时间，分为立即、很快和迟一些；使用的手段，包括简单的道歉，道歉加赔偿，赔偿附加一些额外的有形赔偿；直接服务人员。此外，Boshoff 通过实证研究验证了某些维度与顾客满意度的相关性。

高斯曼（2011）发现，服务补救包含四个关键的维度，分别是退货换货，有形补偿，道歉和反应迅速。其中，高斯曼认为最关键的是退货换货，再者是有形补偿。相对而言，道歉和反应迅速重要性程度则较低。

学者宋伟、纪凯（2013）指出，为了减少或消除由服务失误引起的负面影响，服务提供者往往会实施补救措施弥补过失，其目的是最大限度地减少客户的不良反应。两位学者在前人研究的基础上，从如何定位和构建服务补救体系以及构成服务补救体系的因子有哪些这两大问题出发，提出了"服务补救体系"的七个要素，它们分别是，规章制度正式性、综合性、顾客参与、分权、可及性、资源投入强度和员工培训强度。

学者黄珍和常紫萍（2020）认为，服务补救作为商家应对服务失败情境下顾客抱怨的措施，可以分为以下四个维度，即：物质补偿、响应速度、道歉以及补救主动性。

预防性服务补救的概念是学者杨强、孟陆（2018）等基于之前学者们的研究所提出的。他们的研究在借鉴杜建刚（2017）研究成果的基础上，将预防性服务补救按资源补偿分为以下两个维度：以象征信息为主的预防性服务补救和以物质信息为主的预防性服务补救。前者是针对顾客心理和社会尊严的补偿包括口头道歉、鞠躬，而后者是针对顾客经济上的补偿包括金钱、商品等。

学者崔占峰（2019）指出，服务补救的研究内容应该包含两个方面的内容：首先，避免失误，即在服务失误发生前进行预防；其次，应对处理，是指在发生服务失误时所采取的处理方式。

综上所述，学者们对补救维度的划分总结如表 2.1。

表 2.1　　　　　　　　　　　　　服务补救维度汇总

学者	维度划分
Bitner, 1990；Conlon & Murray, 1996；Bell & Zemke, 1987 Goodwin & Ross, 1992；许超、杨薇等, 2018；肖必燕, 2017；Christo, B., 1996；Chrosto, 1996	解释、道歉、有形补偿
Boshoff & Leong, 1998	归因、道歉以及授权给员工
Boshoff, 1997	最终产品、使用手段、顺序和时间、直接服务人员
Boshoff, 1998	授权、沟通类型、反馈、解释、补偿及有形性
高斯曼, 2011	有形补偿、退货换货、道歉、反应迅速
宋伟、纪凯, 2013	规章制度正式性、分权、顾客参与、综合性、可及性、员工培训强度和资源投入强度。

学者	维度划分
杨强、孟陆，2018	以象征信息为主的预防性服务补救和以物质信息为主的预防性服务补救
崔占峰，2019	避免失误、应对处理
黄珍、常紫萍，2020	物质补偿、响应速度、道歉以及补救主动性

注：本研究根据相关资料整理。

2.2.3　服务补救的前因

学者们从多个方面对服务补救的前因进行了讨论。梳理这些服务补救的前因，本研究发现，学者们对服务补救的前因主要是从五个方面展开：一是服务失误的严重性，二是服务失误的归因，三是顾客补救期望，四是文化，五是顾客与服务企业的关系状况。本研究将逐一进行讨论分析。

1. 服务失误的严重性

众多学者发现，服务失误越严重，客户越容易感到不满，并且对服务补救抱有的期望也越大。基于感知公平框架和社会交换理论，Gilly & Gelb（1982），Hoffman、Kelley & Rotalsky（1995），Richins（1987），Weun（2004），张金连（2018），Smith & Bolton（1999）对该过程进行了详细的解释，即，客户会因服务失误越发严重而判断交换更为不合理，使得满意度进一步降低，服务补救的正面影响面临弱化的风险。

客户的情绪在服务补救中尤其重要。服务失误后产生的愤怒情绪一直都是众多学者研究的内容（Obeidat et al.，2017；Surachartkumtonkun & McColl-Kdy，2015）。学者们指出，愤怒会对企业或者公司产生极其不利的影响。服务失误后愤怒的破坏性行为影响甚广，包括报复行为（Gre'goire、Tripp & Legoux，2009；Lastner et al.，2016），例如负面印象传播，斗气诉苦和转换（Joireman et al.，2013；Schaefers et al.，2016）；防御应对机制（Strizhakova、Tsarenko & Ruth，2012；Umashankar、Ward & Dahl，2017）。而且在服务失误期间产生的愤怒情绪可能极具感染性，并在顾客群体中迅速传播开来（Du，Fan & Feng，2014；Hogreve、Bilstein & Mandl，2017）。

2. 服务失误的归因

顾客会在服务失误出现后，试图找出为何会发生失误，归因水平会使顾客针对服务失误的反馈有所不同，也对企业实施的一系列服务补救措施的效率及效果起作用。许多学者提出，顾客对服务补救的满意度会受到其失误归因的作用（Christo Boshoff & Jason Leong，1997；Maxham & Netemeyer，2002）。Bitner（1990）指出，服务失误归因包含了两项重要的因素：可控制性和稳定性。顾客满意受到可控制性和稳定性的影响，顾客感知质量则仅受到可控制性的影响。国内学者通过研究指出，即使是针对相同的服务补救行为，面对不同归因服务失误的顾客给出的反馈会有所不同。研究认为，因"内因"面对服务失误的顾客，对企业实施的服务补救反馈评价最好，因第三方原因面对服务失误的顾客反馈次之，因"外因"面对服务失误的顾客的反馈最差。

在互联网消费环境下，服务失败归因的溢出效应在传统的归因理论中没有被提及，然而服务失败的溢出效应对服务补救的影响甚为深远。学者佘升翔（2018）等认为，在顾客—平台—供应商全新关系模式下，平台和供应商以及顾客之间的独特关系使得服务失败归因变得复杂，当服务失败归因发生时，连带责任成为归因可能出现的新方向。

3. 顾客补救期望

基于顾客满意的差距范式，顾客对服务补救的满意程度会受到其补救期望与后续的实际补救绩效之间的差异的作用。McCollough 等（2000）认为，顾客对服务补救有效性的认知是基于补救期望的，顾客满意是"感知的补救绩效""补救期望"和"补救不一致"三个变量的函数，顾客满意受这三个变量的影响。韩国学者金立印（2006）通过实证研究明确指出，顾客对服务补救抱有越大的期望，那么，他越难对服务补救感到满意。服务保证对顾客补救预期的期望值将会产生非常大的影响。Hart（1988）证明了服务保证可以使企业优化其服务流程，纠正服务传递中的不足，从而建立顾客忠诚。因此，提供服务保证的企业在发生服务失误时，顾客会因企业的事先承诺而抱有较高的补救预期水平。

Tsarenko & Strizhakova（2018）等学者在研究顾客对服务过失行为的宽恕中指出，服务提供商和顾客之间关系的恢复和维持可以通过满足顾客的补偿要求，使其符合公平正义感，并且使顾客认为他们得到满意补偿的过程是十分轻松的，从而达到弥补服务失误的效果。

4. 文化

众多学者从文化这一视角对服务补救作用的有效性进行了研究。学者们使用有差异的文化背景作为研究情境，并从各个方面探究文化对服务补救有效性起到了哪些差异性的作用。基于 Hofstede（1980）的四维文化量表，Wong（2004）检验了在客户对服务补救进行反馈时，文化对三种补救策略，即协助、道歉和赔偿产生的差异性作用，以正面口碑、顾客满意度以及重购倾向为度量结果。这一研究结果证明，文化差异能够对服务补救的有效性产生重大影响。Lorenzoni & Lewis（2004）以意大利和英国两所航空公司的一线服务人员为研究对象，跨文化研究了两者应对服务失误以及服务补救时会采取怎样的立场并实施何种措施，学者们发现，在群体定位、感情和授权三方面上，不同国家的服务人员针对服务补救的立场和措施明显存在着差异，影响服务补救满意度的要素也有所不同。Kanousi（2005）随后指出，由于文化对顾客服务补救期望起到了显著的作用，所以顾客针对服务补救有效性的反馈也受到了文化的间接影响。王文超（2008）通过研究指出，首先，文化差异对补救方式的有效性具有重大影响，不同的补救方式在受不同文化影响的顾客中，实施的效果也是不同的。其次，顾客的服务补救期望也明显受到了文化差异的影响。在长期导向的社会中，顾客对服务补救的有形性寄予厚望；在具有强烈男性化倾向的文化中，顾客希望服务补救是有形的并希望得到针对服务失误的有效解释；在个人主义较强的文化中，相较于针对服务失误的有效解释，顾客更重视员工解决问题的主动权和自主性（Kanousi，2005）。最后，顾客的感知公平也受到文化差异的显著影响。若服务补救措施是由组织实施的，与来自个人主义导向文化的顾客相比，来自集体主义导向文化的顾客对服务补救公平性要求会更高（Patterson et al.，2006）。

Glikson（2019）等学者认为，在宏观（民族文化）和微观（个体差异）两个层面上，权力距离的文化价值观对服务失误情景下顾客愤怒的补偿反应有着显著的调节作用。权力距离的文化价值观在服务补救决策中的作用为理解情绪化客户服务环境中的权力和地位提供了较多的理论启示。

5. 顾客与服务企业的关系状况

有学者提出，服务补救措施的有效性会受到服务提供者与顾客之间关系的影响。服务营销领域的学者研究发现，服务提供者与顾客之间不同的关系会使顾客对服务失误做出不同的反应（Berry，1995；Goodman，Fichman，Lerch & Snyder，1995；Kelley & Davis，1994；Hogreve，Bilstein & Mandl，2017；Etemad-Sajadi & Bohrer，2019），这对顾客针对服务补救措施的反馈产生了间接影响。Garbarino & Johnson（1999）指出，针对企业关于服务补救的反馈和往后的购买意图而言，与服务提供者存在某些关系水平的顾客与交易型顾客有所不同。此外，一些学者研究发现，与企业存在关系水平的顾客的情感内容影响其满意程度的可能性更大，尤其是在以愉悦和特殊活动为显著特征的行业中（Arnould & Price，1993；Price、

Arnould & Tierney，1995；Park & Ha，2016；Kumar & Dass，2018）。Ronald 等（2003）研究了顾客对服务失误和服务补救的满意度与顾客和企业关系之间的影响。研究表明，如果顾客很期望保持与服务提供者的关系，那么在服务失误出现后，顾客为自身设立的服务补救预期往往较低，并较多地认为企业是不稳定因素引起了服务失误。在补救措施被实施后，低稳定性归因和较低的补救预期有望进一步提高顾客满意度，修复程度较低。范秀成、刘建华（2004）通过研究顾客关系，信任和顾客面对服务失误的反应后指出，过程失误和结果失误之间的交互效应受到顾客与企业关系的调节，因此顾客与企业的关系对服务补救反馈产生了间接作用。肖丽、姚耀（2005）也得到了相类似的研究结论，服务失误后顾客的反馈与评价会受到不同关系状况的影响。

顾客忠诚度一直是服务型企业十分注重的变量。Umashankar、Ward & Dahl（2017）认为，抱怨投诉在提高顾客忠诚度方面有着十分重要的作用。他们的研究指出，客户与服务提供商之间的社会纽带强度会影响抱怨和忠诚度的关系。通过鼓励固执顾客做出抱怨投诉的行为，他们的忠诚度会提高，但对于关系较弱的顾客来说抱怨对忠诚度没有影响。

Tsarenko（2018）等指出，当顾客经历可避免或是可以完美解决的服务失败，并且没有得到足够的补偿时，他们对服务提供商的背叛感就会加剧，尤其是当他们十分看重这种关系或者关系维系时间较长的情况时（Gregoire & Fisher，2008；Zhang et al.，2016；Umashankar、Ward & Dahl，2017）。

当前网络消费环境下众多平台企业的兴起，佘升翔（2018）等学者提出了新的顾客—平台—供应商三元互动关系范式的理念。在网络平台的大环境下，顾客与企业之间的关系被重新审视，顾客、平台和供应商三维多变互动模式下的关系体系得到了一定程度的研究和探索。

2.2.4　服务补救的结果

前面部分介绍了服务失误后可能出现的后果。这部分则介绍服务企业采取服务补救措施后可能出现的效果。

1. 服务补救对顾客行为意向的影响和作用

Bitner、Booms & Tetreault（1990）通过实证研究指出，顾客不满意不一定是由服务失误引起的，企业是否实施后续的服务补救措施对顾客满意度有显著影响。感到不满意的顾客可以通过恰当的服务补救措施转变为对企业忠诚并持续回购的顾客（Hart、Heskett & Sasser，1990；Vaerenbergh et al.，2019）。Berry & Parasuraman（1992）指出，顾客因服务失误感到困扰及不满会导致其不再信赖该企业，形成负面口碑，增加顾客背离并提升了再次提供服务时产生的额外成本及费用；顾客对获得的服务或产品的感知质量以及其对企业实力和专业程度的认知能够通过恰当有效的服务补救措施而得到提升，因而树立起企业的正面形象（Zemke & Bell，1990）。Kelly、Hoffman & Davis（1993）则通过研究表明，有效的服务补救措施可以减少顾客的不满，从而获得客户的高保留率。由此可以看出，大多数有关服务补救有效性及重要性的研究早期主要聚焦于服务补救与顾客满意、顾客对服务补救的感知、顾客忠诚度和口碑树立与宣传等主题。众多学者的相关研究也得出了相似的结果，即服务补救可以帮助企业提升顾客满意度、与顾客塑造并保持关系、树立良好的口碑以及塑造企业正面形象（Blodgett、Hill & Tax，1997；Kelley & Davis，1994；Spreng、Harrell & Mackoy，1995；Tax、Brown & Chandrashekaran，1998；Schaefers et al.，2016；Kanuri & Andrews，2019）。之后的更多学者的研究也证实了这些结论的正确性并深化了人们对服务补救的认识。例如，Johnston（1995）针对不同类型的服务组织开展了 224 个重要案例的调查，研究结果表明，大部分使顾客感到惊喜（delighting）的案例都经历了服务补救，恰当的服务补救措施有助于企业塑造"服务有保证"的形象（Boshoff & Tait，1996；Tsarenko、Strizhakova & Otnes，2019）。MeCollough、Berry & Yadav（2000）也表明，恰当有效的服务补救措施将使顾客对服务公司感到满意，并且希望进行回购。Maxham（2001）的研究证实，有效的服务补救与顾客满意、回购意图以及正面形象的树立之间存在正相关关系。Andreassen（2001）则通过研究表明，顾客态度以及后续活动受到服务补救的积极影响。

众多研究者通过研究发现，服务补救措施有效性越高，顾客越能感到满意、感知价值越高，对公司越忠诚且越信赖，顾客转换意向越低，公司的声誉也越有可能得到提升（郭贤达、陈荣和谢毅，2006；赵冰、涂荣庭和符国群，2005；简兆权、柯云，2017；唐化雨，2017；郭帅、银成钺、苏晶蕾，2017；张敏、王倩、吴淑娟，2018）。Valenzuela、Pearson & Epworth（2005）通过研究揭示了服务补救与顾客转换壁垒之间存在的联系。他们的实证研究面向 118 名遭遇过服务失误的顾客，研究发现，顾客对服务补救进行评价时最关键的影响变量是"补偿"这一补救措施。该研究还发现，消极转换壁垒（如转换成本）与服务补救评估之间并不存在相关关系，而积极转换壁垒（如相互关系）与服务补救评估之间存在很强的正相关关系，二者之间的路径系数为 0.76。

于晓峰、陈丽清（2009）的研究发现，如果企业在服务失误出现后及时实施了恰当高效的服务补救措施，那么服务失误不但可以被挽回，而且顾客对企业的信赖程度也能相应得到提高。由于顾客能感受到企业服务补救措施，并对顾客满意和忠诚形成重要影响，因此，服务企业需要针对服务失误积极进行有效的服务补救。

张圣亮、高欢（2011）的研究发现，不管是结果性失误还是程序性失误，服务补救在一定程度上对重购意向和口碑传播都能产生显著影响，也就是说，积极主动的服务补救措施会刺激消费者重购意图，促使消费者宣传企业的补救行为。

曹忠鹏、马钦海、赵晓煜（2012）通过研究强调，在服务行业中，由于顾客感知质量的降低和行业竞争压力的加剧，服务企业应当尤其关注服务失误的存在和服务补救措施的实际成效。补救悖论已经很明确地反映服务失误将导致顾客不满，但是顾客满意度可以通过恰当的补救措施而极大地提高，甚至高出失误未发生时。若服务提供者可以针对服务失误进行积极有效的服务补救，那么保留或获得顾客的可能性将大大提升，在提升顾客满意度的同时也提升了企业的竞争能力。

Norvell、Kumar & Dass（2018）探究了顾客服务补救的短期态度对长期行为的影响。该研究指出，从中期来看，未经历服务失败和经历服务失败后成功补救的顾客对同一品牌的光顾频率相近。但从长期来看，未经历服务失败的顾客比起经历失败成功补救、经历失败未投诉或补救失败的顾客对同一品牌拥有更高的光顾频率。顾客对一品牌的长期光顾很大程度上取决于他们是否经历了核心服务的失败。因此，短期内企业应加大对服务补救的投入以换取高回报。从长期来说，企业应切实提高其核心服务质量，尽量避免服务失误的发生。

学者 Etemad-Sajadi & Bohrer（2017）通过对服务补救输出质量、服务补救过程质量的研究发现，补救输出质量和补救过程质量对顾客的满意度和忠诚度有着显著影响。企业需要加强服务补救的总体质量，在最大限度上改善顾客的服务体验，提高顾客忠诚度。

简而言之，有效的服务补救可以提升顾客满意度，有力地挽回不满意的顾客，也可以提升企业与顾客建立并保持有利的买卖关系的概率（Boshoff & Allen，2000；翁美莹、陈喆，2017；樊志勇、唐雪薇，2017）。恰当的服务补救正面影响顾客的"二次满意"并且提升顾客忠诚度，顾客的反馈和后续行为均受到服务补救措施的显著影响，这使服务补救构成了服务业的关键质量管理战略之一（Lewis & Spyrakopoulos，2001；Smith、

Bolton & Wagner，1999；Xu，X.，Liu W. & Gursoy，2019；Glikson et al.，2019；杨环环，2017；邹勇，2017；崔占峰、陈义涛，2019）。

2. 服务补救对企业内部绩效的影响和作用

人们对于服务补救的认识正在逐步加深。从 20 世纪 90 年代以来，有学者对服务补救对企业内部绩效的作用展开深入的研究。而率先提出顾客抱怨需要被企业视作"礼物"的是 Barlow & Moller（1996）两位学者。他们认为，基于顾客抱怨是企业与顾客进行交流的一种有效渠道，顾客抱怨可以为企业完善产品和服务提供有益的指导。Brown、Cowles & Tuten（1996）也通过研究指出，许多有意义的信息和资源均来源于服务失误。这些研究结论为企业探究服务失误的根本原因并促进企业提升服务质量提供了诸多的帮助。学者 Rossello（1997）探究了各个服务阶段的顾客满意度。该研究表明，若企业对服务失误采取主动承认的态度，然后实施恰当有效的服务补救措施，那么98%的顾客会选择继续维持原有的协议。Peppers & Rogers（2004）的研究表明，顾客抱怨不但能够提升企业服务水平，促使企业维持长远的顾客关系，而且还是企业获得其产品和服务相关信息的一种有效途径。服务补救能够成为有意义的信息来源，有效促使企业提升服务质量（Stauss & Schoeler，2004；杨汉青、徐哲俊，2017；李晓宇，2017；仇立，2018）。因此，正如 Brown、Cowles & Tuten（1996）三位学者研究发现的那样，企业的服务补救不仅需要建立顾客的即时满意度，而且在提高企业未来服务设计和传递能力方面同样也起着相当重要的作用。

学者崔占峰（2019）在研究网络消费情境下的服务补救时指出，企业在经历服务失误后进行及时的补救，不仅可以提升企业自身的服务水平和服务质量，而且可以促进企业的长远发展，并且在保留客户源以及增加顾客忠诚度方面也有一定作用。

2.2.5　服务补救的策略和实施步骤

1. 服务补救策略研究

学者们十分重视对于企业服务补救管理过程的研究，其中关于服务补救策略的研究方兴未艾。学者对这一领域的针对性研究投入了非常多的时间和精力（Kelley、Hoffman & Davis，1993；Hoffman，1995；Spreng et al.，1995；Boshoff，1997；Tax、Brown & Chandrashekaran，1998；Miller、Craighead & Karwan，2000；Lewis & Spyrakopoulos，2001；Craighead、Karwan & Miller，2004；Vaerenbergh et al.，2019；Kumar & Dass，2018；肖海林、李书品，2017；钟庚，2017；杨强、孟陆、董泽瑞，2019；孙乃娟、

郭国庆，2019）。学者们采用各种研究方法对服务补救策略展开了研究，其中最常采用并取得了良好成效的研究方法是关键事件法。例如 Kelley、Hoffman & Davis（1993）采用关键事件法对零售行业的 661 个关键事件进行了详细地考究后，提出包括折扣（Discount）、纠正（Correction）、管理介入（management intervention）、额外补偿（Correction plus）、更新（Replacement）、致歉（Apology）、退款（Refund）七种服务补救策略。在 Kelley、Hoffman & Davis（1993）的研究中还发现，在实际效果方面，七种服务补救策略所发挥的作用是不尽相同的。在特定情境下，相比较道歉和退款策略，折扣、纠正、管理介入和更新等策略产生的补救效果要更好一些。Johnaton（1995）调研了不同类型的服务组织，从中选取了服务事件中的 224 个关键事件进行分析研究后发现，移情（Empathy）、信息（Information）和行动（Action）三个因素可以在服务补救策略中起到重要的作用。Johnaton（1995）的研究还发现一个有趣的结论，服务补救策略中并不是必须要用财务补偿策略。Johnaton 认为财务补偿的作用是有限的，也不是补救策略中不可或缺的一环。可见，学者们对于服务补救的研究结论并不是完全一致，有的甚至大相径庭。Boshoff（1997）在对 540 名国际旅客进行服务补救研究时，提出服务人员单纯的道歉不能起到预期的较让人满意的服务补救效果。除此之外，企业还需要更高级别的员工对于补救事件的快速反应和介入，能够快速退款的同时还可以提供另外的补偿，由高级管理人员提供大量的补偿这三种策略。研究还发现，这三种策略确实可以让顾客产生补救满意的感受。Boshoff（1997）认为，这三种策略是服务补救策略中非常重要的步骤，这三种策略的重要程度是依次递减的。Johnaton & Fern（1999）认为，现有研究没有分类服务失误的严重性程度，也没有区分顾客的心理层面对于企业服务补救的预期，显然，顾客对于补救的预期是基于"满意"还是基于"惊喜"会对于补救结果产生不同的影响。这也可以解释为什么不同学者的观点会出现很大的差异。Johnaton & Fern（1999）的研究是模拟不同服务失误情景去探究顾客的心理预期，并且尝试不同的服务补救策略，测量其产生的效果。根据服务失误严重程度差异，实验是由服务导致失误的"一次失验"（Single Deviation）和服务补救失误导致的"二次失验"（Double Deviation）组成。实验结果发现，服务失误严重程度是影响顾客对于服务补救预期的重要因素。在不同的服务失误严重性情境下，要达到顾客对于服务补救的满意预期和惊喜预期，需要不同服务补救策略。纠正、快速反应、谦虚道歉、书面确认、处理第三方、返还已支付成本、保证不再发生等服务补救策略是在服务失误"一次失验"的情境下可以使顾客满意的补救措施，但是想要让顾客惊喜，上面的措施仍然是不够的，还要再增加电话或者信函道歉措施。譬如，不厌其烦、更好、更快地纠正失误、更高管理层介入、提供补偿、管理层致歉、书面保证以及书面解释等服务补救措施，这些是在服务补救失误的"二次失验"情境下能使顾客达到满意状态的措施，但是，这些措施却很难让顾客再次感受到惊喜。总的来说，服务失误的严重程度影响了顾客对于服务补救的预期。该类研究与 Mattila（2001）的研究有相似之处。Mattila 提出，服务补救策略有效性不仅仅是取决于补救行为，还需要考虑行业差异、服务失误类型等因素。因此，可以认为的是，不存在着某一种补救措施可以让顾客都满意。企业在服务失误后，不能仅仅使用常用的补救策略，而要根据不同的服务失误情况采取不同的策略。Craighead、Karwan & Miller（2004），倪慧丽（2017）的研究中指出，服务失误后还要考虑顾客的类型，细分不同的顾客，从而有针对性地选择不同的补救反应，这样才可以让顾客在服务中感受到更大的满意，并更忠诚于企业。

Antonetti（2018）等学者通过研究发现，向下社会比较的补救策略可以有效地减少顾客在经历服务失败后的愤怒情绪。向下社会比较即一线员工向经历服务失败的顾客传达相较于他们而言更加糟糕的服务体验。但由于相关消息可感知的偏见和对竞争对手的隐含贬损，顾客可能明显地感知到员工的操纵行为，因此，服务企业管理人员应当精心设计社交比较信息，以此信息来避免顾客的负面反应。

Etemad-Sajadi & Bohrer（2017）以航空业为研究对象，对服务补救输出质量和补救过程的研究结果表明，这两者对顾客的服务满意度及忠诚度均有显著影响。这个结果证实了一种令人满意的服务补救策略的重要性，以此来满足顾客的服务需求，并且能够提高顾客的忠诚度。

众多学者将服务补救分为补救策略和补救方式两个维度进行研究。学者孙乃娟、郭国庆（2019）指出，常用服务补救策略分为功能型补救和经济型补救两个类型，前者主要针对功能障碍的产品进行维修改进等；而后者则是补偿服务失败过程中造成的经济损失，包括退换、赔偿等。

陈欣欣、张婷（2020）的研究指出，在网络环境下企业采取的补救措施中，最为常见的五种为物质补偿、响应速度、沟通、道歉和反馈。这五种补救措施在不同顾客参与水平下对补救满意度的影响程度是不一样的。当企业采取物质补偿、响应速度和道歉的补救措施时，引导较高的顾客参与水平可达到较好的补救满意度；而对于沟通和反馈，较低的顾客参与水平可产生较好的补救满意度。

2. 服务补救实施步骤

企业实施服务补救管理步骤的时候要制定合适而又详细的服务补救策略，这是企业成功实施服务补救的基础和核心。Hart、Heskett & Sasser（1990）提出了七种措施的服务补救策略。这些措施为：第一，企业自身要先估算服务补救所产生的成本，在确定成本核算后再着手进行第二个步骤；第二，主动打破僵局，倾听顾客的感受和抱怨；第三，在了解情况后进一步估计和判断需要采取的措施；第四，确定措施后，快速地实施措施，以便达成双方认同的目标；第五，重视对实施服务补救员工的培训；第六，对一线处理失误的员工进行授权；第七，在实施补救措施后要积极地与顾客沟通，给予实时反馈。Tax & Brown（1998）则提出了服务补救的四个步骤和管理流程：首先，要确定是否发生了服务失误事件，企业需要倾听和解决顾客所提出的建议和问题；其次，要把服务失误进行归类，确定失误类型；最后，利用掌握的现有数据资料进一步改善已经实施的服务失误补救措施。前面两个步骤是企业服务补救的应对性措施，后面两个步骤是企业在服务补救中信息的采集和合理利用。包含四个措施的服务补救策略可以让企业更好地处理顾客抱怨，并且在处理过程中结合反应式补救和收集数据的方式，让企业更加清楚地了解顾客满意的缘由，以及权衡服务补救投入和企业利润之间的微妙链条关系。Zeithaml & Bitner（2003）则提出了闭环的服务实施系统。这个系统可以从源头来避免服务失误事件的发生。他们的研究提出，闭环的服务补救首先要欢迎顾客提出问题并收集顾客的问题，发现信息并快速行动，然后以公正客观的态度对待顾客，最后，从以往的经验和服务补救失败的顾客身上学习，并总结新的经验，再进一步回到源头，收集问题并避免失误的发生。学者何会文和齐二石（2005）也提出了服务补救的五步骤模型。他们认为，首先，要观察和倾听遭受服务失误的顾客，细心辨识可能的问题；其次，主动客观地承认企业服务中存在的问题，进行适当的原因解释、致歉并致谢顾客；再次，通过远程预警或者快速复原的方式尽可能化解失误问题的存在；复次，成功地处理现有的服务失误；最后，进行客观地分析和总结，努力进行服务失误后的跟踪、梳理和实时反馈。

2.2.6　服务补救的测评

1. 测评服务补救后的满意度

顾客对于企业的服务情况的评价不是经历一次服务后就固定不变的。顾客的总体评价是要参照每次服务的评价以及经历服务失败后对于企业补救措施的再次评价。服务补救评价无疑是有助于更新顾客对于企业服务的认知的。企业想要顾客满意不仅仅要注意提供的常规服务，同时也要注意突发服务失败后所采取的补救措施。本研究认为，顾客在初次接受服务时产生的满意度为第一次满意，经历服务失败后，顾客所感受到的补救服务的满意度称为第二次满意；与第二次满意相关的是顾客的期望，期望的概念是顾客对于企业应该提供的补救措施的感知，实际提供的补救措施不是顾客期望的全部内容（Parasuranman Zeithaml & Berry，1955；杨彤骥、杨红玉，2017）。学者 Boshoff（1999）使用了这一概念研究服务补救。其在进行补救满意度量表（RECOVSAT）的测定研究中，应用了不同于服务补救期望的概念，开发了包含沟通的类型、授权、反馈、补偿方式、解释及有形性六个维度补救满意度量表。有理由相信，RECOVSAT 量表的开发有助于解决众多企业服务管理的问题。这不仅能衡量企业整体绩效的满意度高低和员工服务补救绩效，还能站在顾客角度帮助顾客评估企业服务补救措施。企业可以在进行服务补救满意度调查之前，以此作为参考，协助找出阻碍企业发展的因素。因此，满意度补救量表（RECOVSAT）成为企业进行服务管理的有效管理手段。Andreassen 依据一致理论，提出服务补救的期望不是单一影响补救后满意度的因素，感知服务的品质、顾客不一致、公平性及初次负面影响也都会对企业实施服务补救后的满意度产生影响和作用。Andreassen 称这几类因素是服务补救满意度的前置影响因素，并升华成服务补救满意度的前置影响模式。还有其他学者从其他理论视角对服务补救满意度进行了研究和分析。例如 Tax & Brow（1998）基于认知公平理论，提出了结果公平、程序公平以及互动公平是影响顾客评价服务补救成效的重要因素；顾客会衡量自己的投入与产出作为对于服务补救评价的重要依据。研究认为，公平因素可以解释 85% 的顾客的服务补救后满意度评价。这项研究更加深入地揭示了服务评价与公平之间的关系，从这三个公平维度考虑可以作为解决服务补救问题的新思路，快速而成效显著地提升顾客满意度和忠诚度相信不再成为难事。McCollough（2000）等学者则提出顾客的整体满意度是指服务产生的满意度与服务补救之后顾客感觉到的满意度的结合，并把综合考虑两种满意度的思路称为"服务补救整体满意模式"。其研究还发现，服务失误后产生的服务补救可以一定程度上降低顾客心理上的不满意，但是如果顾客经历了十分满意的服务补救措施，整体满意度会发生改变，有可能会大于、小于或者等于服务失误前的顾客满意度。这也显示了服务补救前后之间所存在的矛盾性，当然也可以换个角度来解释服务补救悖论。总而言之，服务补救是一个矛盾的统一体。基于众多学者的研究结论，McCollough 等学者认为，不产生服务失误是保持满意度最好的方法，不过如果发生失误后，想要获得顾客更高的满意度，就必须要采取高于顾客期望的更优更好的服务补救措施，除此，别无他法。因此，服务企业与其事后烦琐的服务补救，不如让服务失误产生的概率为零。

2. 测评服务补救的效果

众多的研究都非常关注服务补救的效果评价，其中，关于顾客关系影响服务补救效果的研究更是尤其集中，这也是本研究中要关注的重点。在其他研究领域，学者总结了几类影响服务补救效果比较关键的因素，他们包括顾客总体满意、顾客行为意向以及顾客关系等变量。这一部分，本研究将对服务补救的主要结果变量：顾客总体满意、顾客服务补救满意以及顾客行为意向的相关研究进行逐一梳理和回顾。

（1）服务补救满意与总体满意

自从 20 世纪 70 年代以来，大量服务补救研究的学者将补救的结果集中在顾客满意和顾客不满意这两个变量上。随着经济的发展和人们生活水平的提高，服务业竞争日渐加剧，而人们对于服务的要求也在同步不断地提高。因此，顾客满意成为服务企业普遍关注的核心问题。在学术研究领域，关于顾客满意与不满意的文章层出不穷，学者们把顾客满意与不满意作为衡量企业提供服务产生效果的重要结果变量（Oliver & Swan，1989；Tektas，2017；Bougoure et al.，2016；赵梦琪，2017；李晓宇，2017；付海燕，2017）。从 20 世纪 70 年代以来，学者们对于满意度概念的研究提出了不同的看法。Howard & Sheth（1969）认为，顾客满意是一种认知状态，这种状态是顾客对于自己所付出的成本与代价是否能得到应有补偿的一种自我衡量。Oliver & Linda（1981）认为，顾客满意是一种情感状态的反应，这种心理状态会在顾客期望与现实消费情况达到一致时产生，或者超出预期期望的情况下发生。Westbrook & Reilly（1983）认为，顾客满意是发生在顾客购买过程中或者是购买结束后，由产品陈列或者是购物环境对顾客心理影响而产生的一种情感反应。Kotler 提出，顾客满意是一种感知状态，这种感知状态的高低取决于顾客对产品的期望与感知效果之间的差值。综上可以看出，这些学者衡量顾客满意与不满意主要关注顾客的状态，这类观点以顾客状态为基础，认为购买行为发生后顾客的主观的感受可以代表顾客的满意度。还有其他一类学者，在研究顾客满意时则更关注的是满意产生的具体过程，并以具体过程去界定顾客满意。Hunt（1977）认为，顾客满意是顾客做出的良好评价，这种评价是基于在原有期望的结果之下发生的消费经历与期望结果一致之后所产生的一种心理愉悦状态。Engel & Blackwell（1982）认为，顾客满意是顾客当前购买的产品与以往购买的产品对比后是一致时所做出的客观评价。Tse & Wilton（1988）研究认为，顾客在购买行为发生前，对产品的质量的期望与消费后感知到的实际产品质量之间的差异性的比较，购买前后所产生的期望与结果的差异来定义顾客的满意。以上学者均认为顾客满意度不只是重视的结果，顾客的过程评价是构成顾客满意结果的重要因素。过程角度下的顾客满意度的测评涵盖了顾客一次完整的消费行为，也显示了在顾客满意度评价中顾客所看重的因素，以及如何在过程中促进顾客满意。结合上面两种顾客满意的界定方式，本研究倾向于从顾客产品购买过程角度给顾客满意进行界定。本研究认为，顾客满意度可以看成是一种顾客在感受到所购产品与先前产品相一致情况下的一种积极的购买后评价。以往学术界研究中，学者们认为决定顾客重购行为的重要因素就是顾客满意/不满意评价。顾客在经历消费后，一般会对消费结果进行一个简单的评价，评价的结果通常有三个，一是满意，二是不满意，三是无所谓。评价的结果可以作为消费者下一步行为意向的参照标准，评价会影响到顾客下次消费的行为策略。当然，与上述评价结果相对应的，顾客的下一次购买行为也可以分为三类，一是继续光顾，二是不再光顾，三是看情况决定。因此，消费者满意直接影响着消费者的行为意向和购买行为，顾客满意影响着顾客忠诚。顾客转换意向的研究很关键成为大量学者研究的共识。Datta（2003）、Boulding等（1993）提出，顾客满意是导致消费者忠诚的重要因素，顾客不满意是导致顾客购买行为转换的重要影响因素。涉及实证研究时，这一领域的学者通常会对顾客满意度有两种操作性定义：一种认为，顾客满意度是购买产品或者服务后产生的短期满意度，是顾客对购买产品和服务的一个总体性评价。另外一种认为，顾客满意是累积性的满意程度，是在顾客衡量企业相关服务行为之后所产生的总体满意度，这一满意度指标是多层次的一个综合体现，既包括了顾客对产品和服务质量的评价，也包括对企业营销活动的评价，及其对企业总体形象的评价等。决定顾客是否会再次购买某一企业的产品和服务是顾客依据以往的消费经历做出的决策。而累计的顾客满意度相较于单次的消费体验则更能详细地显示出顾客的喜好，更加全面地认知顾客对于企业提供服务的好恶程度，也更能精准地预测顾客意向以及实际的消费行为。在本研究中，倾向于采用第一种操作性定义，即经历一次服务补救后的服务评价作为服务补救满意度的测量。因为，服务失误后的企业补救措施完全可以看成是企业与顾客之间的一次社会交换过程，所以，本研究中可以使用短期的满意度评价作为对于服务补救行为的评价。使用满意度积累值作为衡量顾客对服务企业的总体满意，发生补救措施或者没有补救措施所产生的积累值是顾客对于该企业的整体的满意程度。现有的研究发现，补救满意是构成顾客积累性满意度的一部分，直接影响着顾客积累性的满意度。补救满意和顾客的总体满意均能够预测顾客在补救后的消费意向与行为，只有这样，本研究对顾客服务效果的评价才能更完整和全面。

（2）服务补救后行为意向

顾客在感知到满意/不满意之后会产生顾客的行为意向，该类行为意向很大程度上影响着这一顾客与提供服务企业二者之间的后续关系（Weun，1997）。现有的学者主要是基于态度理论去研究顾客的行为意向（Behavior intention）。态度包括三种要素：认知要素、情感要素和意动要素。其中，认知要素是个体基于自身知识对态度标识参数的认知水平；情感要素是指个体对态度标的物的总体感觉；意动要素反映的是个体对态度标的物的行动，或者是行为意向（Engel et al.，1995；Tsarenko、Strizhakova & Otnes，2019；党金平，2017；陈鹭洁、黄俊毅，2017；贾薇、赵哲，2018）。基于态度理论，这三种态度要素并不都对顾客态度产生影响。态度理论中的认知以及情感要素将直接对态度产生影响，对顾客态度会产生决定性的作用。但是，需要注意的是，意动要素不会对态度产生影响，是态度决定了个体的意动要素，也就是说态度决定了个体的行为意向，如图2.1所示。

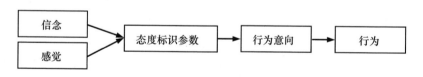

图 2.1　态度与行为意向的关系

资料来源：Engel, J. F., Miniard P. W. & Blackwell R. D, Consumer behavior, 8th ed. ［M］. Forth Worth：Dryden, 1995.

Zeithaml、Berry & Parasuraman et al.（1996）在研究中把行为意向界定为一种信号，这种信号可以表达出一些顾客信息，这种信息表现了顾客对于提供服务的企业的满意度，这种满意度大小让顾客做出选择继续接受服务或者是选择其他服务的行为决策，也就是一种顾客去或留的信号。不同的情景影响着学者们对于行为意向的定义，但是在一般性的研究中，行为意向还是被看成顾客对于产品和服务提供者提供正面或者负面评价的意愿以及顾客选择是否保持与企业之间消费行为的意向（Boulding et al. , 1993；Oliver, 1997；Spreng et al. , 1995；Yi, 1990；Ding & Lii, 2016；Lastner et al. , 2016；阮丽华、黄梦婷, 2017；孙乃娟、孙育新, 2017；黄珍、常紫萍, 2020）。有学者提出服务补救策略在某些情景下会对于顾客的满意程度以及后续的行为意愿产生很大的影响。顾客在接受不满意的服务后，顾客会产生不满意的心理。这些不满意的心理会通过行为体现出来，如退出（Exit），表达（Voice）（诸如抱怨、负面评价等），忠诚（Loyalty）等行为。一般而言，顾客会基于以往的企业服务评价和新的信息做出后续行为意向的调整。在服务失误后，提供服务的企业快速行动提供服务补救措施，顾客接受了失误后的补救服务，就会更新顾客的信息，新获得的信息可能会让顾客对自己目前的行为意愿进行调整。因此，企业服务失误后的服务补救是一次机会，可能会让不满意的顾客有一个态度的转变。不满意的顾客接受这次机会，就会在补救中重塑自己的行为与意愿，但是这种行为与意愿的重塑要依赖于顾客所感知到的企业服务补救公平（Blodgett et al. , 1997；Li, Fang, 2016；Berry et al. , 2018；邹勇, 2017；谭鑫, 2017；李克芳、钟帅、纪春礼, 2017；王子贤、吕庆华, 2018）。有效的服务补救措施可以重新增强顾客的服务补救满意度（Bitner et al. , 1990；Glikson et al. , 2019；刘国巍、李闯管, 2017；Jerger & Wirtz, 2017；肖海林、李书品, 2017；杨强、孟陆、董泽瑞, 2018）。顾客过往不愉快的服务体验可能会因为企业某次服务补救所产生的积极有效效果而逆转成愉快的服务体验，从而达到增加顾客的满意度以及产生后续重购意愿的目的（Spreng et al. , 1995；Chen & Kuo, 2017；徐霞, 2017；贺红, 2017；雷芳芳, 2017；张金连, 2018）。

2.3　服务失误和服务补救研究述评

基于以往文献的梳理和研究，本研究有了一个大致的认知。学者们基于有形产品和无形产品（服务产品）的区别，对服务进行了界定。另外，学者们从服务的特点和类型揭示了服务的本质。从根本上来说，服务消费并不是结果的消费，而是一种过程的消费，注重服务质量的提供是服务营销的宗旨和重要管理内容。服务质量在根本上取决于顾客的主观感知。这种主观感知是在顾客与企业之间的社会交换中有了接触之后才形成的，接触之后才会影响顾客对服务的感知。而与企业一线服务人员的高频接触是影响顾客服务感知和服务评价的最重要环节，尤其要引起关注服务质量的企业的重视。因此，企业需要通过对一线服务人员进行规范的服务培训，尽力提升企业服务质量。顾客一旦感受到高水平的服务质量，满意水平也相应提高，其后期的购买行为决策中，忠诚度和重购意愿也同样提高。另外，学者们的研究还发现，由于服务生产和消费的同时进行，服务失误势必不可避免。服务失误的出现就表明企业服务质量的某个环节出现了与顾客预期的差距（gap），具体来说就是顾客期望服务与现实服务出现了差距。这一差距势必降低顾客的服务质量感知，引发顾客的消极反应：一是不满意，二是转换服务提供商。而这些消极反应的存在无疑将会影响企业与服务相关的绩效。为了减少和缓解服务失误对企业产生的不良后果，学者们致力于服务补救的研究。20多年的研究，学者们积累了众多的研究成果，提出了许多有益的研究结论。这些成果本研究梳理如下：

（1）学者们普遍的认知是传统的顾客抱怨处理与企业服务补救有着本质上的区别。服务补救是服务企业对出现的服务失误采取的即时性企业应对措施和策略。服务补救既包括对于顾客抱怨等行为引起的企业反应性行为，也包括企业对于处理潜在服务失误的反应速度和预见性。在某种意义上，服务补救对于企业来说，是服务质量管理中非常重要的一环。另外，有学者从其他的理论视角对服务补救的结构内容以及对应性的服务补救策略进行了较为系统性的探讨，这其中包括顾客感知公平理论与归因理论。学者们认为，服务补救策略有效性会受行业差异的影响，不同的行业可能的服务补救的策略也应当不同。这些不同的服务补救策略包括移情、道歉、解决问题、管理跟进等。这些策略的组合性应用为不同行业的补救策略提供了有益的借鉴和参考。

（2）在服务补救的研究中，不同的学者对于服务补救所产生的作用有着不同的看法，服务补救悖论是其中最有意思的研究成果。学者们发现，顾客经历服务失误后，高质量的服务补救行为会使顾客的满意度比没有经历失误时高，也比经历服务失误前的满意度要高，这是非常值得研究的一个问题。服务补救产生的重要作用因此突显，但绝不是夸夸其谈。当然，也有学者对这些提出了不同的意见，他们认为，服务补救的效果在弥补顾客的满意度和忠诚度上并不是万能的，有着其固有的局限性。截至现在，学术界对服务补救悖论还存在一定的争议。众多学者实证研究发现，存在服务失误的情况下，企业的服务补救质量越高，顾客会产生越高的感知价值、满意度以及忠诚度，也会产生较高的顾客信任。服务补救成为影响顾客意向以及行为的重要因素。学者们的研究还发现，服务补救会让顾客在产品和服务消费中产生较高的满意度，从而建立起服务企业积极有效的顾客转换壁垒，顾客转换率因而随之降低。另外，在采取服务补救的过程中，顾客"二次满意度"受到情境的影响，不同的情境对同样的服务补救的满意度是不一样的。高水平的服务补救能够带来正面影响，而低水平的服务补救只能带来负面影响。因此，企业在采取服务补救时，需要根据具体情境进行，而不能眉毛胡子一把抓。

（3）有些学者关注到服务补救与企业内部绩效之间的关系，并通过实证研究发现，服务补救的行为可以帮助企业获得更多关于产品和服务的一手数据。在一定程度下，企业服务补救提高了企业将来服务设计和传递的能力。有研究还证明，服务补救对企业的影响，不仅仅体现在顾客感知服务质量上，还体现在企业员工的态度和行为上。服务人员的离职意向与企业服务补救绩效之间存在负向影响。服务补救的效果并不都是一致的。以往的大多数研究关注着服务补救接收方——顾客感知和行为，学者们提出了"内部服务补救"的概念，这一研究则把研究的视角转移到了一线服务员工的身上。该类员工是企业的内部顾客，一线员工实施服务补救必然会产生一定的负面情绪。一线服务人员需要在进行服务补救之前获得企业有效的内部服务补救，用以抵消一线服务人员在进行顾客服务补救中产生的不良情绪，这样一线服务人员才能更好地、更有信心地从事服务补救工作。"内部服务补救"概念的提出成功地将学者们的研究视角引入了企业组织内部。

（4）众多的研究表明，文化对于人们的行为态度，譬如顾客感知，有着积极影响。同理，文化对于顾客、对于企业服务失误的感知、对于顾客关于服务补救的预期也同样有着重要的作用。不同文化场景下，顾客对于企业服务补救有着差异性的态度和行为表现。文化差异造成服务补救策略的差异是学者们共同的研究认知。随着国际化趋势的发展，在对服务补救行为进行研究的时候，要考虑到文化的因素。国际化的趋势推动服务类企业走向世界，服务企业在国际领域进行着越来越多的营销服务活动，文化因素是企业进行国际营销服务时重点需要考虑的因素。因此，根据不同文化采取不同的服务补救措施在国际服务领域中显得尤为重要。

（5）关键事件法以及情景描述法在服务补救研究中广泛使用。它们被认为是服务补救研究中不可或缺的方法。使用该类方法可以让研究学者们更好地衡量服务补救策略所产生的效果，并且可以获得更多对于研究有益的结果和发现，得到更多有益的研究结论。关键事件法以及情景描述法为后续服务补救、服务失误和高顾客接触型服务研究提供了方法上的借鉴。

（6）在服务补救维度的研究中，学者们认为，各个维度的重要性程度是有区别的。高斯曼的研究结果发现，按照服务补救措施中的退货换货、有形补偿、道歉和反应重要性进行排序，退货换货的重要性最高，道歉和反应的重要性相对较低。而宋凯、纪伟的研究结果表明，七大因子和服务补救效果均存在着显著关系，尤其是规章制度正式性、员工培训强度以及顾客参与对服务补救效果的影响路径系数甚至超过了 0.7。因此，结果可以明显地看出，服务企业在服务补救之时，要特别重视规章制度的建设，通过培训提高员工解决问题的能力，并且时刻谨记顾客的重要性，顾客公开参与服务补救会使补救效果更加显著。

第3章 基于企业认同的服务补救关键影响因素及作用机制

3.1 基于企业认同的服务补救关键影响因素模型研究假设的提出

有关服务失误及服务补救文献研究的内容本研究都在第二章进行梳理。接下来，本研究将从企业服务失误特征、顾客特征以及企业特征三个方面来讨论服务企业感知，探索影响服务企业进行服务补救投入的关键因素。然后，研究结合国内外相关文献讨论这些关键影响因素、企业认同以及服务企业对服务补救的投入三者之间的关系，以期建立三者之间相互关系的概念模型。

3.1.1 服务企业对服务补救感知的影响因素与企业认同的关系假设

Tax & Brown（1998）发现，在零售业、银行业和自助服务业中难以实现"零缺陷"服务，然而，实施服务补救行为却能为企业带来30%—150%的持续回报。因此，他们认为，服务补救与企业利润回报有着直接的关系。Blodgett et al.（1993，1997）表示，服务补救正向影响口头传播意向，也就是企业采取越有效的服务补救行为，顾客越有意向正面传播该企业，反之亦然。众多研究表明，有效的服务补救不仅对复苏的顾客满意度（Bitner et al.，1990；Goodwin & Ross，1992；Tax et al.，1998；Smith et al.，1999；Maxham，2001；Jerger & Wirtz，2017；Glikson et al.，2019）、顾客重新购买商品及服务的意愿有着重要的作用（Gilly，1987；Hogreve、Bilstein & Mandl，2017），对于顾客信任，加强同他们的联系也同样有着重要作用（Tax et al.，1998；Chen & Kim，2019）。换句话说，服务企业对服务失误的补救会给企业自身带来回报和效益，而且给其带来的回报和效益越大，企业对于服务补救的投入及其价值的认可程度就会越高，本研究把这种认可度称为企业认同。

企业认同会直接影响到服务企业是否对服务进行补救以及对服务补救的各种投入，它会受到多种因素的影响。作为企业认同的前因变量，服务企业对服务补救感知的影响因素受到了许多学者共同的关注。Berry & Parasuraman（1992）在现有文献的基础上得出结论：在通常情况下，服务失误不仅仅会造成顾客的信心下降以及顾客流失，更有可能会导致负面的品牌影响，并且增加二次服务的直接成本。因此，要把这种失误带来的不利影响降到最低的程度，就有必要对其进行补救，这个过程影响着企业认同。消费者在购买服务后会产生满意与行动（Kotler et al.，2006）。在这种情况下，消费者会再次进行消费；相反，如果企业不能提供满意的服务或商品，消费者可能采取公开或私下行动，如诉讼或退回商品等。Hart（1990）通过企业服务失误的实验发现，因企业服务失误而不满意的顾客会将这次糟糕的体验诉说给10—20人。即使企业及时地解决了顾客的投诉，顾客依旧会将这次经历诉说给5人。如果考虑每个人都会扩散信息的可能性，那么最后将会是井喷式的变化结果，企业的声誉便会遭受到严重的冲击，同时会带来不可估量的损失。Smith & Bolton Wagner（1999）的研究显示，大部分的顾客遭遇到失望的服务后，会大大地降低对企业的信任及承诺，同时会负面传播企业的口碑，导致出现不同的行为倾向。顾客忠诚在这一系列不满的行为中会逐渐消失（Bejou & palmer，1998；Hogreve、Bilstein & Mandl，2017）。企业最终很有可能无法与顾客维持良好的关系，将其投送至同行业的竞争对手中（Zeelenberg & Pieters，1999；Bilstein & Hoerner，2019）。Bitner、Booms & Mohr（1994）提出的"问题客户行为"论点中又提及，部分服务失误有可能是由于顾客本身的不当行为，并非全部由企业和服务人员引起的。因此，服务失误发生的原因可能是服务企业、具体提供服务人员或享受服务的客户这三方中的一方的不当行为。综上所述，研究认为，当一个服务企业发生服务失误、顾客产生不满以及服务企业利益受损时，服务企业就要考虑并决定是否要实施服务补救。这些因素都会对企业认同产生一定程度的影响。

1. 企业服务失误特征与企业认同

C. Hart、Heskett & Sasse（1990）曾指出，即使是再优秀的企业，就算拥有最训练有素的员工，提供最严谨的服务过程，采纳最高级的服务技术，也是无法达到"零缺陷"的目标。Kelly & Davis（1994）认为，服务失误是难以避免的，因为在企业员工与顾客最开始的接触到最后的接触之间，都无法全面地预料到会产生如何的服务失误。

不同学者针对于服务失误产生的原因都有着独到的见解，并且从不同的视角来界定服务失误。Tetrearlt（1990）从服务人员的角度提出，服务失误主要源于企业没法满足顾客的主观要求上的服务、服务的执行偏离制定的标准、服务延迟或核心服务水平太低而不能接受等。Parasuraman、Berry & Zeithrnal（1991）认为，以下两种情况会使顾客产生不满情绪，容易造成服务失误：第一种情况是服务结果未能达到顾客的预期。另一种可能是，服务的流程未能使顾客满意。Palmer（2000）站在顾客的角度认为，只要在服务过程中出现不满的情绪，随即便产生了服务失误。而Binter、Booms & Mohr（1994）则基于各方面的综合考虑认为，在顾客没有享受到其要求的服务或者商家提供的服务没有达到顾客预期时，便会产生服务失误的情况。本研究可以从服务质量入手来分析企业服务失误特征与企业认同两者之间的关系。企业服务失误的相关特征符合 Tetrearlt（1990）提出的服务失误内涵。Gronroos 提出的服务质量的三维度模型（如图 3.1）认为，技术质量（Technical quality）、企业形象（Corporate image）和功能质量（Functional quality）共同构成了总的服务质量（Total service equality）。其中，技术质量也可以称作结果质量，是指从事服务者为顾客提供的服务，并且顾客在其中有所收获。功能质量指服务从业人员如何为顾客提供服务，主要涉及服务从业人员与顾客之间的互动（Gronroos，1984；Hogreve、Bilstein & Mandl，2017），注重的是一种交流和反馈，所以也叫作过程质量。Parasuraman、Zeithaml & Berry（1985，1988，1996）曾多次指出，顾客在接受完服务后的最终行为取决于服务质量，两者之间关系十分紧密。企业优质的服务能够促进顾客对企业的正向行为意愿，而缺乏优质的服务质量则容易导致顾客产生相反的行为意愿。Brown & Beltramini（1989）证明了服务失误越严重，顾客的抱怨行为越强烈，负面口头传播意愿越强。相反，如若企业能及时地进行有效的服务补救则不仅能够提高顾客满意度、改善顾客关系质量，而且还能提高企业的利润。然而需要注意的是，倘若服务企业进行的服务补救行为未能带来改善，则会造成顾客不满，降低顾客的信心，从而导致与顾客关系的破裂，最后产生消极的口碑效应。从上述的分析可以看出，服务质量与服务企业的绩效息息相关，对造成服务质量差距的失误进行补救会给企业带来不小的回报和效益。借鉴上述研究，后续研究将从产品质量、服务水平、操作方式以及企业形象这四个方面来讨论和分析企业服务失误特征与企业认同之间的关系。其中，产品质量属于技术质量，服务水平和操作方式属于功能质量。

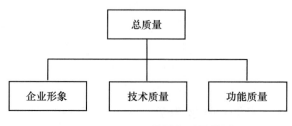

图 3.1　Gronroos **的服务质量模型**

　　格鲁诺斯（1984）将顾客从他们与企业互动过程中所得到东西的好坏，称为结果质量。它主要涉及的是在服务过程中顾客所获得的实际产品的质量，它指的是企业最终向顾客提供的实物产品，直接用于满足他们生产生活中的各种消费需要，是企业提供服务的最核心的部分。这一结果质量，可能会由于应用的生产设施设备不能安全运行而出现故障或者接待顾客的能力不足，最终对其造成了影响；也有可能是由于市场调研不充分，使所提供的实物产品不能满足顾客的需求或者提供的产品在生产过程中出现的各种各样质量问题。而服务失误的其中一个主要原因便是服务的结果没有达到顾客的预期。Keaveney（1995）指出，企业提供优质的服务，与顾客建立相互信任机制，这有利于提升顾客满意度，并且能够决定顾客是否想和企业建立起长期合作关系，从而防止顾客资源流失，这也是企业提供优质服务的长期结果。Ravald & Gronroos（1996）指出，当企业着力提升自身的服务品质，向顾客提供别具一格且有价值的商品时，顾客进行二次消费的可能性会增大，同时也增强了顾客忠诚度。以上分析可以看出，产品质量的高低直接影响着顾客的满意感和忠诚度。如果产品的质量没有达到顾客的期望，会使顾客流失。而企业为了提高顾客的满意度和忠诚度，必定会对产品的质量给予高度的重视，所以产品质量的失误会对企业对服务补救的态度有着积极的推动作用。

　　基于上述分析，本研究提出如下假设：

　　H1a：产品质量失误对企业认同有显著影响。

　　在服务企业中与顾客对接的往往都是服务企业员工，因此，服务企业形象往往也通过员工进行实现，员工对待顾客的服务质量就代表了服务企业所能提供的服务质量。所以说，以顾客为中心的服务企业越来越重视员工对待顾客的服务态度及行为。一个服务企业可以通过员工的服务态度、服务技能以及服务效率等来衡量其服务水平。Czepiel、Solomon & Surprenant（1955）指出，顾客对于服务的满意度评价会受到服务人员的态度、行为和技能的影响。Suprenant & Soloman（1987）通过实证研究发现，服务人员与顾客之间的接触交流正向影响着服务满意感。Bitner（1990）研究证明，大多数的服务失误归因于服务人员的行为或态度不当。他还指出，43%的不满意顾客产生不满是因为雇员对于服务失误的消极反应。Keaveney（1995）指出，服务人员冷漠无礼的态度和不专业的行为都是顾客眼中的消极反应。Berry（1995）提出，当企业提供个性化的服务，要求员工与顾客建立亲密关系（例如记清顾客信息及喜好、经常保持联系、提供增值服务等）时，顾客对于企业出现的服务失误状况的容忍度更高。Babakus et al.（2003）学者在研究中指出，尤其是在服务人员需要与顾客进行接触交流的行业中，企业对于员工的培训、授权、奖惩等都会正向影响企业绩效，因为在服务过程中，顾客感知到的服务质量直接取决于服务人员的态度及行为。叶惠（1999）在研究中指出，在国际观光旅馆中，如若顾客相当满意该企业的服务质量，会形成良好的口碑并衷情于该产品或该企业，形成有利于购后的行为；反之，若感到不满意，则会产生不利的购后行为。从以上研究可见，企业的服务水平对顾客的满意感、后续行为意向以及企业的绩效都有显著的影响，所以，服务水平失误促使服务企业建立良好的服务补救态度。

　　基于上述分析，本研究提出如下假设：

　　H1b：服务水平失误对企业认同有显著影响。

　　行之有效的操作方式是高效服务的基础，是提供高质量服务的前提。服务企业的目的是满足顾客的期望，而这一目的一定是通过员工来提供具体的服务，但是，如果没有具体的可以被理解和执行的服务质量标准，那么，服务失误的产生往往会由于员工进行的不当操作方式。在服务传递过程中，顾客的感知质量同既定的服务质量标准产生的差异就是服务质量差距。这种差距的来源是操作方式，即由于员工自身的主体性导致其服务表现很难实现标准化，因而会产生服务传递的差异化，最终使顾客的感知质量受到影响。从服务企业内部的角度来看，团队合作的缺乏、员工招聘时的不规范、培训不足以及工作设计本身的不合理性都有可能成为造成服务质量差距的原因。操作方式属于服务质量量表的五个维度中的可靠性维度，它是指服务企业员工在服务过程中，能够准确地依照既定的标准，完美地按时实现服务承诺的能力。Parasuraman、Zeithaml & Berry（1988）在研究中指出，顾客忠诚度会较大地受到服务质量的可靠性维度的影响。这就意味着操作方式是影响顾客满意度及忠诚度的重要影响因素。

基于上述分析，本研究提出如下假设：

H1c：操作方式失误对企业认同有显著影响。

形象是消费者对于服务企业及其服务的重要评判因素。它代表着服务企业无形的资产和潜在的业绩，是对产品或服务的质量保证，对消费者的购买行为会产生直接影响。正面的服务企业形象对于服务企业来说尤为重要，服务企业能够通过优化服务企业形象增强顾客感知的服务质量以及获得良好的口碑，这能够促使服务企业取得持续的竞争优势。Fornell（1992）认为，企业要塑造良好的形象需要靠顾客良好的消费体验不断累计起来。企业提供令人满意的商品或服务时，会给顾客留下较好的印象，这种印象会对顾客日后的满意度有一定的影响，进而增强顾客忠诚。Michael（2001）认为，企业形象能够直接影响顾客忠诚，正面的企业形象能够有助于顾客理解有关产品和服务，并通过加工以及存储等步骤，使这一过程更加高效，能够帮助顾客简化购买决策，降低购买成本，吸引顾客重复购买。所以，服务企业采取及时的服务补救措施是极为重要的，特别是一些突发事件会使服务企业声誉受到严重冲击，其强烈的公众反应会使服务企业陷于困境之中。此时此刻，服务企业非常有必要对危机进行化解和修复，否则，后果将不堪设想。例如，三鹿集团因产品质量危机造成连续的、重大的创伤，使其在顾客心目中建立的良好光辉形象瞬间毁于一旦，并最终彻底瓦解。可见，服务企业形象是基于服务企业以往表现的综合评价，在一定程度上影响着顾客的行为。因为，服务企业形象也反映了其在大多数顾客心理上的地位。这种心理地位会变成一种信号，直接传递给消费者并影响他们的选择。良好的服务企业形象是顾客忠诚的一个重要因素，而当服务企业形象受到损害时，会给其带来不良的影响。所以，服务企业为了维护自身的形象必定会重视对服务失误的补救。

基于上述分析，本研究提出如下假设：

H1d：企业形象受损对企业认同有显著影响。

2. 顾客特征与企业认同

顾客特征与企业认同之间的关系可以从顾客与组织的关系质量来度量。而顾客与组织的关系质量主要包括顾客了解到的信息量、顾客对企业的信任水平以及顾客对待服务失误的态度三个方面。首先，顾客一般通过以下四个途径来了解企业所提供的服务和产品。一是自己之前的亲身体验经历；二是朋友亲人的介绍；三是企业的促销、公关等营销传播活动；四是企业在各种传播媒体上投入的广告。顾客首先根据自己所掌握的信息，在脑海中形成有关产品或服务的预期，在享受完服务或是使用过产品之后，顾客会将之前的预期和实际情况相比较，最终会产生一个满意度。其中，口碑宣传可以向顾客提供很多重要的信息，由于比较相信使用过商品的其他顾客的态度，所以，这些口碑相传的信息经常能直接决定顾客是否光顾这家企业。当企业发生服务失误的情况时，可以帮助顾客了解更多的实际情况，消除一些不利的负面影响。其次，顾客对企业的信任水平是关系质量中最具决定性的一个因素，信任水平的高低是关系质量好坏的直接表现形式。最后，顾客对待服务失误的态度会从顾客的抱怨反应表现出来。Day、Grabicke、Scheatzle & Staubach（1981）归纳出了三类抱怨反应，分别是：（1）私下行动：主要通过周遭的个人行为（包括个人抵制行为、负面宣传该产品来促使周围人抵制产品的行为等）来完成抱怨反应。（2）公开行动：主要通过向店家、制造商或者是第三方来索要赔偿完成抱怨反应；有许多的研究者探讨了这种关系质量是如何影响顾客对服务失误的反应。（3）不做任何事：顾客在经历不满后，后续的消费行为不做任何改变。

　　有研究者提出，良好的顾客关系在服务失误发生后使顾客和服务企业之间的紧张气氛获得了一个重要的缓冲。Boles、Barksdale & Johnson（1997）指出，当企业给顾客留有较好的印象，且保持良好的关系，大多数顾客会有再次购买的意愿，并且会为企业做正面的宣传。Beatty（1996）在实地访谈企业的服务人员及其客户后发现，那些与服务企业之间关系良好的顾客倾向于形成更高的忠诚度和好的口碑。Parasuraman、Zeithaml & Berry（1996）的研究指出，当企业持续与顾客有较为密切的有效关系且其服务被顾客喜爱时，顾客会向外宣传其正面的企业形象，并愿意支付其增值服务。Ronald（2003）通过实证发现，顾客存在较高保持关系意愿的，会在公司发生服务失误后产生较低服务补救预期，并能够主观地将失误归结于不确定因素。顾客较低的补救预期以及低稳定性归因会让顾客在公司补救后产生更高的满意度。肖丽（2005）发现，如果企业拥有更高的质量服务关系，那么，他们一般都具有更积极的服务失误的反应。综上所述，与顾客的良好关系会带来较高的忠诚度和正面的口碑，进而也就加强了企业对服务补救的认可。

　　顾客在进行消费时，会先利用自己所掌握的信息，并结合内外部的有效信息对产品及服务进行质量评估。Cox（1962）系统地整理了与质量线索有关的研究。他指出，例如产品的外观、朋友的口碑、服务人员的态度等此类与产品特性有关的各种线索一般都是顾客实际的感知质量，并将其定义为"信息"。Stephan（2003）指出，每一条不同的线索都承载着不同的信息，线索和信息都一一对应。顾客对于产品的整体体验是基于所能得到的线索感知集合。从这里可以看出，线索是消费者用以感知产品或服务质量的依据。Crane（1988）基于线索利用理论，研究了在消费者选择美发美容、牙齿护理、银行、医院时，企业及产品的声誉、性价比、竞争力等外部线索的作用以及这些线索在不同类型的服务中有何不同。Rao（1989）指出，消费者在做出购买决策之前，甚至购买消费产品之后都不知晓产品的真实质量情况时，可能依赖相关的启示或线索来对产品的质量做出评价。Baker（2002）探究了在超市购物的消费者是否会因服务人员的态度和行为、店面布局及背景音乐而产生感知价值和购买意愿。周应恒等（2004）通过对南京部分超市的分层抽样研究发现，消费者掌握的食品安全信息程度会影响他们对食品安全的评价，正向的信息能够提升消费者对安全食品的购买意愿。冯建英（2006）提出，顾客是为了满足自身的需要而产生购买行为，而产品的特性与其功能及效用直接相关，因此，消费者的购买意愿也受其直接影响。王波（2008）在探索外部线索对消费者购买意愿的影响时，主要以手机为例研究了品牌、价格、外观等外部线索。高泽（2009）则做了手提电脑的品牌原产地形象影响消费者购买意愿的研究。综上所述，顾客所掌握的有关产品或服务的各种各样的信息，也就是线索对于消费者所感知的服务质量以及购买意愿都有着显著的影响。因此，这些信息是企业对服务补救态度的一个重要影响因素。

基于上述分析，本研究提出如下假设：

H2a：顾客所掌握的信息量与企业认同有显著影响。

在营销中顾客信任有着举足轻重的作用。顾客信任也是销售人员与顾客良好关系建立的前提。它有助于决定销售人员影响潜在顾客的能力。Spector（1961）提出，任务信任是品牌必不可少的属性，也是建立企业与消费者稳固关系的基础。Schurr & Ozanne（1985）的研究发现，高度的信任相较于低度的信任会产生更深层次的一致性，并带来更可观的效果。Mohr & Spekman（1988）的研究发现，信任是维持长期关系的前提基础。Berry（1994）等人指出，顾客信任感是顾客忠诚感的基础。Morgan & Hunt（1994）提出，品牌信任导致品牌忠诚或承诺，信任将创造高价值的交换关系。因此，顾客信任极大地影响着消费者购买意愿。Reichheld & Schefter（2000）更直接地指出，要想使顾客忠诚，你得先让他们信任你。Singh & Sirdeshmukh（2000）认为，信任中介了购买前后的关系，是一个重要的中介变量。由此，对企业产生的忠诚度会更加紧密连接交易双方的关系。服务性企业培育顾客的重中之重便是要加强顾客的信任度，进而增强顾客忠诚。Reichheld & Schefter（2000）研究认为，顾客较高的忠诚度不但能够提高他们的购买频率，还能为企业提供新的顾客，从而创造新的利润来源。对于企业来说，建立顾客忠诚首先需要创造信任，信任能够带来更加持久的双边关系。Ranaweera & Prabhu（2003）研究发现，顾客信任对顾客保持和正面口碑宣传都有正相关。韩小芸和汪纯孝（2003）研究发现，顾客信任感显著影响顾客忠诚感。严浩仁（2005）的研究发现，信任对顾客行为忠诚和态度忠诚均有显著影响。可见，顾客信任会影响顾客的忠诚度，因而对企业对待服务补救的态度有积极促进作用。

基于上述分析，本研究提出如下假设：

H2b：顾客对企业的信任水平对企业认同有显著影响。

从上述文献中学者们对抱怨反应的分类中，本研究发现，只有第一类行为不会对企业产生太大的影响，后两类行为都反映了行为者本身的不满，就是人们通常所说的抱怨行为。Singh（1988）把抱怨分成三种形式：直接抱怨、私下抱怨和第三方抱怨。Davidow & Dacin（1997）在研究中按照顾客抱怨行为的两个维度将其分成四种类型，一个维度是以顾客圈之内和顾客圈之外来划分抱怨对象，另一个维度是抱怨对象与不满意购买之间的相关性（如图 3.2 所示）。美国技术援助研究规划研究所（TARP，1979）的相关资料，证实了能否处理好顾客的直接抱怨决定着顾客的满意度和顾客忠诚。Fornel & Wernerfelt（1987）认为，商品或服务的提供者应当尽可能地把顾客抱怨的信号放大，这样才能减少顾客流失及附带的消极的影响，进而保持较高的市场绩效。Hansen（1997）分析了顾客在产生抱怨时的不满情绪，指出倘若能恰到好处地处理好顾客的不满将有利于维护企业的声望和顾客的口碑，防止它们受到损伤。较好的顾客抱怨处理对企业绩效将产生极大的影响（Tax & Brown，1998；Hogreve、Bilstein & Mandl，2017）。Smith、Bolton & Wagner（1999）指出，大多数情况下，顾客在面对令人不满意的服务时会对企业产生负面的印象，改变原有的消费行为意愿，甚至对企业失去信任度及承诺度。这些都会降低顾客的忠诚机会，如果不加以补救，顾客很有可能会终止与提供服务的公司之间的联系。Jacques Horovitc（1999）在对顾客忠诚度的研究中表明，顾客产生抱怨时是好事而非坏事，尽管大量的抱怨会使员工感觉不适，但是忠言逆耳，不能小觑。同时，有研究指出，只要有恰当的处理方式，抱怨的顾客可以转化成忠诚的顾客。范秀成（2002）指出，那些提出抱怨并得到及时的服务补救最后产生满意的顾客的重购意愿比那些虽然感觉到不满但是没有抱怨的顾客高得多。从上面提到的对顾客抱怨分类来看，直接抱怨时，顾客在不满时采取的一种积极的诉求产生的负面影响是最小的。对于这类抱怨，企业应当及时采取有效的补救措施，平息顾客的不满情绪，赔偿相应的经济损失，避免引起更大的不必要的争执甚至是公共关系危机。

另外，研究者们发现，机遇和创新往往蕴藏于顾客的直接抱怨中。顾客的直接抱怨往往潜在地蕴含着丰富且有价值的信息，如未满足的需求、产品或服务的不足等。只要商家以积极负责任的态度主动面对并解决问题，就能提高顾客的忠诚度，企业也能从中获得巨大的收益。

由上，研究认为，服务企业对顾客直接抱怨的处理对于企业有着重大的意义。剩余三类抱怨行为（抵制、负面口碑、投诉）都会给企业带来很不利的影响。综上所述，顾客对服务失误的态度会影响企业对服务补救的态度和行为。

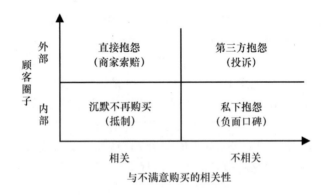

图 3.2　Davidow & Dacin（1997）的顾客抱怨行为分类

基于上述分析，本研究提出如下假设：

H2c：顾客对待服务失误的态度对企业认同有显著影响。

3. 企业特征与企业认同

现今市场同质化日趋加速。作为这一过程的主体，企业逐渐塑成了自身的个性，这些特征不可避免地会影响到企业认同。这是由于企业在服务补救中的主体性地位所导致的，它会对补救过程的认同感造成最直接的影响。企业认同与企业特征之间的关系可以从以下几个方面进行探讨，分别是高管的服务导向、企业文化和企业声誉。企业的高管需要制定企业最高的战略目标，协调整个企业组织以按部就班地达到该目标，并对企业的经营管理拥有着决定性的控制决策权。他们基于某种价值观的服务导向会直接影响企业对服务补救的认可度。企业文化是整个社会文化大系统中的一个重要组成部分。它在每个企业当中都客观存在着。优秀的强企业文化会大幅度地促进企业的发展，反之，则会对企业的组织功能造成极大的伤害。好的企业文化可以通过建立共同的价值观，使员工更加忠诚，进而使其自主用积极的态度来面对顾客为其提供优质的服务。企业的声誉是社会公众对企业的认知，通常都是对企业的信任与支持，包括了知名度、美誉度和信任度，也是评判企业对于社会公众影响效力的高低。它是社会公众对企业信用的综合评价。服务失误的发生会对企业声誉造成不良影响，同时又可能使企业陷入声誉危机，给企业在公众心目中的整体形象造成极大的损害，最后企业将失去公众的支持和信任，若不能妥善处理，就容易形成"墙倒众人推"的被动不利局面。在激烈的市场竞争环境中，正面的企业声誉是企业特有的良性竞争资源，同时也属于一种企业的无形资产，不仅能够提升企业的核心竞争力，还能正面反映企业自身价值。

伴随着服务经济时代脚步的迈进，顾客对服务品质的要求也越来越高，同时也越来越倾向于个性化（Howells，2004；Glikson et al.，2019）。所以，企业必须调整战略，不断关注了解和满足顾客需求，以获取市场份额和顾客忠诚。1984 年，Hogan 等人首次从个体层面着手，将个人的细致入微、热情大方和较易合作的特质定义为服务导向。Lytle（1998）等人从组织层面指出了高层管理者的服务导向，认为这是指高管通过向员工优秀的服务成果给予鼓励、支持及培养而慢慢形成的惯例、政策和程序。服务导向型的企业都极为重视自身在服务过程中形成的独一无二的优势，从而，成为为顾客创造价值的源泉，因此会着重培育员工提供优质服务的能力（Gronroos，1997；Wilkie & Moore，1999；Park & Ha，2016）。所以，拥有服务导向的企业能创造有价值的产品和服务。而高管的态度和行为方式会直接、持续地影响组织的服务氛围（Beny、Parauraman & Zeithaml，1994；Schaefers et al.，2016）。Church（1995）指出，管理者在工作场所的行为会直接影响服务质量和绩效。Lytle（2006）在对一家大型银行的 47 个分行进行研究分析后发现，组织服务导向和经营绩效、组织承诺及团队精神均呈显著的正向关系。同时研究发现，组织的利润、成长、顾客满意及忠诚都可以通过组织的服务导向得到提升（Doyle & Wong，1998；Heskett et al.，1997；Johnson，1996；Rust et al.，1996；wright et al.，1997；Schaefers et al.，2016；Vaerenbergh et al.，2019）。除此之外，高管的服务导向亦可以通过影响单个员工的服务导向来发挥作用。当直接提供服务的一线员工给顾客提供服务时，他自身的服务导向可以促使人际关系的向前发展。Heide & John（1990）通过研究指出，企业可以通过建立自己的服务导向来与顾客建立长期的关系。这种关系可以创造很多非财务绩效，如顾客忠诚和满意，而且还能塑造积极的企业形象（Anderson & Narus，1990；Garbarino & Johnson，1999；Vaerenbergh et al.，2019；Kumar & Dass，2018）。并且，员工通过与顾客的直接接触，可以更直接地了解到顾客的需求，从而能弥补服务的不足，进而为顾客创造价值（Berry & Parauraman，1997；Tektas，2017）。总结上述研究可知，企业高管好的服务导向能给顾客带来积极的服务氛围，它能影响和引导员工的行为态度，并最终转化为更具价值和更优质的服务结果。简单来说，它直接加强了企业服务补救的认可程度。

基于上述分析，本研究提出如下假设：

H3a：高管服务导向对企业认同有显著影响。

企业文化是公司全体职员认可的共有的核心价值，它能规范员工的基本的思维模式和行为模式，进而演化成一种大家都习以为常的行为准则。积极向上的企业强企业文化能提升企业员工的思想道德素质和精神修养，持续改善员工的思维行为方式，并潜移默化地教育和培训着员工以使他们能不断成长。Beenjamin Scheiderd（1990）在他的专著《组织气氛与文化》中提出了一个在企业管理过程中社会文化、企业文化、组织氛围与员工的工作态度、工作行为和企业绩效的关系的模型。这个模型可解释为，企业文化首先会推进人力资源的管理，影响组织的氛围，进而会改善员工的态度及行为，增强其对企业的奉献精神，促进企业产生绩效。Kotter & Heskittd（1992）在他们共同出版的《企业文化与经营业绩》一书当中，花费5年时间深入研究了美国22个行业72家公司的组织文化及其经营状况，并结合一些典型案例，表明企业文化对于企业的长远发展以及经营绩效有着不可替代的作用。他们通过对美国72家公司的长期研究，两人预测，在未来企业文化或许能够决定企业的生死存亡。刘啸天（2006）在《管理的细节》一书中提出，细节在企业文化中所扮演的重要角色。林平凡、詹向明所著的《企业文化创新——21世纪企业竞争战略与策略》和赖增牧著写的《长寿企业战略管理——打造可持续发展核心竞争力》中指出，企业最核心的竞争优势是如何依靠其富有活力的企业文化来提升的。他们重点阐述了企业文化对企业经营绩效的影响，并提出如何通过塑造企业文化来构筑企业的核心竞争力，指明了企业文化的塑造会形成在企业发展瓶颈中的关键拐点。朱国春在《核心竞争力与企业家文化》中阐述了企业文化的含义、构成要素及重要作用，由此揭示出企业文化和企业核心竞争力之间的紧密关系。核心竞争力是企业持续发展的强劲动力，而核心竞争力则要靠管理和技术，而管理水平的提高和技术的进步在很大程度上是要靠企业文化来支撑。本研究以此为基点，分析了企业文化创新可以如何提升企业的竞争力。构建优秀的企业文化是提升商业服务质量、效率和增强竞争力的有效手段，通过一整套系统的企业文化战略的实施，企业能将自身的服务水平提高到一个较高的阶层，进而获得消费者的信任和青睐，最终使企业长期立于不败之地。优秀的企业文化能够极大地激发员工的积极性，凝聚力量，提高效率，减少不必要的内耗。同时，企业文化能够不断提升消费者对于企业的信任度，同时也能够提升企业形象，向消费者传递企业价值观以及企业产品、服务信息。总的来说，企业文化能够为企业创造核心竞争力，注重企业文化能够显著提升企业绩效，进而也会影响到企业对服务补救的态度以及实际行动。

基于上述分析，本研究提出如下假设：

H3b：企业文化对企业认同有显著影响。

企业的声誉可以作为影响消费者以及社会公众对公司的态度和行为的信号。另外，声誉能够形成反馈从而影响企业的行为。例如，如果企业认为自己的声誉是有价值的就会为保护自己的声誉而约束自身的行为，使它符合社会规范。Fombrun（1996）认为，良好的声誉会引致更高的顾客忠诚和绩效。Fombrun & Van Riel（1998）与 Lafferty & Goldsmith（1999）通过对产品市场和服务市场中企业声誉及顾客的感知行为进行研究时指出，消费者对企业的产品、服务以及广告内容的感知度会随着企业声誉的提升而提高，进而消费者会提高自己对企业的信任水平和购买的决心。Hill & Knowlton Poll（1999）在对企业 CEO 的调查当中发现，96% 的 CEO 认为企业外在声誉对于企业发展不可或缺，77% 的 CEO 认为企业外在声誉是企业销售的基础，66% 的 CEO 认为企业外在声誉能够为企业吸收人才储备，53% 的 CEO 认为企业外在声誉能够提升公众对企业遭受负面影响时的容忍度。Haywood（2002）和 Sherman（1999）等学者认为，企业声誉是当今时代企业竞争力的最终决定性因素。Mahon & Wartick（2003）所提出的动态模型揭示了良好的企业声誉有助于企业在产品服务市场和观念市场中获得可持续的竞争优势。Roberts & Dowling（2002）研究指出，良好的企业声誉能给企业带来可观的绩效，相对于声名狼藉的企业，爱惜羽毛的企业反而拥有更好的声誉以及更佳的财务效益。学者张四龙、周祖成（2002）也指出，改善企业声誉可以带来更好的财务业绩，反之则会降低财务业绩。由以上文献梳理总结可知，企业声誉对企业竞争力的塑造以及企业的经营绩效都有着显著的影响，其对企业产品的市场份额、企业形象都有着直接的影响，最终都会使企业效益受到一定的影响。由此可知，企业声誉会对企业对服务补救的态度产生积极的促进作用。

基于上述分析，本研究提出如下假设：

H3c：企业声誉对企业认同有显著影响。

3.1.2 企业认同和企业服务补救投入的关系假设

March & Simon 最早提出组织认同。他们在 1957 年提出组织认同是一个认知过程，是个人用组织目标代替个人目标的过程。他们于 1958 年详细描绘了组织认同模型。随后，kelman（1958）从态度转变机制的视角分析指出，组织认同是嵌入特定关系中，并进行自我定义的结果，换言之，即是卷入组织的结果（Brown，1969；Tektas，2017）。Hall et al.（1970）认为，组织认同是个人理解并接受组织的价值观和目标，并将其纳入自己的价值体系的过程。Patchen（1970）认为，组织认同是一系列相互独立但又相互关联的现象，包括支持组织的态度与行为、与组织休戚相关的感觉以及与组织其他成员共享特征的感知。总结上述分析可知，外国学者通常将组织认同归纳为组织的价值观在员工个人身上的体现，是一种情感与认知的具体表现，它包含有稳定的价值观和动态持续的认知连续变化。结合本研究的实际情况，研究所提出的企业认同是和企业的服务补救过程极其相关的，它是一种对服务补救起支持作用的行为态度，具体描绘的是企业对服务补救投入的支持和认可的程度。

Bergalni & Bagozzi（2000）的研究指出，组织认同会显著影响组织承诺（包括热爱和高兴两个维度），继而对组织公民行为（包括五个维度）产生显著影响。Van Knippenberg & Van Schie（2000）通过实证分析发现，组织成员的态度以及企业绩效会较大地受到其组织认同感的影响，拥有较高的组织认同感能够促使成员响应组织行动，产生更强劲的组织竞争优势。Riketta（2005）整合分析了 96 篇关于组织认同的文献指出，组织认同能够非常出色地预测角色外行为，员工具有更强的归属感，即使在工作规范中没有明确规定下，这些员工也会将企业文化及价值观印在心中，自愿做出有利于企业发展的行为。Fuller & Hester（2006）认为，组织成员的组织支持行为是他们对组织认同产生的结果。拥有强烈认同感和归属感的员工，为了实现组织目标会尽最大的努力做出贡献。通过对以上研究的借鉴总结可知，企业对服务补救认同度越高，企业成员对服务补救投入行为的支持度就越高。

基于上述分析，本研究提出如下假设：

H4：企业认同对企业服务补救投入有显著影响。

3.1.3　企业对服务补救感知的影响因素和服务补救投入的关系假设

服务补救是一种以修复服务失误为目的的挽回措施，是为重新赢得顾客好评的后续行为，最后为企业实现目标绩效。企业进行服务补救时的投入就是当服务失误发生时，企业所采取的一系列补救措施，也可称为服务补救的维度。最初，有关服务补救的维度研究主要集中在解释（Bitner，1990；Conlon & Murray，1996），道歉（Bell & Zemke，1987；Bitner，1990；Goodwin & Ross，1992；Christo，1996），有形补偿（Christo，1997）等方面。后来提出的服务补救的研究维度也越来越复杂了。如Boshoff（1997）提出了服务补救的四个维度，分别是使用的手段（包括口头或书面的道歉、道歉并给予补偿以及道歉、给予补偿并提供有形的附加补偿）、最终产品（包括产品升级与补偿）、顺序和时间（分为立即、很快和迟一些）以及直接服务人员。他还就其中的一些维度进行了与顾客满意度之间关系的实证研究。Boshoff（1998）基于顾客期望区分了六种类型的服务补救，包括补偿、沟通类型、授权、回馈、解释及有形性。Smith、Bolton & Wagner（1999）透过对各种行业补救措施表象进行分析归纳，得到表征服务补救措施四个共同特征的维度，即有形补偿、响应速度、道歉和补救主动性。这四个服务补救维度也是目前学者们广泛应用的。

（1）有形补偿（Compensation）。该维度关系到顾客在实际中受到的优惠或利润，比如折扣、赠品或积分等多种形式。该维度在服务补救的四个维度当中是最为重要的，对顾客的意图也会产生最直接有效的影响。

（2）响应速度（Response speed）。该维度是指企业在出现服务失误后，产生的顾客抱怨得到响应和处理的速度。具体用抱怨发生到妥善解决抱怨的时间来进行衡量。Smith（1999）等人发表了多篇关于响应速度的论文。他们深入研究得出，响应速度对程序感知公平存在较大影响，而感知公平的其他三个维度并不会受响应速度影响。从服务补救的类型来看，现场服务补救效果最好，因为它的响应速度是最快的，更能有效地弥补服务失误导致的过失。很显然，服务补救的速度是越快越好，因为没有哪个顾客希望更长时间的等待，这只会增加顾客的怨气。对顾客做出快速的响应显示了组织对顾客的重视。这能在很大程度上为企业带来积极的口碑效应。

（3）道歉（Apology）。Berscheid（1959）认为，道歉是交易一方出现

失误后为妥善处理关系的沟通符号，是一种资源（声誉、尊重）的再交换。

（4）补救主动性（Recovery initiation）。补救主动性主要是指在交易中先触及服务补救的一方。上述的三个维度与顾客抱怨是相关的，而该维度独立于顾客抱怨之外，也就是说在企业出现服务失误时，顾客可能会包容失误。Tax & Brown（1998）指出，当服务失误发生时，只有5%—10%的不满意顾客选择投诉和抱怨。这对服务补救来说是最大的障碍。如果此时企业能及时地认识到问题并主动询问顾客，那么，顾客会产生高水平的满意度以及行为倾向。相比于等待顾客抱怨产生之后再进行补救的方式，这显然在保留顾客和提高顾客满意度上更胜一筹。因此，企业要主动解决服务失误给顾客带来的问题和不满，而不是等到顾客提出后才被动地去解决，这样会使顾客对企业产生不信任感。主动的补救可以打消顾客的顾虑，可使顾客不必忧心服务失误带来的不良影响。如此一来，企业可以大概率避免由服务失误引起的弊端，同时也有可能给顾客带来惊喜。

本研究在后面的研究过程中也将借鉴 Smith（1999）等人的这种归类方法，研究从有形补偿、响应速度、道歉和补救主动性四个维度度量企业服务补救的投入广度和力度。通过上述分析可知，对服务补救的企业认同感越强，即企业对服务补救投入及其价值具有更高的认可度，那么，相应的企业服务补救投入也会越高。由此可知，企业对服务补救的感知和相应的投入是显著正相关的。因此，本研究提出以下假设：

1. 企业服务失误特征与服务补救投入

H5a：产品质量失误对服务补救投入有显著影响。

H5b：服务水平失误对服务补救投入有显著影响。

H5c：企业形象受损对服务补救投入有显著影响。

H5d：操作方式失误对服务补救投入有显著影响。

2. 顾客特征与服务补救投入

H6a：顾客所掌握的信息量对服务补救投入有显著影响。

H6b：顾客对企业的信任水平对服务补救投入有显著影响。

H6c：顾客对待服务失误的态度对服务补救投入有显著影响。

3. 企业特征与服务补救投入

H7a：高管服务导向对服务补救投入有显著影响。

H7b：企业文化对服务补救投入有显著影响。

H7c：企业声誉对服务补救投入有显著影响。

3.1.4　可信的第三方介入和公众关注度的调节作用

当服务失误发生时，顾客会产生不满、滋生抱怨。这时，企业应当采取补救措施，如沟通和协调等以妥善处理顾客的抱怨。在企业和顾客沟通的过程中可能会出现障碍，或者企业的服务补救始终不能使顾客满意。如果顾客觉得自己的利益受到损害时，他们就会通过法律武器来维护自己的合法利益。通常他们会通过可信的第三方，包括工会组织、政府部门、行业协会、战略合作伙伴等协调解决争执，提出向企业做出惩罚或索要赔偿的要求。第三方的目的主要有两个，一是解决双方之间的矛盾问题；二是维护交易双方的权益使服务能正常顺利地进行。例如《旅行社条例》等相关法律规定了相关旅游行业内的日常经营行为中的权、责、利等问题。同时，它也说明了企业的欺诈行为该受到的具体处罚措施。只有这样，对旅行社的失信行为进行处罚才有了切实的依据。政府相关部门通过建立网站或者设立行业刊物的方式，对广大旅游企业进行规范性的引导，树立诚信经营的优良榜样，并督促其提供高质量的服务。另一方面，政府部门也可以和旅游者进行直接的交流以传播有效的信息。有了第三方的监督作用，企业在发生服务失误时就会有采取措施的压力，进而形成一种紧迫感。这样，可信的第三方介入在加深企业服务补救价值认可度的同时，也促进了企业服务补救的投入力度。

基于上述分析，本研究提出如下假设：

H8a：可信的第三方介入对企业认同有显著影响。

服务失误发生的频率极高且不可能避免。企业要对服务失误给予高度警惕，保证能及时进行服务失误补救。严重的服务失误会将企业拖入危机状态，引起公众的不满。而现今信息传播的渠道之多、时效之高、范围之广会使企业危机境遇迅速传播公开，成为网络媒体和公众关注的焦点。社会公众关注危机本身，同时会更加关注企业面对危机的态度和采取的具体行动。服务失误带来的危机极有可能给企业带来不同程度的破坏，也会给消费者留下负面的印象。公众的关注会使事件进一步传播，辐射到更大范围的受众面。在互联网背景下，这些负面新闻的传播会更加迅速并产生更大的影响和更高的关注度。2006 年 9 月 14 日，新华社报道《日本 SK - Ⅱ 品牌入境化妆品被查出违禁成分》，随后包括央视在内的各大媒体纷纷转载这一信息，造成其产品质量和安全受到广大消费者的质疑。2008 年 9 月 11 日，媒体报道的多例婴幼儿疑似使用配方奶粉而导致肾结石，使三鹿奶粉事件曝光，引起社会的广泛关注，同时企业也为此付出了巨大的代价。

博士伦在"药水风波"事件中通过有效的媒体管理帮助其渡过了危机。所以，公众关注度的调节作用，加大了企业服务补救投入的同时，也使其对服务补救的投入有了更高的认可度。

基于上述分析，本研究提出如下假设：

H8b：公众的关注度对企业认同有显著影响。

3.1.5　基于企业认同的服务补救关键影响因素研究模型的提出与研究假设

1. 基于企业认同的服务补救关键影响因素研究模型的提出

根据第二章的理论综述以及本章关于企业认同的服务补救关键影响因素及作用机制的拓展论述，提出了基于企业认同的服务补救关键影响因素模型。从这个模型可以看出，服务企业对服务补救感知的影响因素可以概括为三个方面，即企业服务失误特征、顾客特征以及企业特征。一方面，服务企业对服务补救的感知和企业认同对企业服务补救投入有直接的影响；另一方面，服务企业对服务补救的感知通过企业认同的中介作用对服务企业服务补救投入产生影响。其中，可信的第三方介入和公众的关注度又对企业的服务补救的感知和企业认同的关系有着积极显著的调节作用。

2. 基于企业认同的服务补救关键影响因素研究假设总结

在对服务企业对服务补救感知的影响因素、企业认同以及服务补救投入三者之间的关系进行理论演绎的基础上，本研究提出了相关假设，汇总见表3.1。

表3.1　　　　基于企业认同的服务补救关键影响因素模型假设汇总

	基于企业认同的服务补救关键影响因素模型假设内容
H1a	产品质量失误对企业认同有显著影响
H1b	服务水平失误对企业认同有显著影响
H1c	操作方式失误对企业认同有显著影响
H1d	企业形象受损对企业认同有显著影响
H2a	顾客所掌握的信息量对企业认同有显著影响
H2b	顾客对企业的信任水平对企业认同有显著影响
H2c	顾客对待服务失误的态度对企业认同有显著影响
H3a	高管服务导向对企业认同有显著影响
H3b	企业文化对企业认同有显著影响
H3c	企业声誉对企业认同有显著影响

	基于企业认同的服务补救关键影响因素模型假设内容
H4	企业认同对企业服务补救投入有显著影响
H5a	产品质量失误对服务补救投入有显著影响
H5b	服务水平失误对服务补救投入有显著影响
H5c	企业形象受损对服务补救投入有显著影响
H5d	操作方式失误对服务补救投入有显著影响
H6a	顾客所掌握的信息量对服务补救投入有显著影响
H6b	顾客对企业的信任水平对服务补救投入有显著影响
H6c	顾客对待服务失误的态度对服务补救投入有显著影响
H7a	高管服务导向对服务补救投入有显著影响
H7b	企业文化对服务补救投入有显著影响
H7c	企业声誉对服务补救投入有显著影响
H8a	可信的第三方介入对企业认同有显著影响
H8b	公众的关注度对企业认同有显著影响

3.2 基于企业认同的服务补救作用机制问卷设计和变量测量

根据基于企业认同的服务补救作用机制研究设计和研究假设，研究中需测量五个方面的变量，他们是服务企业对服务补救感知的影响因素、企业认同、服务补救投入以及可信的第三方和公众的关注度。基于企业认同的服务补救作用机制研究量表开发的前提是结合服务补救研究问题的实际情况，优先和尽可能采用比较认可的国内外学者测量条款，并进行适应性地改良。

3.2.1 企业对服务补救感知影响因素的测量条款设计

充分学习和掌握以往学者的研究上，结合服务企业服务补救的实际情景，研究认为，服务企业对服务补救感知的影响因素主要可以从企业服务失误特征、顾客特征以及企业特征三个方面展开讨论，探讨每个维度下的子维度，子维度的测量条款溯源如下：

1. 企业服务失误特征

借鉴 Gronroos（1982）、Zeithaml（1988）和 Tetrearlt（1990）等学者

们的观点，研究认为，服务失误发生的情况有以下几种情况：一是服务企业没有能力提供给消费者服务项目；二是服务没有按服务的标准提供；三是服务延迟提供；四是服务提供没有达到消费者可接受的服务标准。服务失误程度可以用服务质量来衡量。服务质量是顾客在享受服务中应当达到的水平。它是顾客对服务的期望与接受服务后的实际感知之间的差距。根据 Gronroos（1982）提出的服务质量三维度模型，可知公司对外形象（Corporate image）、公司技术实力（Technical quality）和技术功能水平（Functional quality）共同构成了总的服务质量（Total service equality）。产品质量、服务水平、企业形象和操作方式四个方面是本研究中的企业服务失误特征，这四个方面的界定和测量项目溯源具体如下：

（1）产品质量的定义与初始测量条款

根据各学者对服务质量维度的研究，本研究发现，Lehtinen（1991）提出的产出质量维度，即顾客对于服务创造过程产生的结果的评价；Rust & Oliver（1994）认为，具体服务的内容代表了服务产品的质量；Brady & Cronin（2001）认为，服务结果质量是指服务行为的结果。这些均与 Gronroos 提出的技术质量相近，都表示产品的质量。基于以上研究，将产品质量界定如下，服务人员在服务中所提供的服务项目，包括有形的和无形的服务项目，强调顾客感受到的享受程度。而产品质量失误就是指服务人员在服务中所提供的东西没有达到顾客的要求。关于产品质量失误的测量，借鉴 Lehtinen（1991）、雷贵（2011）、Tektas（2017）、简兆权、柯云（2017）等学者的测量条款，表3.2 中测量量表为本研究产品质量失误的测量量表。

表3.2   **产品质量失误的测量量表**

编号	测量条款	来源
Qpro1	我们无法向顾客提供个性化的产品	
Qpro2	我们提供的产品没有达到顾客的期望	Tektas，2017
Qpro3	我们提供的产品难以保证其高质量	雷贵，2011
Qpro4	我们提供的产品种类不全	简兆权、柯云，2017
Qpro5	我们提供的产品难以让顾客放心	

备注：采用李克特7级量表

（2）服务水平的定义与初始测量条款

在服务质量维度的研究中，Sasser（1978）提出的态度，即服务人员对待顾客应亲切有礼。Parasurmana、Beny & Zeihtma（1985）提出了三个方面的要求，一是企业对顾客服务的响应性，也就是说，顾客进行询问时，服务企业响应的速度是否即时？二是服务的能力，也就是服务人员的专业素质，包含专业知识和处事能力。三是礼貌水平，也就是说服务人员是否彬彬有礼、尊敬、体贴及友善等。这几个维度都能衡量服务的水平。因此，根据以上学者以及 Bardy & Cornin（2001）的研究，本研究认为，服务水平是服务人员在给顾客进行服务传递的过程中，所表现出来的态度、行为和专业技能。服务水平失误就是指服务人员在服务过程中所表现出来的态度、行为以及专业技能没有达到顾客的要求。关于服务水平失误的测量，本研究参考了 Bardy & Cornin（2001）测量条款，及其 Parasurmana、Beny & Zeihtma（1991）和 Tsarenko、Strizhakova & Otnes（2019）开发的 SERVQUAL 服务质量测量条款。参照问卷设计计量标准，对指标中的问句加以调整。综上所述，研究提出的规范的初始测量条款共有 3 个具体测量方式见表 3.3。

表 3.3　　　　　　　　　　**服务水平失误的测量量表**

编号	测量条款	来源
Qser1	我们对待顾客的态度欠佳	Bardy & Cornin, 2001
Qser2	我们有时帮助顾客主动性不够	Tsarenko、Strizhakova & Otnes, 2019
Qser3	我们有时无法兼顾顾客的特别要求	Parasurmana、Beny & Zeihtma, 1991

备注：采用李克特 7 级量表

（3）企业形象的定义与初始测量条款

学者们从多个角度对企业形象进行了研究，Martineau（1958）认为，企业形象是顾客对服务企业主观态度、外在形象、声誉特征等多种因素的组合。最为著名的是 Kotler（1991）对企业形象的界定，Kotler 认为，企业形象是顾客对服务企业特有的感知、信念和想法的总体融合。Keller（1993）则异曲同工地认为，企业形象是顾客通过联想感知到的企业总体印象。对于服务质量的维度划分，Gronroos（1982）、Kumar & Dass（2018）和 Lehtinen（1991）提出的公司形象和公司质量都表示顾客对公司形象的评价。借鉴以上学者的研究，本研究将企业形象定义为顾客在头脑中所感知的企业的形象以及对其的评价。企业形象受损是指由于发生服务失误、突发性的危机或企业没有塑造好企业的形象使顾客对企业的印象和评价不好。对于企业形象的测量，学者们仁者见仁，智者见智。唐守廉（2002）结合通信服务行业的实证研究发现，企业本身文明程度、企业外在知名度和企业美誉度是测量企业形象的三个关键方面。综合以上研究，本研究提出测量企业形象的最初测量量表，测量条款有 6 个。具体测量方式见表 3.4。

表 3.4　　　　　　　　　　　　　**企业形象的测量量表**

编号	测量条款	来源
Qima1	顾客对我们企业的整体印象不好	
Qima2	顾客对我们企业的经营环境不满意	
Qima3	顾客对我们企业的员工的整体表现不满意	
Qima4	顾客认为我们企业没有把他们的利益放在第一位	唐守廉，2002
Qima5	顾客认为我们企业不热心公益事业	Kumar & Dass，2018
Qima6	顾客对我们企业的形象认可度一般	

备注：采用李克特 7 级量表

（4）操作方式的定义与初始测量条款

Parasurmana、Beny & Zeihtma（1985）提出了可靠性维度，即每次服务质量的一致程度，这包含两点：即企业提供服务的结果与企业可信度的一致性；另外，企业能否按照先前的约定，按约定的时间和质量完成服务质量。Rust & Oliver（1994）提出了服务传递维度，即指服务的提供方式和过程。根据以上学者的研究，本研究将操作方式定义为可靠地、准确地履行服务承诺的能力，意味着服务以相同的方式，无差错地准时完成。那么，操作方式失误就是指服务人员没能可靠地、准确地履行对顾客的服务承诺。关于操作方式失误的测量，本研究借鉴 Parasurmana、Beny & Zeihtma（1985）、Schaefers et al.（2016）、曹爱稳（2009）等学者的测量条款，具体测量方式见表 3.5。

表 3.5　　　　　　　　　　　　　**操作方式失误的测量量表**

编号	测量条款	来源
Qtra1	我们向顾客提供的服务难以标准化	
Qtra2	我们的员工不能及时地完成向顾客承诺的服务	曹爱稳，2009
Qtra3	我们的员工不能完全的按企业承诺的服务标准向顾客提供服务	
Qtra4	我们的员工提供的服务难以达到顾客的要求	Schaefers et al.，2016

备注：采用李克特 7 级量表

2. 顾客特征

基于学者们前期的研究，企业面对什么样的顾客势必对企业对服务补救的认同产生差异性影响。二者之间的关系是非常紧密的。因此，二者之间的关系应该从顾客与组织的关系质量度来观察。根据 Corsby、Evnas & Cowles（1990）对关系质量有着代表性的界定，他们从顾客角度出发认为，关系质量是指顾客和销售人员的关系好坏，及其顾客对销售人员提供的服务满足其期望和需求的总体水平。Lagace、Dahlstrom & Gassenheimer（1991）从社会心理学角度来定义关系质量。他们认为，关系质量是消费者对销售人员的信任，即对关系的满意程度。因此，本研究从关系质量的角度着手，认为顾客特征包含顾客掌握的信息量、顾客信任水平以及顾客对待服务失误的态度三个构面，每个构面的定义及其测量条款的溯源如下：

（1）顾客掌握信息量的定义与初始测量条款

顾客掌握的信息量有可能是不对称的，从而引发服务补救的难度。不对称的信息是指，信息有部分人知道，而部分人不知道，或者有部分人知道的多，有部分人知道的又相对少一些。顾客和企业之间的信息不对称，难免出现矛盾和争执。不对称信息普遍存在于现实经济生活中，与经济活动相伴而生，而顾客就处于信息劣势地位。信息不对称的程度可以通过一定措施加以削弱，例如，顾客通过内、外部线索来增加自己所掌握的信息量。所以，顾客掌握的信息量可以定义为顾客通过各种途径，利用内、外部线索来全面地了解企业的产品和服务。关于顾客掌握的信息量的测量可以从两个方面来进行，一是顾客搜寻企业信息的渠道和难易程度；二是顾客搜寻企业信息的内容，即线索。产品本身质量直接关系着产品功能和绩效，二者之间息息相关，这些构成顾客搜寻企业信息的内部线索。冯建英（2006）的研究认为，产品的本身质量直接影响着顾客对产品的功能和绩效的认知，直接影响着自身需求的满足。Robert（1978）在前人研究的基础上总结出了消费者在选择商品时比较常用的四个外部线索，即价格、广告、过去经历和个人需求。Sweeney（1992）认为，顾客从产品价格、产品品牌声誉、员工行为、服务位置和企业环境这五个方面的内容来感知服务水平。总之，本研究提出的顾客所掌握的信息量的初始测量条款共有 6 个，具体测量方式见表 3.6。

表3.6　　　　　　　　　　　　掌握的信息量的测量量表

编号	测量条款	来源
Qinf1	顾客能经常从报纸和杂志上看到我们的信息	
Qinf2	顾客对我们提供产品的价格、功效、性能等都有了解	
Qinf3	顾客对我们的服务流程和服务标准比较熟悉	Robert，1978
Qinf4	顾客会通过一些渠道来比较我们与其他企业的差异	
Qinf5	顾客会在第一时间知晓我们的新产品和新服务	Vaerenbergh et al.，2019
Qinf6	顾客会通过朋友来获取我们的信息	

备注：采用李克特7级量表

（2）顾客信任水平的定义与初始测量条款

对于信任的定义，学者们定义诸多。Morgan & Hunt（1994）研究认为，信任是对有交易关系的另一方的可靠性和诚信度的信任高低。学者刘建新（2006）研究认为，顾客信任是基于可靠性的，对另一方的认同及其判别以及因此而产生的协同性合作行为。因此，在本研究中将顾客对企业的信任（或品牌）定义为顾客对企业所提供的产品或服务的质量和可靠性的信心。关于顾客信任的测量已有许多学者进行了探讨。Cummings & Bromiley（2003）用21个测量项目度量了信任的三个维度，即动机、认知和情感，内容信度达到0.95。McAllister（1995）测量了认知和情感信任，其中，认知信任用了6个测量项目，内容信度为0.91；情感信任用了5个测量项目，内容信度为0.890。Taegoo Kim et al.（2009）、Schaefers et al.（2016）和 Woo Gon Kim et al.（2002）也进行了这一变量测量量表的研究。在参考上述文献研究的基础上，本研究提出了顾客信任的初始测量条款共有4个，具体测量方式见表3.7。

表3.7　　　　　　　　　　　　顾客信任测量量表

编号	测量条款	来源
Qtru1	顾客对我们的服务质量非常放心	Cummings & Bromiley，2003
Qtru2	顾客相信我们的广告宣传，促销让利等承诺是真实可信的	Schaefers et al.，2016
Qtru3	顾客相信我们的员工非常诚实可靠	Taegoo Kim et al.，2009
Qtru4	顾客相信我们始终将他们的利益放在第一位	Woo Gon kim et al.，2002

备注：采用李克特7级量表

（3）顾客对待服务失误态度的定义与初始测量条款

顾客报怨是顾客对待企业服务失误的典型反应。许多学者对顾客抱怨的概念都给出了自己的解释。Day et al.（1981）认为，抱怨行为意指顾客对于经历的不愉快购买体验而采取的相应负面反应。顾客报怨是一系列的多层次重复反应过程，由多次或者某次某个环节的不愉快购买产生；反应过程既包含行为反应，又包含非行为反应（Singh，1988）。Singh（1988）将顾客抱怨划分为三类，即直接抱怨、间接抱怨和第三方抱怨。王艳（2002）认为，顾客不满意就是顾客抱怨，既有广义的顾客抱怨，又有狭义的顾客抱怨。广义的顾客抱怨包括抱怨和索赔两个内容。其中，抱怨是指消费者对服务商所提供的产品或者服务不足的不满意；索赔则是指以企业服务失误的客观事实和其他服务失误数据、图片类证据作为支撑，消费者有理有据地提出赔偿要求，争取相应的权利和补偿。基于现有学者的研究，本研究中将顾客对待服务失误的态度定义为，顾客由于经历企业服务失误而导致的不满意情绪和可能性反应及其行为。关于顾客抱怨最为著名的应数 Davidow & Dacin（1997）的研究。他们根据抱怨对象是否在顾客自己圈子以内，及其抱怨对象与不满意购物直接相关与否这两个维度来划分，可以将顾客抱怨分为四种类型。他们是直接抱怨、口碑抱怨、沉默反抗、借助第三方埋怨。直接抱怨比较好理解，也就是顾客向自己圈子以外、与提供不满意服务的直接对象发泄自己的不满意。口碑抱怨是指顾客向身边的人，与提供不满意服务的没有关系的对象进行口头上的诉说。沉默反抗是顾客向身边人，与提供不满意服务的直接对象进行不言语的反对示威。借助第三方埋怨是顾客向自己圈子外的、与提供不满意服务的没有关系的对象（如消费者协会、社区或者法院）进行相关的求助，发泄心中不满（Bougoure et al.，2016；Tektas，2017）。综合以上学者的研究，关于顾客对待服务失误态度的测量，本研究依据顾客的抱怨反应以及具体的四类抱怨行为提出的初始测量条款共有 3 个，具体测量方式见表 3.8。

表 3.8　　　　　　　　　　顾客对待服务失误的态度测量量表

编号	测量条款	来源
Qopi1	顾客经历服务失误后会向企业提出建议改进	Bougoure et al.，2016；Tektas，2017
Qopi2	顾客经历服务失误后会要求企业进行处理	
Qopi3	顾客会把自己不满的经历告诉亲戚、朋友	Davidow & Dacin，1997
备注：采用李克特 7 级量表		

3. 企业特征

企业作为服务补救的主体会对补救的认同感造成最为直接的影响。在企业特征方面，本研究将从高管服务导向、企业文化和企业声誉三个方面来进行测量。

（1）高管服务导向的定义与初始测量条款

率先提出个人服务定义的研究者 Hogan（1984）认为，服务导向的意思为在与顾客和同事处事的过程中所表现出来的积极助人、关心、爱护及其相关帮助的倾向性。类似地，Cran（1994）认为，服务导向是顾客及同事在一起时，有意愿提供诚挚和礼貌服务的人格品质和倾向。其实可以理解为，个人服务导向代表了一个人的人格特质。那么，类似地，组织服务导向也同样可以看作是一个组织的特征，一种寻找更优服务的企业氛围（Lytle，2006）。Sehneider et al.（1994）将服务导向界定为，有着一套可强化的服务传承措施及其奖励杰出服务进而构成的企业服务氛围。从以上定义可知，高管服务导向更侧重于高层到基层的服务传导，是通过高层支持、孵化和激励员工卓越的服务行为而形成的长期的政策、惯例和程序（Lytle et al.，1998；Ding & Lii，2016）。所以，本研究将高管的服务导向定义为，高层管理者通过构建和加强服务传递意识，奖励优秀服务使企业形成尚佳的服务氛围。关于高管服务导向的测量，本研究倾向于借鉴 Lytle（1994）研究的企业服务导向量表，以此作为本研究中高管服务导向测量量表的依据。本研究关于高管服务导向具体测量方式见表 3.9。

表 3.9   高管服务导向的测量量表

编号	测量条款	来源
Qtop1	管理层通过以身作则来表明他们重视服务	
Qtop2	管理层针对员工的服务品质提供了较好的鼓励及奖励方案	Ding & Lii，2016
Qtop3	管理层会提供资源以提升员工优质服务的能力	Lytle，1994
Qtop4	管理层非常关注顾客对企业服务质量的评价	

备注：采用李克特 7 级量表

（2）企业文化的定义与初始测量条款

Ouchi（1981）研究指出，企业文化综合了传统、习俗、固定活动、民众意见和行为的一种企业模式。但是，Deal & Kennedy（1982）则对企业文化有了不一样的认知。他们认为，企业文化是企业精神、领袖人物、习俗仪式、文化网络和生活氛围。Kotter & Heskett（1992）提出，企业文化是一个企业中各个环节，至少反映了高层领导者们共同认同的企业价值理念和经营操作。Denison & Mishra（1995）、Schaefers et al.（2016）提出，企业文化是一种行为，这种行为是企业员工共同拥有的基础理念、价值观和前提假设，以及基于这些的表现行为。借鉴以上研究，本研究将企业文化定义为企业在长期的经营活动中所形成的，被企业成员所共享的一系列的群体意识。关于企业文化的测量，借鉴 Hofstede et al. 人的研究，并根据本研究的需要，对指标中语句进行调整。综上所述，本研究提出了企业文化的初始测量条款共有 3 个，具体测量方式见表 3.10。

表 3.10　　　　　　　　　　　**企业文化的测量量表**

编号	测量条款	来源
Qcul1	企业努力不断地提高服务水平	Schaefers et al. , 2016
Qcul2	企业经常会给员工进行服务培训	Denison & Mishra，1995
Qcul3	企业文化就是需要员工全心全意服务顾客	
备注：采用李克特 7 级量表		

（3）企业声誉的定义与初始测量条款

关于企业声誉本研究借鉴张四龙、周祖城（2002）等人的定义提出，企业声誉是与企业有着利害关系的各方，依据所拥有的直接抑或间接的信息和经验判断对企业的行为进行的总体判断。企业声誉在很大程度上反映了与企业有着利害关系的各方对企业信任和认知的程度高低。对于企业声誉的测量，大多数研究采用的是 Cohen（1963）开发的指标体系、Fombrun（2000）的声誉商数（RQ）量表、Dowling（2004）的针对媒体记者的声誉量表以及 Manfred（2004）的测量量表。本研究借鉴了 Milewicz & Herbig、Selnes（1993）、Seteas（2001）、Chaudhuri（2002）等人的研究，提出了企业声誉的初始测量条款共有 3 个，具体测量方式见表 3.11。

表 3.11　　　　　　　　　　　**企业声誉测量量表**

编号	测量条款	来源
Qrep1	我们企业具有较好的知名度	Selnes，1993

续表

编号	测量条款	来源
Qrep2	消费者对我们企业评价较好	Seteas, 2001
Qrep3	我们企业在顾客的心目中有着较好的名声	Chaudhuri, 2002

备注：采用李克特 7 级量表

3.2.2　企业认同的测量工具

现在对于组织认同的测量量表比较丰富。借鉴最普遍应用的 Meal & Cheney 两位学者的组织认同量表，及其综合了 Miller、Dick 等人在这一领域的测量量表的研究成果，本研究进行了开发和适应性改良。Mael & Ashforth（1992）开发的组织认同量表有 6 个测量条款，他们是一维的。Ceheney（1953）从成员感、忠诚度和相似性三个维度对组织认同进行了测量，基于这三个维度进行了组织认同测量条款的开发。这一量表包括 5 个测量条款，内部信度为 0.95。这一量表得到了学者们的广泛应用。Miller et al.（2000）所编制的组织认同测量条款，是在 Cheney 学者研究量表的基础上修订形成的。这一量表测量条款有 11 个，分为三个维度，即认知性组织认同测量条款 3 个，情感性组织认同测量条款 4 个，而评价性组织认同测量条款有 4 个。Van Dick（2004）开发的测量工具为四维度结构，包括认知、情感、评价和行为维度。根据前文可知，企业认同是对服务补救投入和价值的认可程度。借鉴以上的测量，并根据本研究的实际需要，本研究将企业认同通过企业进行服务补救所能带来的好处和价值来衡量。本研究总共提出了企业认同的初始测量条款有 6 个，具体测量方式见表 3.12。

表 3.12　　　　　　　　　　　企业认同的测量量表

编号	测量条款	来源
Qcin1	我们认为对失误进行服务补救投入是必要的	
Qcin2	我们相信进行服务补救能带来顾客满意度的提高	
Qcin3	我们相信进行服务补救能带来顾客忠诚度的提高	Van Dick, 2004
Qcin4	我们相信进行服务补救能提高顾客二次购买的概率	Mael & Ashforth, 1992
Qcin5	我们相信进行服务补救能带来顾客的口碑宣传	
Qcin6	我们相信进行服务补救能帮其树立良好的企业形象	

备注：采用李克特 7 级量表

3.2.3　企业服务补救投入的测量工具

关于服务企业服务补救的定义，本研究主要借鉴了陈忠卫和董晓波（2005）提出的狭义和广义两种。他们认为，狭义的服务补救是指服务提供者对服务失误采取的行动。广义的服务补救是指组织全体成员共同参与的，对服务系统中可能出现的失误进行矫正，对顾客进行补偿，最大化地提升顾客满意度的提高和较为长久地维持与顾客的关系。那么，如何测量企业在服务补救方面的投入呢？本研究借鉴 Smith、Bolton & Wagner（1999）对于服务补救特征维度的经典定义，从有形补偿、响应速度、道歉、补救主动性四个方面来探讨服务企业对服务补救的投入，同时，借鉴Hoffman、Kelley & Rosalsky（1995）提出的补偿、退款、管理层面解决、纠正错误、替换失败的服务或产品、道歉以及不作为七种服务补救策略，并以七级 Likert 尺度（非常不同意/非常同意）来衡量。具体测量方式见表3.13。

表 3.13　　　　　　　　　**企业服务补救投入测量量表**

编号	测量条款	来源
Qpay1	我们会给顾客相应的物质补偿	Hoffman, Kelley & Rosalsky, 1995
Qpay2	我们会弥补服务失误给顾客所带来的损失	
Qpay3	我们不会因为与顾客纠缠责任归属而耽误时间	Smith, Bolton & Wagner, 1999
Qpay4	我们解决顾客提出的抱怨事件的速度较快	
Qpay5	在失误面前，我们会给顾客道歉	
Qpay6	我们会对可能出现的服务失误做出预先说明	Mattila & Patterson, 2004

备注：采用李克特 7 级量表

3.2.4　可信的第三方介入与公众关注度的测量工具

1. 可信的第三方介入

第三方投诉是指，顾客通过政府部门、公众媒体、商会、消费者保护协会等第三方组织投诉有关企业，以求得该服务企业能够对其受损害的利益进行合理地补偿。本研究根据可信的第三方介入模式的四种类型：主动型、指令型、引导型和互动型，设计出以下 4 个具体的测量条款，见表 3.14。

表3.14   可信的第三方介入的测量量表

编号	测量条款	来源
Qint1	上级监管部门会根据顾客的投诉对我们进行调查	
Qint2	消费者协会帮助顾客维权，向我们来索赔	
Qint3	我们会请监管企业监督自己的服务质量	
Qint4	我们与顾客之间有中立的第三方调解纠纷	

备注：采用李克特7级量表

2. 公众关注度

什么是公众关注度？本研究认为，公众关注度是指大众抑或某一部分人部分地对某一事件或者某一个人关注或者留心的程度。传统上来看，公众关注度可以通过多种形式表现出来，譬如：集会聚众、游行示威、集社协商等。参与进来的人越多就表示公众关注度越高。事件的曝光率也越高。它也可以通过其他方式表达出来，如报纸及书刊的销售数量、新媒体的关注度。这些是以文字类产品销售、媒体阅读量的方式来表现的。当然，它还可以通过事后的专业抽样调查、民意调查的方式表现出来，用得比较多的指标是电视的收视率、影院的观看人数等。关于公众关注度的测量，本研究设计的条款以公众对服务企业信息、事件的关注为主。具体的测量方式如表3.15。

表3.15   公众关注度的测量量表

编号	测量条款	来源
Qawa1	公众会关注与我们相关的信息	
Qawa2	公众会关注企业的新产品和新服务	
Qawa3	公众会关注我们对负面事件的处理情况	

备注：采用李克特7级量表

基于企业认同的服务补救理论模型和相关变量的测量条款已经设计完成，后续研究中需要服务企业调研数据验证模型的可行性。

3.3　基于企业认同的服务补救作用机制实证调查研究结果

3.3.1　企业认同的服务补救作用机制调查的数据获取

1. 企业认同的服务补救作用机制的选样

本研究的数据收集采用问卷调查的方式完成。问卷调查对象为服务企业。对于服务企业的选择，本研究是有甄别的，即刚刚成立的企业或者企业规模较小的服务企业不在本研究的调查范围内。选择样本如此处理的原因有两个：

第一，Dierickx & Cool（1989）提出，企业服务资源存量是企业的服务内外资源、有形和无形资源在一个较长时期按照某一规律演变累积形成的结果。这一过程必须是一个较长的时期，而不是短暂的，并且有着很强的路径依赖性。那么，刚刚成立的企业或者企业规模较小的服务企业还尚未累积扎实的服务资源，服务能力上也尚有欠缺，更别提定型。大多数服务企业还没有培育出较为明确而稳定的服务资源和能力，所以，现在对这些阶段的服务企业进行调查，由于其将来的不稳定性大而无法预估最终的正确结果。

第二，服务企业规模过小的服务企业的要素和资源比较简单，服务资源和能力层次较少，较有优势的服务资源和能力显而易见较少，更不用提服务优势的存在。对于这样的服务企业纳入研究样本，一则较难挖掘企业服务资源与企业绩效的相关关系，二则容易误导出错误的结果，从而对本研究的研究目的形成干扰。基于以上两方面的思考，纳入本研究调查的服务企业符合以下这两个标准：一是服务企业注册成立的时间在 3 年以上，二是服务企业的员工人数在 50 人以上。

2. 企业认同的服务补救作用机制的数据收集

（1）企业认同的服务补救作用机制的问卷开发

设计问卷和问卷分发调查是本研究数据收集的主要手段和工具。本研究的调查问卷，研究者们进行了反复推敲和打磨，力求调查问卷的有效性和可信度达到满意的程度。

本研究为了提高衡量企业认同和企业服务补救意愿的有效性，其测量项目笔者进行了大量研究。首先，尽最大可能地搜集有关企业服务资源和能力、服务意愿的测量条款的最新中外文献；其次，搜寻相关公开信息来源，如《企业界》《销售与市场》等杂志、对外公开的信息资源（如中经网、资讯行、中经报刊数据库、中国宏观经济信息库等），以及企业资讯信息丰富的网站（比如工商网、民营企业网、私营企业网、中国企业网等）。在文献和资料整理的基础上，本研究与 10 个服务企业的企业管理者及其高管团队进行了面对面的深度访谈，搜集整理得到初步的测量条款。

在揭示服务企业对服务补救的感知时，本研究在文献研究的基础上，有针对性地选择湖南、浙江、上海和广东等地服务企业进行实地访谈，访谈对象为服务企业从事服务管理和执行工作的高层管理人员，同步进行湖南、浙江、上海和广东等地顾客服务补救现场和事后情绪反应的记录。本研究通过梳理访谈数据，佐证研究思路，挖掘服务补救企业认同的影响机理，识别服务企业服务补救过程中的关键影响因素。本研究通过和服务企业管理层、顾客访谈和焦点小组座谈的方式得到访谈数据，将访谈数据转录为文本格式后用典型的内容分析方法对服务企业补救感知的影响因素进行提炼。

问卷的表面效度（face validity）的提升，本研究选择了一批资深的研究者，对调查问卷进行批评和指正。这批资深的研究者主要是高校企业管理者、博士研究生。他们的初次锤炼和打磨调查问卷非常重要，本研究多方、有效地修复了问卷中的不当之处。经历了初次修改的调查问卷在完善之后，本研究将修改的调查问卷送交五家企业高管和两位服务行业的资深学者专家，针对问卷中的内容广度和深度、语意模糊和问卷格式等问题，多次多种途径进行了请教。单是访谈这一环节耗费的时间就有 60—90 分钟。这其中的收获也比较多，使本问卷的内容效度（contentvalidity）有了一定提升。在这之后，本研究对修改后的调查问卷在 15 家企业中进行了预调查，预调查的结果表明，问卷测量的信度已经吻合研究的预期水平，测量项目之间有着较好的区分程度。被调查企业在填写调查问卷时并没有存在太多的难度和疑虑。问卷最终版本于 2015 年 6 月送到企业法人和高管团队人员手中。

（2）企业认同的服务补救作用机制的问卷调查

本研究的企业认同的服务补救作用机制的问卷调查采用两种方式完成。一种是采用邮寄方式，直接将调查问卷邮寄到服务企业主管；第二种方式是采用面对面调查的方式，调查组联系上相关企业的负责人，面对面进行问卷的填写。对于邮寄调查问卷的方式，调查组进行了四个方面的优化，以提高调查问卷的回收效率：第一个方面的优化是，邮寄过去的信封里还有一个空的回邮信封，这个回邮信封上已经粘贴邮票，并且写上了回邮的地址和收件人；第二个方面的优化是，在问卷里有一封关于调查问卷请求支援的信件，用语文明，情真意切，主要是表明调查的主要目的，并强调对调查的结果的保密性，尽量杜绝被调查对象对这一问卷的有所保留的填写；第三个方面的优化是，告诉被调查企业，如果希望知道本研究在服务补救方面的最终调查结果，及其比较研究结论，可在问卷上留下联系方式，本研究非常乐意将调查结果反馈给这些服务企业；第四个方面的优化是，对于调查问卷中涉及的企业个体信息，研究进行了隐性化处理。这一切都是为了最大化杜绝服务企业高管团队在填写过程中可能引起的不乐意和不配合等情况的出现。调查问卷和回邮信封上都没有标明企业的具体信息，最大化保护企业信息的保密性。因此，回邮回来的调查问卷，除非被调查企业主动写明自己的企业名称，否则本研究是不可能知道这份调查问卷的真实来源。因而，从这一方式上保证了调查方式上的相对保密性。

本次调查组的成员，主要是由本研究负责人任教学校的市场营销专业和工商管理专业本科生 178 人来完成，他们进行调查时成立 2—3 人一组的调查组，结伴完成调查任务。调查之前，本研究负责人对这 178 名学生进行了多次调查问卷注意事项的培训和讲座，并且附有调查注意事项的说明文档。

调查总体情况是，邮寄问卷份数为 400 份，最终收到 140 份问卷，剔除错漏较多的无效问卷 28 份调查问卷，最终列入统计分析库的有效问卷为 112 份，有效问卷回收率为 28%，大体持平同类研究。走访调查的方式共收回调查问卷 270 份，剔除问卷缺失、前后矛盾等问题问卷 9 份，实现有效问卷 261 份，结果较为满意。因此，本研究通过邮寄调查问卷和亲身走访调查合计收到有效问卷 373 份。

3.3.2　企业认同的服务补救作用机制调查的样本描述

1. 企业性质样本情况

从调查的企业看来，个人独资企业有 87 家，占 23%；合伙企业有 101 家，占 27%，所占比重最大；有限责任公司有 89 家，占 24%；股份有限公司有 96 家，占 26%。

表 3.16 企业性质样本情况

	频次	百分比（%）	累计百分比（%）
个人独资企业	87	23	23
合伙企业	101	27	27
有限责任公司	89	24	24
股份有限公司	96	26	26
总计	373	100	100

2. 企业产品类型样本情况

从调查的企业看来，企业主要产品是电子和通信产品的有 23 家，占 6%；主要产品是玩具的有 66 家，占 18%；主要产品是家电的有 74 家，占 20%，所占比重最大；主要产品是医药制品的有 24 家，占 6%；主要产品是化妆品的有 33 家，占 9%；主要产品是饮食产品的有 68 家，占 18%；主要产品是服装鞋类的有 57 家，占 15%；主要产品是文具的有 19 家，占 5%；主要产品是其他的有 9 家，占 2%。

表 3.17 企业产品类型样本情况

	频次	百分比（%）	累计百分比（%）
电子和通信产品	23	6	6
玩具	66	18	18
家电	74	20	20
医药制品	24	6	6
化妆品	33	9	9
饮食产品	68	18	18
服装鞋类	57	15	15
文具	19	5	5
其他	9	2	2
总计	373	100	100

注：只取百分比整数，后同。

3. 企业竞争优势样本情况

从调查的企业来看，认为靠成本和价格取胜的有 97 家，占 26%；认为企业靠突出产品特色取胜的有 149 家，占 40%，所占比重最大；认为企

业靠服务质量取胜的有 109 家，占 29%；认为企业靠其他优势取胜的有 18
家，占 5%。

表 3.18　　　　　　　　　　企业竞争优势样本情况

	频次	百分比（%）	累计百分比（%）
靠成本和价格取胜	97	26	26
靠突出产品特色	149	40	40
服务质量	109	29	29
其他	18	5	5
总计	373	100	100

3.3.3　企业认同的服务补救作用机制调查的测量变量的信度和效度检验

1. 企业服务失误特征感知的信度和效度分析

研究采用主成分分析法对企业服务失误特征感知采用方差（Varimax）
最大法进行因子旋转。SPSS 分析结果显示，样本充分性的 KMO 等于
0.897，而样本 Bartlett 检验卡方值显著，显著性概率为 0.000，企业服务
失误特征感知有四个维度，这四个维度分别为产品质量、服务水平、企业
形象和操作方式。这四个因子的信度分别为 0.897、0.904、0.892 和
0.841，解释方差百分比分别为 19.886%、14.151%、21.738% 和
15.693%，累计解释方差百分比为 71.468%。

表 3.19　　　　　　企业服务失误特征感知的信度和效度分析

测量项目	因子 F1	因子 F2	因子 F3	因子 F4
产品质量 Qpro1	0.745			
产品质量 Qpro2	0.761			
产品质量 Qpro3	0.796			
产品质量 Qpro4	0.793			
产品质量 Qpro5	0.746			
服务水平 Qser1		0.781		
服务水平 Qser2		0.857		
服务水平 Qser3		0.865		
企业形象 Qima1			0.670	

续表

测量项目	因子 F1	因子 F2	因子 F3	因子 F4
企业形象 Qima2			0.678	
企业形象 Qima3			0.834	
企业形象 Qima4			0.799	
企业形象 Qima5			0.789	
企业形象 Qima6			0.731	
操作方式 Qtra1				0.832
操作方式 Qtra2				0.825
操作方式 Qtra3				0.752
操作方式 Qtra4				0.815
信度	0.897	0.904	0.892	0.841
解释方差百分比（%）	19.886	14.151	21.738	15.693
累计解释方差百分比（%）	71.468			
KMO	0.897			
Bartlett 检验卡方值	4257.551			
显著性概率	0.000			

2. 顾客特征感知的信度和效度分析

研究采用主成分分析法对顾客特征感知采取方差（Varimax）最大法来提取因素，进行因子旋转。调查分析发现，KMO 等于 0.867，检验了样本的充分性，Bartlett 检验卡方值显著，显著性概率为 0.000，顾客特征感知有三个维度，这三个维度分别为掌握的信息量、信任水平和对待服务失误的态度。这三个因子的信度分别为 0.878、0.911 和 0.741，解释方差百分比分别为 26.995%、26.499% 和 15.793%，累计解释方差百分比为 69.286%。

表 3.20　　　　　　　　顾客特征感知的信度和效度分析

测量项目	因子 F1	因子 F2	因子 F3
掌握的信息量 Qinf1	0.755		
掌握的信息量 Qinf2	0.796		
掌握的信息量 Qinf3	0.632		
掌握的信息量 Qinf4	0.617		

续表

测量项目	因子 F1	因子 F2	因子 F3
掌握的信息量 Qinf5	0.721		
掌握的信息量 Qinf6	0.759		
信任水平 Qtru1		0.804	
信任水平 Qtru2		0.801	
信任水平 Qtru3		0.854	
信任水平 Qtru4		0.841	
对待服务失误的态度 Qopi1			0.781
对待服务失误的态度 Qopi2			0.814
对待服务失误的态度 Qopi3			0.801
信度	0.878	0.911	0.741
解释方差百分比（%）	26.995	26.499	15.793
累计解释方差百分比（%）	69.286		
KMO	0.867		
Bartlett 检验卡方值	2885.577		
显著性概率	0.000		

3. 企业特征感知的信度和效度分析

研究采用主成分分析法对企业特征感知用方差（Varimax）最大法进行因子旋转，经研究提取的因子发现，样本充分性的 KMO 等于 0.834，Bartlett 检验卡方值显著，显著性概率为 0.000。企业特征感知有三个维度，这三个维度分别为高管服务导向、企业文化和企业声誉。这三个因子的信度分别为 0.894、0.784 和 0.881，解释方差百分比分别为 30.615%、20.909% 和 24.900%，累计解释方差百分比为 76.423%。

表 3.21　　　　　**企业特征感知的信度和效度分析**

测量项目	因子 F1	因子 F2	因子 F3
高管服务导向 Qtop1	0.836		
高管服务导向 Qtop2	0.810		
高管服务导向 Qtop3	0.851		
高管服务导向 Qtop4	0.847		
企业文化 Qcul1		0.848	

续表

测量项目	因子 F1	因子 F2	因子 F3
企业文化 Qcul2		0.819	
企业文化 Qcul3		0.698	
企业声誉 Qrep1			0.850
企业声誉 Qrep2			0.934
企业声誉 Qrep3			0.856
信度	0.894	0.784	0.881
解释方差百分比（%）	30.615	20.909	24.900
累计解释方差百分比（%）	76.423		
KMO	0.834		
Bartlett 检验卡方值	2090.330		
显著性概率	0.000		

4. 企业认同的信度和效度分析

表 3.22   企业认同的信度和效度分析

测量项目	因子 F1
Qcin1	0.771
Qcin2	0.682
Qcin3	0.797
Qcin4	0.717
Qcin5	0.828
Qcin6	0.833
信度	0.863
累计解释方差百分比（%）	59.812
KMO	0.854
Bartlett 检验卡方值	989.312
显著性概率	0.000

研究采用主成分分析法对企业认同方差（Varimax）最大法进行因子旋转，经研究提取的因子发现，样本充分性的 KMO 等于 0.854，Bartlett 检验卡方值显著，显著性概率为 0.000。企业认同这一变量可以用 6 个测量条款来测量，为单维度变量，6 个测量项目的解释方差百分比为 59.812%。

5. 企业服务补救投入的信度和效度分析

研究采用主成分分析法对企业服务补救投入方差（Varimax）最大法进行因子旋转，经研究提取的因子发现，样本充分性的 KMO 等于 0.872，Bartlett 检验卡方值显著，显著性概率为 0.000。企业服务补救投入有 6 个测量项目，为单维度变量，6 个测量项目的解释方差百分比为 56.526%。

表 3.23　　　　　　　　企业服务补救投入的信度和效度分析

测量项目	因子 F1
Qpay1	0.657
Qpay2	0.684
Qpay3	0.781
Qpay4	0.804
Qpay5	0.764
Qpay6	0.807
信度	0.843
累计解释方差百分比（%）	56.526
KMO	0.872
Bartlett 检验卡方值	806.079
显著性概率	0.000

6. 可信的第三方介入的信度和效度分析

表 3.24　　　　　　　　可信的第三方介入的信度和效度分析

测量项目	因子 F1
Qint1	0.763
Qint2	0.807
Qint3	0.652
Qint4	0.713
信度	0.877
累计解释方差百分比（%）	73.364
KMO	0.827
Bartlett 检验卡方值	783.799
显著性概率	0.000

　　研究采用主成分分析法对可信的第三方介入方差（Varimax）最大法进行因子旋转，经研究提取的因子发现，样本充分性的 KMO 等于 0.827，Bartlett 检验卡方值显著，显著性概率为 0.000。可信的第三方介入有 4 个测量项目，为单维度变量，4 个测量项目的解释方差百分比为 73.364%。

　　7. 公众的关注度的信度和效度分析

　　研究采用主成分分析法对公众的关注度方差（Varimax）最大法进行因子旋转，经研究提取的因子发现，样本充分性的 KMO 等于 0.715，Bartlett 检验卡方值显著，显著性概率为 0.000。公众的关注度有 3 个测量项目，为单维度变量，3 个测量项目的解释方差百分比为 75.530%。

表 3.25　　　　　　　　　　公众的关注度的信度和效度分析

测量项目	因子 F1
Qawa1	0.883
Qawa2	0.886
Qawa3	0.837
信度	0.837
累计解释方差百分比（%）	75.530
KMO	0.715
Bartlett 检验卡方值	451.697
显著性概率	0.000

3.3.4　企业认同的服务补救作用机制调查的变量间的相关性分析

　　由表 3.26 可知，在企业感知和企业认同方面，企业认同与产品质量、服务水平、企业形象、操作方式、掌握的信息量、信任水平、对待失误态度、高管服务导向、企业文化、企业声誉、企业认同、服务补救投入、可信的第三方介入相关系数分别为 0.836、0.644、0.624、0.364、0.605、0.778、0.388、0.802、0.518、−0.312、0.338 和 0.377，均在 $p < 0.01$ 水平上达到显著，仅和公众关注度的相关系数为 0.094，$p > 0.05$。因此，研究可以发现，企业感知和企业认同之间存在一定的相互联系。

　　在企业感知和企业服务补救投入方面，企业服务补救投入与产品质量、服务水平、企业形象、操作方式、掌握的信息量、信任水平、对待失误态度、高管服务导向、企业文化、可信的第三方介入相关系数分别为

表3.26 变量的描述性和相关性分析

测量变量	均值	标准差	产品质量	服务水平	企业形象	操作方式	掌握的信息量	信任水平	对待失误态度	高管服务导向	企业文化	企业声誉	企业认同	服务补救投入	可信的第三方介入	公众关注度
产品质量	4.3276	0.98549	1													
服务水平	4.3789	1.21323	0.602**	1												
企业形象	4.3986	0.99607	0.581**	0.470**	1											
操作方式	5.0992	0.79600	0.273**	0.214**	0.346**	1										
掌握的信息量	3.9625	0.95294	0.645**	0.556**	0.647**	0.194**	1									
信任水平	4.1434	1.12367	0.840**	0.583**	0.571**	0.227**	0.674**	1								
对待失误态度	4.9929	0.82592	0.295**	0.204**	0.418**	0.674**	0.260**	0.246**	1							
高管服务导向	3.8733	1.17912	0.689**	0.610**	0.608**	0.264**	0.552**	0.663**	0.298**	1						
企业文化	4.0608	1.06278	0.474**	0.419**	0.607**	0.244**	0.455**	0.453**	0.359**	0.504**	1					
企业声誉	4.1966	1.16221	−0.264**	−0.264**	−0.383**	0.022	−0.319**	−0.278**	−0.075	−0.337**	−0.311**	1				
企业认同	4.2431	0.94339	0.836**	0.644**	0.624**	0.364**	0.605**	0.778**	0.388**	0.802**	0.518**	−0.312**	1			
服务补救投入	4.6899	0.74709	0.282**	0.153**	0.258**	0.508**	0.179**	0.212**	0.392**	0.161**	0.296**	0.079	0.338**	1		
可信的第三方介入	5.2393	0.78388	0.338**	0.241**	0.333**	0.792**	0.178**	0.280**	0.561**	0.294**	0.236**	0.005	0.377**	0.376**	1	
公众关注度	3.7328	1.16158	0.031	0.081	−0.010	−0.005	−0.001	0.039	−0.100	0.089	−0.024	−0.023	0.094	−0.012	−0.051	1

注：** 表示 $P < 0.01$。

0.282、0.153、0.258、0.508、0.179、0.212、0.392、0.161、0.296 和 0.376，均在 $p < 0.01$ 水平上达到显著，仅和企业声誉、公众关注度的相关系数为 0.079 和 -0.012，$p > 0.05$。因此，研究可以发现，企业感知和企业服务补救投入之间存在一定的相互联系。

基于以上部分的分析，本研究对企业认同模型中的 14 个变量间的相关关系进行了分析，以期发现这些变量间是否存在联系及其联系紧密性程度高低。按照研究逻辑，本研究将深入分析这 14 个变量之间的因果关系。这些因果关系的确定将通过四个回归方程得以呈现，从而更好地探知变量间的进一步关系。

3.3.5 企业感知对企业认同的回归分析

以企业感知的各因子作为自变量，对企业认同进行回归分析。回归结果见表 3.27、表 3.28 和表 3.29。

表 3.27　　　　　　　企业感知对企业认同的回归分析和检验

研究模型	解释程度 R	解释程度平方 R^2	调整后解释程度平方 R^2	估计的标准误差	自相关 Durbin-Watson 检验
1	0.907[a]	0.822	0.817	0.40367	2.137

表 3.28　　　　　　　企业感知对企业认同的方差分析

	平方和	自由度	平均平方和	F 检验	显著性水平
回归	272.085	10	27.209	166.977	0.000
残差	58.987	362	0.163		
总和	331.072	372			

表 3.29　　　　　　　企业感知对企业认同的回归结果

研究模型	非标准化系数		标准系数	T 值（t）	显著性水平 Sig.	共线性统计量	
	B	标准误差	Beta			容差	VIF
常数项（Constant）	0.083	0.192		0.434	0.664		
产品质量	0.371	0.043	0.388	8.720	0.000	0.249	4.022
服务水平	0.071	0.024	0.091	2.977	0.003	0.527	1.898
企业形象	0.023	0.034	0.024	0.678	0.498	0.381	2.627
操作方式	0.083	0.037	0.070	2.267	0.024	0.518	1.930

续表

研究模型	非标准化系数		标准系数	T值（t）	显著性水平 Sig.	共线性统计量	
	B	标准误差	Beta			容差	VIF
掌握的信息量	-0.039	0.034	-0.039	-1.145	0.253	0.417	2.401
信任水平	0.119	0.037	0.142	3.226	0.001	0.255	3.916
对待失误态度	0.074	0.036	0.065	2.054	0.041	0.492	2.034
高管服务导向	0.269	0.028	0.336	9.616	0.000	0.402	2.487
企业文化	0.015	0.026	0.017	0.564	0.573	0.575	1.740
企业声誉	-0.022	0.020	-0.027	-1.091	0.276	0.795	1.258

R^2 是关于企业感知对企业认同的回归变异量的解释情况。从表 3.27 可知，调整后 R^2 值为 0.817，这意味着企业感知对企业认同有 81.7% 的解释力，D-W 值为 2.137，排除自相关的可能性。此外，表 3.28 中，F (10, 362) = 166.977，P = 0.000，表示该解释具有统计上的意义。由表 3.29 系数估计的回归结果可以看出，企业服务失误的特征（产品质量、服务水平、操作方式）、顾客的特征（信任水平、对待失误态度）、企业特征（高管服务导向）这些企业感知对企业认同感有显著影响，影响系数分别为 0.388、0.091、0.070、0.142、0.065、0.336，显著性水平均小于 0.05。这表示在服务补救过程中，企业感知到的这些特征越明显，进行服务补救的意愿越强烈，企业认同感越强。而企业服务失误的特征（企业形象）、顾客的特征（掌握的信息量）、企业特征（企业文化、企业声誉）这些企业感知对企业认同感没有显著影响，显著性水平均大于 0.05。这表示在服务补救过程中，企业感知到的这些特征不能影响企业的认同感。由此，本研究得到企业认同的标准回归方程为，企业认同 = 0.388 × 产品质量 + 0.091 × 服务水平 + 0.070 × 操作方式 + 0.142 × 信任水平 + 0.065 × 对待失误态度 + 0.336 × 高管服务导向。

3.3.6 企业感知、企业认同对企业服务补救投入的回归分析

以企业感知的各因子和企业认同作为自变量，对企业服务补救投入进行回归分析。回归结果见表 3.30、表 3.31 和表 3.32。

R^2 是关于企业感知的各因子和企业认同对企业服务补救投入的回归变异量的解释情况。从表 3.30 可知，调整后 R^2 值为 0.337，这意味着企业感知对企业认同有 33.7% 的解释力，D-W 值为 2.152，排除自相关的可能性。此外，表 3.31 中，F (11, 361) = 18.174，P = 0.000，表示该解释具有统

计上的意义。由表 3.32 系数估计的回归结果可以看出，企业服务失误的特征（操作方式）、企业特征（高管服务导向、企业文化、企业声誉）这些企业感知对企业服务补救投入有显著影响，影响系数分别为 0.392、－0.270、0.203、0.147，显著性水平均小于 0.05。这表示在服务补救过程中，企业感知到的这些特征（除了高管服务导向）越明显，进行企业服务补救投入越多。而企业服务失误的特征（产品质量、服务水平、企业形象）、顾客的特征（掌握的信息量、信任水平、对待失误态度）这些企业感知对企业认同感没有显著影响，显著性水平均大于 0.05。这表示在服务补救过程中，企业感知到的这些特征不能影响企业服务补救投入。另外，企业认同对企业服务补救投入有显著影响，影响系数为 0.378，表明企业越认同服务补救，服务补救投入越积极。由此，本研究得到企业服务补救投入的标准回归方程为，企业服务补救投入 =0.392×操作方式 －0.270×高管服务导向 +0.203×企业文化 +0.147×企业声誉 +0.378×企业认同。

表 3.30　企业感知、企业认同对企业服务补救投入的回归分析和检验

研究模型	解释程度 R	解释程度平方 R^2	调整后解释程度平方 R^2	估计的标准误差	自相关 Durbin-Watson 检验
1	0.597[a]	0.356	0.337	0.60841	2.152

表 3.31　　企业感知、企业认同对企业服务补救投入的方差分析

	平方和	自由度	平均平方和	F 检验	显著性水平
回归	74.002	11	6.727	18.174	0.000
残差	133.630	361	0.370		
总和	207.632	372			

表 3.32　　企业感知、企业认同对企业服务补救投入的回归结果

研究模型	非标准化系数		标准系数	T 值	显著性水平 Sig.	共线性统计量	
	B	标准误差	Beta	（t）		容差	VIF
常数项（Constant）	1.289	0.289		4.455	0.000		
产品质量	0.077	0.071	0.102	1.092	0.275	0.205	4.867
服务水平	−0.043	0.036	−0.070	−1.183	0.238	0.514	1.945
企业形象	0.002	0.051	0.002	0.032	0.975	0.380	2.630

续表

研究模型	非标准化系数		标准系数	T 值	显著性	共线性统计量	
	B	标准误差	Beta	（t）	水平 Sig.	容差	VIF
操作方式	0.368	0.055	0.392	6.638	0.000	0.511	1.958
掌握的信息量	0.014	0.051	0.017	0.265	0.791	0.415	2.409
信任水平	-0.068	0.056	-0.103	-1.210	0.227	0.248	4.028
对待失误态度	0.003	0.055	0.003	0.052	0.959	0.486	2.058
高管服务导向	-0.171	0.047	-0.270	-3.615	0.000	0.320	3.122
企业文化	0.143	0.039	0.203	3.645	0.000	0.574	1.741
企业声誉	0.094	0.030	0.147	3.093	0.002	0.792	1.262
企业认同	0.300	0.079	0.378	3.783	0.000	0.178	5.613

3.3.7　可信的第三方介入对企业认同的调节作用

以可信的第三方介入及其可信的第三方介入与其他变量的交互作用作为自变量，对企业认同进行回归分析。回归结果见表3.33、表3.34和表3.35。

表 3.33　　　　可信的第三方介入对企业认同的回归分析和检验

研究模型	解释程度 R	解释程度平方 R^2	调整后解释程度平方 R^2	估计的标准误差	自相关 Durbin-Watson 检验
1	0.888[a]	0.789	0.783	0.43973	2.038

表 3.34　　　　可信的第三方介入对企业认同的方差分析

	平方和	自由度	平均平方和	F 检验	显著性水平
回归	261.270	11	23.752	122.838	0.000
残差	69.803	361	0.193		
总和	331.072	372			

表 3.35　　　　可信的第三方介入对企业认同的回归结果

研究模型	非标准化系数		标准系数	T 值	显著性	共线性统计量	
	B	标准误差	Beta	（t）	水平 Sig.	容差	VIF
常数项（Constant）	3.775	0.239		15.768	0.000		
可信的第三方介入	-0.601	0.091	-0.499	-6.626	0.000	0.103	9.714

续表

研究模型	非标准化系数		标准系数	T 值	显著性	共线性统计量	
	B	标准误差	Beta	（t）	水平 Sig.	容差	VIF
可信第三方产品质量交互作用	0.062	0.009	0.479	7.187	0.000	0.132	7.600
可信第三方服务水平交互作用	0.011	0.005	0.095	2.254	0.025	0.332	3.012
可信第三方企业形象交互作用	−0.002	0.007	−0.016	−0.292	0.770	0.198	5.038
可信第三方操作方式交互作用	0.008	0.010	0.063	0.799	0.425	0.094	10.672
可信第三方掌握的信息交互作用	−0.003	0.007	−0.021	−0.450	0.653	0.257	3.885
可信第三方信任水平交互作用	0.021	0.007	0.171	2.801	0.005	0.156	6.408
可信第三方对待失误态度交互作用	0.010	0.007	0.076	1.313	0.190	0.173	5.786
可信第三方高管服务导向交互作用	0.050	0.006	0.421	8.630	0.000	0.246	4.068
可信第三方企业文化交互作用	0.006	0.005	0.048	1.222	0.223	0.375	2.663
可信第三方企业声誉交互作用	−0.001	0.004	−0.011	−0.351	0.726	0.623	1.606

R^2 是关于可信的第三方介入及其可信的第三方介入与其他变量的交互作用对企业认同的回归变异量的解释情况。从表 3.33 可知，调整后 R^2 值为 0.783，这意味着企业感知对企业认同有 78.3% 的解释力，D – W 值为 2.038，排除自相关的可能性。此外，表 3.34 中，$F_{(11, 361)}$ = 122.838，P = 0.000，表示该因果关系从统计学意义上进行解释，是具有统计上的意义的。由表 3.35 的回归系数结果，本研究发现，可信的第三方介入、可信第三方介入和产品质量交互作用、可信第三方介入和服务水平交互作用、可信第三方介入和信任水平交互作用、可信第三方介入和高管服务导向交互作用对企业认同有显著影响，影响系数分别为 −0.499、0.479、0.095、0.171、0.421，显著性水平均小于 0.05。这表示在服务补

救过程中，可信的第三方介入对企业认同是有调节作用的。调节作用为正向影响。但是从回归结果也看出，可信的第三方介入对企业认同却存在负向影响。这一结果有待本研究的进一步分析。

3.3.8　公众关注度对企业认同的调节作用

以公众关注度及其公众关注度与其他变量的交互作用作为自变量，对企业认同进行回归分析。本研究的回归结果见表 3.36、表 3.37 和表 3.38。

表 3.36　　　　　　公众关注度对企业认同的回归分析和检验

研究模型	解释程度 R	解释程度平方 R^2	调整后解释程度平方 R^2	估计的标准误差	自相关 Durbin-Watson 检验
1	0.872[a]	0.760	0.752	0.46942	1.999

表 3.37　　　　　　公众关注度对企业认同的方差分析

	平方和	自由度	平均平方和	F 检验	显著性水平
回归	251.525	11	22.866	103.769	0.000
残差	79.548	361	0.220		
总和	331.073	372			

表 3.38　　　　　　公众关注度对企业认同的回归结果

研究模型	非标准化系数		标准系数	T 值 (t)	显著性水平 Sig.	共线性统计量	
	B	标准误差	Beta			容差	VIF
常数项（Constant）	4.014	0.083		48.267	0.000		
公众关注度	-0.980	0.062	-1.206	-15.784	0.000	0.114	8.778
公众关注度产品质量交互作用	0.094	0.012	0.632	7.670	0.000	0.098	10.201
公众关注度服务水平交互作用	0.017	0.007	0.126	2.364	0.019	0.233	4.298
公众关注度企业形象交互作用	0.012	0.011	0.080	1.116	0.265	0.131	7.634
公众关注度操作方式交互作用	0.016	0.011	0.112	1.430	0.154	0.109	9.159

续表

研究模型	非标准化系数		标准系数	T 值（t）	显著性水平 Sig.	共线性统计量	
	B	标准误差	Beta			容差	VIF
公众关注度掌握信息交互作用	−0.013	0.010	−0.080	−1.270	0.205	0.168	5.964
公众关注度信任水平交互作用	0.023	0.011	0.163	2.158	0.032	0.116	8.602
公众关注度对待失误态度交互作用	0.021	0.010	0.140	2.007	0.045	0.136	7.337
公众关注度高管服务导向交互作用	0.068	0.008	0.478	8.148	0.000	0.193	5.174
公众关注度企业文化交互作用	0.006	0.008	0.036	0.710	0.478	0.254	3.935
公众关注度企业声誉交互作用	−0.003	0.006	−0.019	−0.433	0.665	0.339	2.948

R^2 是关于公众关注度及其公众关注度与其他变量的交互作用对企业认同的回归变异量的解释情况。从表 3.36 可知，调整后 R^2 值为 0.752，这意味着公众关注度及其公众关注度与其他变量的交互作用对企业认同的可解释程度为 75.2%，自相关指标 D−W 值等于 1.999，接近于 2，因此，完全排除自相关的可能性。另研究发现，表格 3.37 中的 $F_{(11, 361)}$ = 103.769，P = 0.000，表示公众关注度等 11 个变量对企业认同的回归具有统计学意义。由回归结果表 3.38 中的回归系数可以看出，公众关注度、公众关注度和产品质量交互作用、公众关注度和服务水平交互作用、公众关注度和信任水平交互作用、公众关注度和对待失误态度交互作用、公众关注度和高管服务导向交互作用对企业认同有显著影响，影响系数分别为 −1.206、0.632、0.126、0.163、0.140、0.478，显著性水平均小于 0.05。这表示在服务补救过程中，公众关注度对企业认同是有调节作用的。调节作用为正向影响。但是从回归结果也看出，公众关注度对企业认同却存在负向影响。这一结果也有待本研究的进一步分析。

3.4 企业认同的服务补救作用机制调查的总结和讨论

本研究将企业认同作为中介变量，作为企业感知和企业服务补救投入之间的衔接，并在前人的研究基础上，将企业感知分为企业服务失误特征（产品质量、服务水平、企业形象、操作方式）、顾客特征（掌握的信息量、信任水平、对待服务失误的态度）以及企业特征（高管服务导向、企业文化、企业声誉），旨在探讨企业感知、企业认同和企业服务补救投入三者之间的影响路径，同时引入可信的第三方介入和公众关注度这两个调节变量进一步分析有中介的调节效应。本研究仔细回顾和整理了诸多文献，并依据相关理论构建符合本研究的概念模型，并提出与模型对应的假设；再通过企业访谈、内容分析法和问卷调查法进一步检验模型的正确性，最后通过实证分析检验得出以下四方面结论，共同挖掘企业认同影响机理。

1. 企业感知对企业认同具有正向影响

将企业感知的各个维度作为自变量，对企业认同进行多元回归，从实证结果中可以看出，产品质量、服务水平、操作方式、信任水平、对待失误态度和高管服务导向这六个自变量对企业认同具有显著的正向影响，即企业越能感知到上述六个方面的服务失误，企业对服务补救行为的认可程度就越大。其中，产品质量对于企业认同影响最为显著（回归系数为0.388），其余依次是高管服务导向（回归系数为0.336）、信任水平（回归系数为0.142）、服务水平（回归系数为0.091）、操作方式（回归系数为0.070）以及对待失误态度（回归系数为0.065），影响程度逐次递减。当企业感知到服务失误是由企业所提供的产品质量导致的，那么企业会倾向于采取服务补救的措施。同时，由于企业高管服务、顾客对于企业的信任水平和服务水平、企业对服务的操作方式以及顾客对于服务失误的态度导致的企业服务失误，对企业认同服务补救也有显著的影响。从现实角度来说，由于企业自身的行为不当导致出现了服务失误，如生产过程失误导致产品质量无法符合顾客预期、服务过程不当导致服务失误，企业层面会更期望通过服务补救来挽回此次失误造成的损失。出现服务失误后，企业在心理上要接受失误对企业造成的损失，并且意识到主动采取服务补救的必要性。

2. 企业感知和企业认同对企业服务补救投入具有正向影响

企业认同作为中介变量，在企业感知和企业服务补救投入之间起到部分中介作用。企业感知对因变量起到部分支持作用，具体起到影响作用的维度为操作方式、高管服务导向、企业文化和企业声誉。从第一步的实证检验中可以看出，企业感知各维度对企业认同有显著的正向影响，在主效应模型中，它们和企业认同又共同对企业服务补救投入产生显著影响。企业感知到的企业服务失误特征、顾客特征、企业特征对企业服务补救认可程度影响越大，企业就越倾向于加大服务补救投入。本研究的结论表明，当企业认同时，企业感知对企业服务补救投入影响显著增加。这是由于当企业接收到服务失误的讯息时，需要将感知情绪进行外化，即认同服务补救带来的价值，投入更多的资金弥补服务失误带来的损失。也就是说，企业感知影响企业认可，企业认可又进一步影响企业服务补救投入。

3. 可信的第三方介入在企业感知与企业认可中起到重要的调节作用

可信的第三方介入通过给企业外部层面上的压力，对企业认同起增强效果，能够促进企业对服务补救的认可。本研究发现，可信的第三方介入分别与产品质量、服务水平、信任水平及高管服务导向的交互作用，通过企业认同间接影响企业服务补救投入，即可信的第三方介入发挥着调节效应。这一结果说明，可信的第三方介入进一步增强了企业感知与企业认可之间的关系，这种对企业认知的联合塑造效应将最终作用于企业的决策行为。这一结论再次印证了本研究的核心观点，即企业认可在企业感知与企业服务补救投入之间起到重要的调节作用。但是从回归结果也看出，可信的第三方介入对企业认同却存在负向影响（回归系数为 -0.499）。这一结果说明，可信的第三方介入服务补救过程中，对于企业而言，本身是很抵触，企业更喜欢独立地、有主权地和顾客进行一对一的服务补救，而不是有第三方的介入，第三方的介入让服务企业对于服务补救的认同感下降，负向影响服务补救投入。

4. 公众关注度在企业感知与企业认可中起到重要的调节作用

公众关注度通过给企业社会舆论上的压力，对企业认同起增强效果，能够促进企业对服务补救的认可。本研究发现，公众关注度分别与产品质量、服务水平、信任水平、对待失误态度及高管服务导向的交互作用，通过企业认同间接影响企业服务补救投入，即公众关注度发挥着调节效应。这一结果说明，公众关注度介入进一步增强了企业感知与企业认可之间的关系，这种对企业认知的联合塑造效应将最终作用于企业的决策行为。这一结论再次印证了本研究的核心观点，即企业认可在企业感知与企业服务补救投入之间起到重要的调节作用。但是从回归结果也看出，公众关注度对企业认同却存在非常大的负向影响。这一结果说明，公众关注度介入服务企业服务补救过程中，对于服务企业而言，本身是很抵触，服务企业更喜欢独立地、有主权地和顾客进行一对一的服务补救，而不是有公众关注度的介入，增加无形的补救压力，公众关注度的介入让服务企业对于服务补救的认同感下降，大大地负向影响服务补救投入。

　　企业对于服务补救的认同通过企业的公关行为，间接影响到企业在大众心目中的形象。例如惠普公司在 2017 年的游戏本售卖过程中出现的"欺骗消费者"行为：8 月 1 日 8 点，惠普发布了暗影精灵 III 代 Plus 游戏本，这款电脑在官方宣传中着重强调了散热效果：电脑采用双风扇 5 根散热管的散热设计。这令不少游戏玩家为之心动。在电脑上线当日，1 分钟内，500 台电脑便被一抢而空，然而当买家收货时发现，在游戏过程中笔记本温度不对。以运行游戏《绝地求生》为例，画质开到中/高，运行十几分钟，键盘上面明显偏热，测量温度达到 49℃。CPU 温度为 79℃，显卡为 73℃。随后在网友的拆机图中，大家发现此前被重点宣传的 5 根散热管，竟变成了 3 根。该事件一经曝出，不仅电脑买家坐不住了，围观群众也纷纷谴责惠普"店大欺客"。但由于惠普公司及时地进行了服务补救：对于自 2017 年 8 月 1 日产品上市至 2017 年 8 月 3 日期间在中国大陆地区购买了该产品的消费者，提供以下两种补偿方案供选择：1. 用户可选择保留并继续使用产品。在得到消费者的确认后，提供购买产品所实际支付价款三倍的人民币补偿，以及额外价值 500 元的补偿；2. 用户可以选择退货。若选择退回产品，惠普将在收到所退回产品后一次性全额退还消费者购买产品所实际支付的价款，并提供购买产品实际支付价款三倍的人民币补偿。此举一出，立马收获了消费者的好评以及围观群众的认可，这次惠普的危机公关是成功的，瞬间将"虚假宣传"的危机扭转，并树立起"对用户负责"的形象。

　　由此可以看到，企业对于服务补救的认可度越高，越能够站在消费者的角度去思考问题，也就越能够做出有利于挽回企业形象的举措。因此，企业的认可程度能够正向影响企业对于服务补救的投入，对于消费者的二次消费也具有一定的促进作用。

第4章 基于顾客认同的服务补救关键 影响因素和作用机制

4.1 基于顾客认同的服务补救关键影响因素 模型研究假设的提出

服务补救对服务企业来说是对服务失误的一项全过程、全员性质的管理工作。在第3章，本研究从企业认同的视角较为完整地探讨了服务补救的关键影响因素及其作用机制。然而，服务补救不是企业一厢情愿的行为，它更多地需要从顾客的视角去考虑，即顾客是否理解或认同服务失误企业的各类服务补救措施。因此，本章从顾客认同的视角进一步探索服务补救的相关影响因素及其作用机制。

4.1.1 顾客个体特征与顾客认同的关系假设

1. 顾客认同的影响因素

本研究探讨的是服务补救情景下顾客认同的影响因素。当然，服务补救不仅仅指单次交易，也包括长期以来顾客累积的看法。

（1）被顾客感知到的服务失误补救人员所具备的特征

顾客在接受服务的过程中可以通过观察服务补救人员的服务表现来获取一定的信息，通过他们外在的个性、装束以及他们表现出来的一些特征来形成对服务企业形象的判断，如责任心强度、热情与否、专业知识过关与否、可信赖感等方面。顾客通常会基于上述与服务补救人员的初次交往中所得到的基本信息判断其对企业进一步服务补救言行的评价和印象，这些评价会影响企业补救措施的效果好坏。具体来说，服务补救人员给顾客留下的印象在一定程度上代表了企业的形象，会影响到企业补救措施的效果。如果服务补救人员的表现是积极热情、体现专业知识的，顾客可以通过与补救人员的接触得到宽慰，那么顾客就会认同企业的服务补救，甚至把整个企业作为认同的对象。

（2）顾客对服务质量的一贯感知

对高接触型服务企业来说，服务的一贯质量也是影响顾客认同的直接因素之一，它与顾客对服务失误企业的服务补救措施的认同成正向关系。如果长期以来，顾客感知到的服务质量是可靠的、可以信赖的，那么，偶然出现的服务失败在顾客的可容忍范围之内，这会增加顾客对服务失误企业补救措施的认同。因为服务品质是企业身份的一个重要表达途径，是企业可以直接被顾客感知的外在特征，顾客会对品质符合个人特征和需要的企业产生认同。

（3）由服务企业本身身份导致的独特性

服务企业如果本身就具有独特的品牌价值，在顾客心中有着独特的评价，则顾客对这种服务企业就有着更高的认同感。也就是说，如果服务企业在战略选择、企业文化、价值观等方面有着不同于其他服务企业的一些方面，而且这些方面是对顾客有着强烈的吸引力的，同时，当企业带来的服务能够给顾客带来满意感，则顾客就会对这个企业有强烈的认同感。比如，一个享用克丽缇娜服务的顾客，常常会被克丽缇娜公司追求高品质、高人性服务的企业特征所吸引，并进而产生认同。同时，顾客在使用克丽缇娜公司的产品时，也会有着与众不同的享受感，这与其他公司的产品就有明显的差异，顾客对服务企业补救措施的认同也会因这种独特性而强化。

（4）服务企业社会形象和社会责任方面导致的影响因素

企业社会形象通俗来讲，就是社会大众对于企业的整体评价，客观反映了社会公众对于企业的一些看法。因此，顾客对于服务企业社会形象是有着自己的解读和评价的。这种解读和评价会直接影响顾客对于企业的整体看法和认同。那么，哪种企业形象对于顾客而言更具有吸引力呢？如果一个企业有着更为积极正面的社会形象，包含着更多正面的社会价值取向时，那么，顾客对于这种类型的企业则会从内心深处有着认同感，这种认同感也会导致在服务补救方面的谅解和认同，即同"爱屋及乌"是一个原理。顾客对于社会正面形象更高的企业会有着更好的包容度，在享受服务的过程中不仅享受到的是服务质量，也是自身对于服务企业认同产生的自尊和自信等，彷佛自己也得到了社会和企业认可一样。进一步对于企业服务和自身的认可会相互促进，螺旋上升，强化了顾客对于企业服务的认同程度。同样，顾客对于服务企业的看法也会受企业是否履行了企业社会责任以及履行程度等因素所影响，进一步影响顾客的态度和行为。在企业社会责任方面，顾客期望企业所组织实施的社会实践活动能够与自身的看法相一致，与所在地域的社会价值观相符合。因此，企业社会责任的履行也承担了顾客对其企业的期望。倘若企业对于社会责任的价值观与公众期待的价值观是一致的时候，这种一致性就会激起顾客对于企业的认同和提高企业在顾客心中的正面形象。企业自身具有的社会责任价值观与顾客本身的价值观一致时或者具有高度重合和相似性时，企业对于顾客的影响会深入顾客的文化和价值观中，顾客对于企业正面的解读会提高其对企业的认同感。当社会发生了重大灾难事件时，服务企业如果第一时间发起和组织企业的慈善实践活动，这种举措能迅速提高企业在公众心中的形象，从而在互联网时代中引发二次发酵，提高企业的正面形象。

2. 顾客个性特征与顾客认同

（1）顾客个性特征与顾客认同

个性包含先天和后天两层含义，是指个人先天特质基础与后天在生活实践逐步形成的且较为稳定的心理特征的集合体。它包括个性倾向和个性心理特征，如整体性、稳定性、独特性、可塑性和社会性等。本研究主要从外/内向性和信任倾向来探讨服务补救领域个性特征对顾客认同的影响。

①外向性

消费者的性格早已成为营销学学者研究的重要内容之一。通常是指消费者在接触客观事物的过程中所体现的风格态度和行为方式中的一些稳定的心理特质。消费者性格内藏在消费者的内心深处，不同性格的消费者其消费模式也是千差万别。企业在销售过程中，产生顾客的各种独特的购买方式的主要原因就是存在消费者性格的差别。消费者性格的差异表现在对商品购买活动的态度和习惯化的购买方式上，并通过消费者的动作姿态、眼神、面部表情和言谈举止等体现出来。消费者性格类型主要表现有外向型、内向型、理智型、情绪型、意志型、独立型和顺从型这七种类型。

"外向性"在人格心理学中是一个非常重要的概念，在精神分析理论中由Jung率先提出。"外向性"人格特征与"内向性"人格特征共同构成了人对接受外界刺激所反应的一种倾向性内容。与"内向性"较为侧重于人内在的感受相比，"外向性"则更加侧重他人以及外界环境。以学者Jung的观点来看，每个个体都具有内向和外向两种性格特征，但是只有一个会居于人性格特征的主要地位，并决定个体的态度和行为方式。但是，不是主要地位的性格特征则主要通过无意识来起作用。

当企业营销管理人员试图通过人的不同性格来做出服务补救的时候，

他们努力提供品牌形象补救的个性将会吸引指定的消费者个性群体。内/外向性是存在于顾客身上的典型的显著性特征之一。对相同的服务失败，同样的补救措施会给内向性或外向性程度不同的顾客带来不同的满意程度，即不同的顾客认同感。外向性顾客，更注重补救过程中的互动性，比如一些银行，在实施服务补救时，自己主观认为顾客是"友好"的，通常教导他们的员工必须用顾客的小名来称呼他们，这对大多数外向性的人来说是非常具有吸引力的，尤其是一些化妆品销售人员大都把目标指向那些具有冒犯性的个体；而内向性顾客，注重补救的结果，所以面对内向性顾客，企业在实施服务补救时更多地是按程序办事。

②信任倾向

信任倾向（Trust propensity）指顾客内心倾向于信任他人，是指个人信赖他人的意愿，心理学偏重从研究个体出发，认为信任是与个性有关的品质，是个人所拥有的一种特性。个性特征不同所产生的信任倾向也不同，Lee et al.（2001）指出，个人信任倾向因文化背景、个性特征和成长历程的不同而不同。

目前学术界已有多名学者证实了信任倾向能够影响信任，如 Koufairs & Wiliam（2004），Gefen & Straub（2004）等。Cheung & Lee（2001）也指出，信任倾向调和了可信赖的因素对消费者信任形成的影响。黄露易（2009）认为，消费者必须先寻找出能够证明某个商家具有良好信用的一些暗示（即可信赖因素），才会决定信任这个商家，在这个过程中，消费者自身的信任倾向则会对这种可信赖因素产生影响，从而降低和提高了消费者对于商家的信任程度。如果消费者寻找不到有关商家信任的信息时，信任倾向此时对于消费者信任的形成的影响则更为明显。

因而可以比较明确的是，不同的消费者具有不同的信任倾向，其对商家服务补救的信任程度也就存在区别。郑宏明（2007）在研究信任倾向对网上购物意向的影响中得出结果发现，工作与否以及性别差异在信任倾向上的交互作用显著（$P < 0.01$）。与男性在校大学生相比，男性在职人员信任倾向要显著提高。造成信任倾向差异的主要原因就是个人特质的差异，如年龄、性别、文化层次、收入水平等。如性别方面，大多数关于服务补救方面的研究指出，女性在信任倾向方面比男性更为强烈，而且对服务企业的补救认同度更高。总而言之，信任倾向与消费者对于企业服务补救措施的信任形成是正相关的，信任倾向越高，其信任态度也就越明显。

（2）文化价值取向与顾客认同

文化的产生和每个人所处的环境和受教育的程度有很大的关系，文化的体现是一种综合的特征，文化的表现是一个人的态度、观念、行为习惯、观念等方面的综合。Geert Hofstede（1991）在大量的调查数据中，试图找出能够解释导致大范围内文化行为差异的因素。他从权力距离、对不确定因素的避免、男性化/女性化、个人主义/集体主义以及长期/短期取向五个方面分析了各国的文化，本研究参考 Hofstede 的研究，考察顾客身上凝聚的文化价值差异对顾客认同的影响。

①个人主义与集体主义（Individualism）

个人主义和集体主义是个人利益和群体利益的本质区别，主要体现的是个体站位的不同，取决于个体在站位上是倾向于自己还是倾向于集体。集体和个人主义是相对而言的，个人主义是将个人的利益摆放在第一位，过于强调个人的权利和自由。在团体的工作中以自我为中心，重视个人在集体中的利益，在美国和日本等国家，集体观念是一种很重要的社会构成。在社会结构中人们非常注重各成员之间的合作关系，集体利益高于个人的利益，在两者产生冲突的时候，一定要优先考虑集体利益。

中国自古以来就有着集体主义的观念，注重个人服从集体。以紧密的社会框架为特色，在中国文化传统中往往以家庭为单位开展相关的活动，附近生活的人群都有一定的亲属关系，这样，家庭作风也逐渐在工作上扩展。Hofstede & Bond（1998）在对个人主义研究的过程中发现，美国排在第一位，而中国排在第 39 到第 41 位，指数为 20。中国和美国在个人主义的排序上相差甚远。

Hofstede & Bond（1988）同时也指出，个人主义与一个国家的财富是有密切联系的。个人主义倾向会随着国家财富的增加而增加。同时，Hofstede（1991）指出，财富可以导致个人主义，而不是个人主义导致财富的增加。Hofstede（2001）指出，亚洲许多近期致富的国家变得越来越个人主义化。

本研究认为，国家财富的增长与个人主义价值观没有必然的联系。我国的文化是处在转型期，随着我国经济建设的繁荣发展，我们的文化在强调集体的同时，也越来越关注个人，在一部分人中呈现出个人主义倾向。然而，在我国传统的集体主义价值观很难全部摒弃，集体主义顾全大局的思想根深蒂固。因此，我国消费者（顾客）身上集体主义与个人主义的倾向并存，对个人来说，个人主义和集体主义的相对程度将会指导形成个体的意识和行为。

在服务补救领域，顾客个人主义和集体主义的相对程度影响认知，因此，同样会影响顾客对服务失误企业所做出的服务补救的满意程度。个人主义倾向相对更强的顾客，在遭受服务失败时，会表现得更积极主动，在补救实施过程中更关注自己的权利和利益，在同样的情况下个人主义倾向会有较低的顾客认同；而集体主义倾向相对更强的顾客，在遭受服务失败时，更注重面子，个人感情因素将会控制到最低；顾客倾向以大局为重，大事化小、小事化无，在同样的情况下集体主义倾向会有较高的顾客认同。

②权力距离（Power Distance）

权力距离指社会中存在着分离管理者与员工的强大而又合法的决策权力的信念。它衡量着组织地位、威望，以及它们在组织层级结构中的层次的重要性，表现在社会赋予管理者决策权力的大小，员工在何种程度上自动服从其管理者的意愿和决定以及对权威的敏感、依赖和崇拜程度。

Hofstede（1988）研究发现，权力距离经常可以在亚洲和南美国家观察到。如日本、印度尼西亚等国家的领导者认为，至关重要的是要给出下属提出的与工作相关的问题的精确答案。相比较而言，美国、丹麦和斯堪的纳维亚国家的员工赞成较低权力距离的信念，这些国家的员工并不盲目服从其管理者的意愿。Hofstede（2001）还指出，东方和西方文化处在世界对立的两面，并且都深深扎根于历史中，呈现出完全相反的权力观念。作为一个被儒家学说主宰的国家，中国被 Hofstede 划为高权力差距国家，其认为社会、群体和等级关系在中国是十分重视的，年长者和有权利力的领导是受到较大的尊重和服从的。

那么，具有高权力差距的文化价值观是怎样影响管理行为的？高权力差距文化采取能明显反映出等级制度的管理系统和方法。Hofstede（1991）认为，企业内部的一些因素，诸如：人力资源、领导模式、企业战略选择及执行等是受主要管理行为影响。企业在高权力差距的企业文化中扮演着父母的角色：员工要服从于上级领导；决策权集中到高层手中，独裁风格较为明显；官僚作用盛行；管理者与员工工资悬殊很大；在培训员工的过程中更注重规则和忠诚的培养；在招聘过程中则更倾向于选择那些高阶层的精英人士。处于这样高权力差距的企业文化中，下属也会更加偏好独裁、家长式的领导者，并且服从上司的指挥和命令。

随着全球经济一体化，西方文化对我国文化带来了极大的影响，尤其是境内跨国公司。这些公司倡导和保护个人权利，公司内部员工倾向于独立自主，往往不惧怕管理者，甚至对管理者也直呼其名，下属可以用恰当方式赞同或否认上司的能力，并积极参与管理决策（Hofstede，1991；Etemad-Sajadi & Bohrer，2019）。这种公司文化给我国境内企业也造成了一定影响，尤其在外资参股的企业中，权力距离呈现被缩短的趋势。然而，在现实生活中可以看出，受儒家文化的影响，我国文化中权力距离仍然比较明显，不少人仍非常看重权力距离，尤其是在行政、事业单位工作的工作者。

对权力距离认同的顾客比较看重具有较高行政权力或地位的人。如果服务企业的服务补救活动由具有较高管理权的人来进行，会让顾客感到受重视。本研究认为，这种情况下会导致较高的顾客认同，而对权力距离意识低的顾客则不会产生这样的效果。

根据上述总结，顾客对服务补救措施的认同受顾客个体特征的影响。本研究将顾客的个体特征分为个性特征和文化价值取向。本研究发现，这两个维度的测量存在认知和理解上的差异。因此，本研究从消费者认知的个性特征：内向和外向上进行测量，提出以下假设：

H1：不同个性特征（内向和外向）的顾客认同度有差异。

4.1.2 顾客对服务补救的感知与顾客认同关系假设

人的感知研究起源于心理学领域，营销学中主要有顾客感知价值理论和顾客感知服务补救质量理论。Zaithaml（1988）最早提出，顾客感知价值是指顾客在衡量获取产品或服务所付出的成本和感知到的可获得的利益后对产品或服务的满意度，也即整体评价。Woodruff（1997）指出，顾客由学习得到的感知、偏好、评价是顾客价值的来源，并将产品、使用情景和目标导向的顾客所经历的相关结果相联系。Woodruff 的观点得到了大多数学者的认同。他指出，顾客价值与产品和服务相挂钩，是顾客对产品或服务的一种感知，与顾客的消费体验相联系并且是基于顾客的个人主观判断。从顾客感知价值的定义来看，其核心在于感知利益损失和获得的权衡。利益获得是指购买到的产品或服务的质量，而损失主要是指价格，即顾客购买的金钱成本。为此，许多学者，如 Parasuraman（1997）、白长虹（2001）、Umashankar, Ward & Dahl（2017）认为，顾客感知价值的驱动因素应该主要由产品质量、服务质量和价格因素构成的。也有一些学者，如 Zeithaml（1988）认为，感知价值是主观的，随顾客的不同而不同；Ravald（1996）、Bougoure et al.（2016）也指出，不同顾客具有不同的价值观念、偏好、需求。这些显然影响着顾客的感知价值；价值的感知在不同的时间段表现的形式也是不同的。另外，还有一部分学者对感知价值的认识还有其他的理解，感知价值的驱动因素也包含着情景，Woodruff（1997）、Ding & Lii（2016）发现，顾客在不同的时间段对价值的感知评价也是不同的。这和顾客所处的环境有着重要的影响。根据相关文献的研究可知，顾客感知价值包含主观因素和客观因素两种驱动因素。其中，价格、产品服务质量属于主观因素；个人偏好、顾客价值观、需求等属于主观因素。

顾客感知服务质量是顾客将服务期望与服务实际结果进行比较的结果。这一概念是 Gronroos（1982）在消费者研究理论基础上提出的。当服务期望低于服务实际绩效时，则表明顾客感知到了良好的服务质量，即具有较高的顾客感知服务质量，反之亦然。Gronroos 将顾客感知质量的构成要素分为顾客感知技术质量和顾客感知功能质量两种。这样的分类方法的好处是显而易见的，能从本质上区分服务质量和产品质量。PZB（1985）更深入研究了顾客感知服务质量，并提出了差距模型。他认为，顾客感知服务质量与顾客的态度是紧密联系的，其涉及时间的维度，描述的是随着时间推移顾客对于服务质量动态变化的认识。这与满意有着本质的不同。满意体现的是静态的，是一次服务的结果。而由服务实际结果与期望比较而来的顾客感知服务质量也决定了顾客是否具有较高的满意度。

由上述关于顾客感知价值的研究分析，本研究将顾客对服务补救的感知定义为，在服务补救措施过程中顾客感知到的服务质量，即，在顾客感知利得和利失的基础上，顾客对服务企业补救的制度性与非制度性特征的期望与服务补救实际绩效之间的比较。Smith、Bolton & Wagner（1999）归纳了各个行业服务补救所采取的措施认为，补救主动性、有形补偿、响应速度、道歉是各种行业均适用的表征服务补救措施水平的共同特征维度。在高接触型服务企业中，顾客对服务补救的感知主要是通过补救实绩来产生影响，包括非制度性特征和制度性特征。其中，非制度性特征包括补救主动性、有形补偿、响应速度、道歉；而制度性特征包括理赔声明、防范制度和措施。本研究在前人研究的基础上将顾客认同定义为，顾客对企业采取的服务补救措施的认同程度。顾客的态度和满意度会受到企业进行服务补救措施所采取的策略和补救过程中的一些因素的影响。服务失误发生后，恰当的补救措施会获得顾客更大的认同（Silverman，1998；Hogreve、Bilstein & Mandl，2017），而不恰当的服务补救措施则会导致顾客产生更大的不满意（Hart，1990；Chen & Kim，2019）。因此，顾客对服务补救制度性与非制度性特征的感知影响着顾客认同。Smith、Bolton & Wagner（1999）等学者对此进行了较为深入的研究。

1. 制度性特征与顾客认同

顾客由于在购买服务之后没有享受到自己预期的利益时，即在服务过程中出现服务失误，这时候顾客就会产生不满意情绪，对于服务企业失望甚至可能改变自己的消费习惯，不再采用这家企业的服务转而选择其他可以替代的服务企业。更为严重的情况是顾客会传播企业的负面形象，造成企业的形象受损。

而企业对服务失误的环节采取补救措施，尤其是采取主动性的行为时，则会降低顾客的不满意，甚至会让顾客更加认同企业提供的服务。首先，在心理层面上有所缓解。顾客可以在服务补救措施的实施过程中缓解紧张、焦虑的情绪，消除顾客的不满意情绪。其次，改变了顾客享受到的利益层面。顾客可以通过服务补救措施使自己损失的利益得到弥补，而且一般情况下，弥补得到的服务程度要大于其损失的程度。主动性地采取服务补救措施是非常有益的。这里的主动性（Recovery initiation）是指服务的双方谁先采取服务补救措施，这个维持特征和其他的维持特征存在一定的区别。在发生服务失误的时间段，顾客可能在当时不会产生不满意的情绪。如果在顾客产生不满意情绪之前，服务企业主动积极地采取一些恰当的补救措施，这种行为本身就能反映出企业的某些正面形象，如坦率、诚实、尊重顾客等品质。顾客会将这种前摄的努力视为一种谦逊的表现，那么，将可能产生更高水平的满意与行为意向。而当顾客不满意情绪出现之后再进行服务措施，这种服务补救措施带来的影响就大打折扣，远不如在顾客不满意之前采取补救措施效果好（Smith、Bolton & Wagner，1999）。从上可以看出，企业主动地对顾客进行补偿会影响顾客的满意感和服务质量感知。顾客对企业服务补救措施的认同会明显受到补救主动性的影响。因此，补救主动性对于顾客认同有着积极的推动作用。

综合上述分析，本研究提出假设如下：

H2a：补救主动性对顾客认同有显著正向影响。

Albercht & Zemke（1985）的研究表明，顾客的抱怨有没有被妥善处理会严重影响到顾客的留存率。妥善处理之后，95%的顾客会选择留存下去，反之，则只有64%。学者们的研究表明，顾客正是因为从补救过程中得到了合理公平的结果才会对企业的服务补救感到满意。这些补救结果有多种形式，包括，不限于金钱的补偿、正式道歉、打折、免费更换或修理等。顾客希望通过这些措施得到更大的满意感，从而消除之前的不满意情绪。有形补偿（Compensation）涉及实物或顾客的实际利益。在服务补救的情形下，服务失误企业对顾客做出的有形补偿。有形补偿也有很多形式，如赠品、礼品券、打折卡、小礼物等多种形式。目前，学术界对有形补偿有较多的研究。Tax，Brown & Chandranshekaran（1988）指出，有形补偿是服务补救排名首位的特征维度，很有可能影响到顾客对分配公平的感知，对顾客意图的影响程度也是第一位的。Christo（1997）则以飞机乘客为典型代表指出，有形补偿与消费者的满意度有一定的联系，其研究结果发现，当消费者需要等待的时间越久，则企业补救措施所带来的效果就越差，即，抱怨处理时间与补救效果成反比。由上述研究可知，顾客的利益损失得到合理或者更大的补偿后，顾客的不满意情绪就会消除，焦虑紧张情绪也会随之消失。同样，如果补救行为更加得体有效，则顾客会从中得到更大的满足感；顾客感知服务质量则可能会比没有发生服务失误和服务补救之前更高。从上可以看出，企业对顾客进行有形的补偿会影响顾客的满意感和忠诚度，影响顾客对企业服务补救措施的认可程度。所以，有形补偿对顾客认同有着积极的推动作用。

基于上述分析，本研究提出如下假设：

H2b：有形补偿对顾客认同有显著正向影响。

响应速度的含义指当顾客产生不满意情绪时企业及时响应和处理这种不满意情绪的速度。其中，这段时间中有一段时间更为重要，即最重要的衡量标准为顾客在企业处理之前需要等待的时间。同样，在服务质量评价中有一个维度，即响应性，其蕴含的意义是，服务提供者应及时快速地为消费者提供购买的服务，并在这一过程中及时满足消费者的需求。服务补救响应性很大一部分上决定了顾客的感知服务质量。Hart（1990）等学者认为，如果想让顾客在服务补救中满意，那么，快速的响应并满足顾客的需求是极其重要的。顾客在服务失误发生之后，希望立即有服务人员能够解决问题，转入不满意情绪的处理阶段，期望这个失误能够立刻得到妥善解决，即服务补救的政策、时限和规定要有一定的均衡。Katz、Larson & Larson（1991）、Jerger & Wirtz（2017）指出，如果顾客在服务补救过程中等待的时间过长，则顾客的不满意情绪就会爆发，致使服务失误产生更加极端和严重的后果，导致产生更多的不满意和服务失误。但是，倘若企业服务补救措施的实施方式得体妥当，则顾客的情绪就会得到安慰，并由此产生正面情绪（Goodwin & Ross，1992；Park & Ha，2016；Li Fang，2016）。

Taylor（1994）基于学者们的研究发现，服务补救措施的延误不仅会导致顾客产生更大的不满意，还会严重影响到顾客感知的服务质量。在服务失误发生之前，如果顾客等待的时间越长，则会使顾客产生负面情绪，进而导致更大的不满意情绪。顾客在服务失误发生后，特别看重服务人员的响应速度，即处理解决失误的速度（Clemmer & Schneider，1996；Lastner et al. ，2016；Antonetti、Crisafulli & Maklan，2018）。

Boshoff（1997）认为，服务失误发生之后，应由最先接触顾客的服务人员立即处理。响应的速度越快，效果越佳。Smith et al.（1999）的研究从公平的角度出发指出，响应速度对顾客感知程序公平的影响是最大的，对感知公平的其他几个维度的影响则比较小。也有学者在上述研究的基础上将响应速度纳入服务补救的一个重要维度。学者们指出，这样有助于提高顾客对公平的感知，从而提高顾客的满意度（Smith et al. ，1999；Umas-shankar、Ward & Dahl，2017）。基于以上研究可以看出，企业对抱怨的响应和处理的速度会影响顾客满意度的高低，并进一步影响顾客对于服务企业补救行为和措施的认同。也就是说，响应速度积极影响着顾客认同。

基于上述分析，本研究提出如下假设：

H2c：响应速度对顾客认同有显著正向影响。

Berscheid（1959）将道歉视为一种符号性资源的再次交换，其中蕴含着人际处理和沟通的过程。公平理论中提到，真正的公平只发生在两者的交换比例，即获得和损失的比例达到平衡的时候。当顾客和服务提供者之间发生交易不公平的现象时就会产生交易的失败，即产生服务失效。这样顾客会在心理上认为自己所付出的比率要低于自己获得的服务，顾客和服务提供者比率产生了不公平的现象。在这个过程中可以通过道歉进行弥补。道歉实际上是对顾客和服务提供者比率的调配过程，通过调配将二者资源进行重新分配，使顾客达到满意的状态。在道歉的过程中，面对面的道歉对服务者的综合素质提出了比较高的要求，所花费的时间和精力要更多。因此，在道歉的过程中顾客能感受到更多的感知公平。这影响着顾客满意与忠诚，影响着服务补救的效果。学者们的研究普遍认为，道歉主要对互动性知觉公平产生影响。企业当面或者是其他途径，如电话、邮件等向顾客表达歉意和合理解释服务失误的发生，这个过程会让顾客感觉到尊重。本研究在上述的基础上也认为，道歉行为不仅可以从公平的视角出发进行解释，还可以从另一视角，即服务质量维度"移情性"角度出发进行理解和看待。服务人员在向顾客道歉的过程时要以非常诚恳的态度进行，这样顾客在接受道歉的过程中会感受到一种强烈的关爱和关怀，这样就更能使得顾客感知到服务质量的好坏，从而提升服务补救措施的正面影响。Bell & Zemke（1990）指出，当顾客服务感知质量小于顾客预先的期望值，顾客的不满意也会随着产生。顾客希望服务人员能够立刻处理和解决服务问题从而达到先前购买的服务效果，同时还希望在此过程中通过得到服务人员的重视和道歉以期满足自己的自尊心。Goodwin & Ross（1992）指出，服务补救的效果不仅受道歉影响，还受道歉方式的影响。相比于没有真心诚意去解决或者解决方式不当的员工，顾客能从真心解决服务问题的员工（无论失误是否得到妥善解决）那里得到更高的满意度。Blodgett、Wakefield & Barnes（1995）的研究也表明，若服务人员在采取服务补救措施中能够带着体贴、真心、道歉、重视等态度，则会让顾客产生较大的满足感，对企业更加认同。其中，多种形式下的道歉中，面对面道歉的方式是最为有效的。它有利于顾客和服务人员之间进行良好的人际沟通和建立起和谐融洽的人际关系，从而提高了顾客对于企业的忠诚度。综上所述，道歉不仅能使顾客感受到尊重，还可以感受到企业的关心和诚心诚意。道歉对于企业服务补救有着重要的正面影响。因此，本研究认为，道歉积极推动着顾客认同度的提高。

基于上述分析，本研究提出如下假设：

H2d：道歉对顾客认同有显著正向影响。

2. 制度性特征与顾客认同

理赔声明是商品销售或服务企业对出现的服务失误在补救过程中以正式、公开的形式，指明服务出现的相关责任并就赔偿方法做出明确规定的行为。从制度化的角度来说，理赔声明从公开的角度表现出服务失误企业的补救行动，并给顾客基于声誉和尊重更大程度上的满足，给予群众监督的权利。对于顾客而言，理赔声明代表着企业对待顾客的一种服务失误补救方式。尽管理赔声明只是一种声明，是否兑现还不得而知，但至少能给顾客在服务失误过程中得到精神上的安慰。及时的理赔声明以及及时的理赔是能够增加顾客认同的。如果顾客通过理赔声明感知到企业所承诺的服务补救措施大于顾客的期望值，则顾客对企业服务补救措施的认可程度更高。反之，则顾客对企业服务补救措施的认可程度更低。

基于上述分析，本研究提出如下假设：

H3a：理赔声明对顾客认同有显著正向影响。

防范制度和措施是在服务失误出现前的制度性预防，体现出服务企业对保证服务质量和品质的重视程度。防范制度和措施包括与提供服务相关的设备的改进，加强服务、提供员工的培训以及对每天服务提供数量进行控制等。预防性的制度和措施满足了顾客的担忧心理，往往更能强化顾客认同。防范制度和措施更是对顾客的尊重和对顾客享受企业产品或服务时的保障。本研究通过对比发现，制度完善的服务企业更能获得顾客的选择。

基于上述分析，本研究提出如下假设：

H3b：防范制度和措施对顾客认同有显著正向影响。

4.1.3 顾客认同与顾客后续行为意向的关系假设

如上文所述，顾客认同是指顾客对于服务措施的认同度，有着非常多的积极效应。当顾客对企业有着较深的认同感时，就会产生心理联系，把企业视为自身的一部分，将企业的荣誉视为自己的骄傲，企业的失误也会导致顾客的情绪低落。无论如何，服务失误发生，顾客的权益总会受到或大或小的影响，而利益的损失也会使得顾客产生心理变化，从而对顾客后续的行为产生影响。因此，对顾客后续行为意向进行研究，深入剖析各种服务失败对顾客的影响，可以预先分析出服务失误的不良影响，进而促使企业针对各种服务失误采取不同的合理措施，消除服务失误对于企业造成的消极后果。目前，此方面的研究表明，因为无论采取何种补救措施，其目标都是为了消除服务失误带来的消极影响，重新促使顾客产生满意情绪，使顾客后续行为按照企业的期望行为发展。因此，研究的出发点还是基于服务补救对于顾客满意情绪和行为变化的影响。

Smith & Bolton（1999）认为，顾客对补救行为产生认同之后会正向影响顾客的重购行为。美国 TARP（1981）的调查指出，顾客的抱怨是否得到妥善解决对重购行为有着重要影响，没有提出抱怨的顾客重购率只有9%；抱怨提出了之后但是没有得到解决的重购率有19%；如果抱怨得到了解决，顾客重购率则会提升到54%；服务失误和顾客的抱怨被企业妥善合理地解决之后，顾客的重购率竟然有70%之高。

Bhattacharya & Sen（2003）的研究表明，顾客认同会带来如下积极结果：顾客对公司忠诚度更高，乐意尝试公司的新产品和服务，更能抵抗住公司的负面信息和更加信任公司。Bhattacharya et al.（2005）指出，在将品牌感知变量控制之后，顾客认同依旧会对顾客的角色内和角色外行为产生影响。国内学者对顾客认同后的后续行为也做了一些深入的研究。例如，谢毅和郭贤达（2010）以 B2B 产业为对象，深入研究了顾客认同对于顾客购买意向的影响。他们发现，顾客购买意向的影响因素有企业声誉、顾客对服务人员的信任感以及顾客认同，且上述因素都能积极促进顾客的购买意向。肖丽（2005）指出，顾客在服务失误之后，与服务人员接触的顾客具有更高的服务补救感知程度，无论是制度上的还者非制度上的，顾客都会积极主动地传播企业的正面口碑。在企业营销管理中，口碑宣传对于企业有着非常重要的作用。口碑效应还能够帮助企业获取新的顾客。更为关键的是，在一些对消费者来说明显具有较大风险的服务上，个人口碑能够显著地影响到其他顾客的购买决策和态度。也就是说，顾客在购买较大风险的服务之前，会主动寻求一些其他顾客的意见作为参考。肖丽（2005）认为，在遭遇服务失败后，具有真实服务关系的顾客对服务补救的制度性与非制度性特征感知程度更高，更倾向于正面口碑传播。正面口头宣传在营销管理中起着非常重要的作用，口碑效应还能够帮助企业获取新的顾客。特别是那些对消费者来说具有很大风险的服务，个人口碑在影响他人的决策上具有非常显著的影响力。

从上述学者的研究分析得出，顾客认同能够正面提高顾客的满意度（Clemmer，1993；Swan et al.，1955；Umashankar、Ward & Dahl，2017；Vaerenbergh et al.，2019）。顾客认同积极地影响着顾客后续购买行为意愿，也就是顾客满意、重购意向、口碑传播这三个变量。因此，顾客对企业认同度越高，也即顾客认同度越高，顾客后续的行为意向越积极，包括顾客满意、重购意向和口碑传播。

基于上述论述，本研究提出如下假设：

H4a：顾客认同对顾客后续行为意向有显著正向影响。

H4b：顾客认同对顾客满意有显著正向影响。

H4c：顾客认同对顾客重购意向有显著正向影响。

H4d：顾客认同对顾客口碑传播有显著正向影响。

4.1.4　顾客对服务补救的感知和顾客后续行为意向的关系假设

1. 顾客后续行为意向

顾客的行为意向（Behavioral intentions）由态度理论发源而来，主要包括三种要素：认知（cognitive）、情感（affective）以及意动（conation）。认知、情感、意动要素均是个体对于态度标的物的认识，但角度不同。认知侧重于知识与信念，情感指的是个体的感觉，而意动要素则体现在行动方面，指的是个体的行动（Engel et al.，1995；Kumar & Dass，2018）。态度理论认为，认知要素和情感要素决定了个体的态度，而态度则进一步决定了个体的意动，即个体的行为。顾客在遭遇了服务失误之后，总是探寻着失误发生的原因并判断失误的类型，从而为后续自己采取什么样的行为提供依据，包括顾客是否对发生服务失误的企业产生抱怨、以什么样的抱怨形式表现出来以及未来是否选择此家服务企业的服务等。顾客后续行为意向的定义由于研究情境的不同而有所差别。Parasuraman、Zeithaml & Berry（1993）对顾客的行为意向进行了细致的研究，得到了 13 项行为意识评价项目并对这 13 项行为意识进行了严格的分类，共产生了价格敏感度、口碑沟通、抱怨行为、重购意向四大类行为意识。这四大类基本上包含了顾客所有的行为意向。在服务发生失误后，首先让顾客感知的是价格敏感度；发生抱怨的阶段主要在服务补救和服务失误之间，这个阶段顾客会产生抱怨的心理；在服务补救发生后才会产生口碑及重新购买意向。也有研究指出，应将重购意向和口碑传播都纳入补救后的行为范畴内（Kumar & Dass，2018；Vaerenbergh et al.，2019）。

从对以往的研究探讨可知，学者们研究了服务补救与顾客满意、重购意向以及口碑传播的关系，而上述三者都是用来衡量企业服务补救效果的指标。基于上述结论，本研究认为，顾客的后续行为意向应当具有三个重要因素：顾客满意、重购意向和口碑传播。

（1）顾客满意

顾客满意最早由 Day & Perkins（1991）开始进行研究，随后广泛应用在营销管理和消费者行为等研究主题内，而且主题也越来越广泛。但是，目前学术界对于顾客满意这个概念并没有达成共识。主要有两种观点较为流行，分别是认知评价观点和情感评价观点。基于认知评价观点，Hampel（1977）指出，顾客满意应当定义为顾客"期望服务绩效"是否与"实际服务绩效"相一致以及一致的程度；Hunt & Oliver（1977）则表明，顾客满意发生在购买行为之后，是特定时机的对商品或服务的评价。Oliver（1980）指出，顾客满意度应当包含两个认知变量，即购买之前的期望值和购买过后的实际效果，两者之间可能会有失验，即实际效果与期望效果的不一致。Churehill & Surprenant（1982）则将顾客满意纳入一个函数中，认为顾客满意由期望和绩效决定，构建了顾客满意、期望和绩效的函数关系式。而从情感评价观点出发，Westbrook（1980）在其研究中表明，顾客满意是顾客主观喜爱情感的流露，顾客越喜欢，也即顾客满意程度越高。Woodruff et al.（1983）也认为，顾客满意从情感方面出发去定义，这是一种顾客在消费过程中由于消费而产生的情绪反应，因此，才会出现顾客在消费过程中使用情绪化的语句来表达自身的感受。

顾客满意经过多年的发展深化之后，其理论框架也渐渐成型确立，主要包含两个维度：第一个就是顾客期望，顾客期望是指顾客心中希望产品或服务能满足自己的绩效水平，而且顾客一般在购买之前就会根据过往的购买经历来形成自己的购买期望。第二个就是产品绩效，产品绩效是反映产品或服务的属性。企业可以为顾客提供比较标准。一般情况下，顾客会产生四种结果，一是极度满意，二是满意，三是不满意，四是极度不满意。这四种结果和顾客的心理期望值有着直接的关系。例如，过高的期望会导致产生极度的不满意。

一般而言，顾客的满意产生于购买产品或服务过程中，且这只属于顾客与企业进行的一次简单交换的过程。但是，这种属性就不适合服务企业于服务失误以及补救等情形中。究竟顾客满意是产生于服务人员一次特定的服务接触中？还是发生于与服务人员全程接触进而总体的评价？这在学术界引起了普遍的争论（Bitner et al.，1990；Cronin & Taylor，1992；Chen & Kuo，2017；Glikson et al.，2019）。Bitner & Hubert（1994）在研究中指出，顾客满意度应当包含上述两个方面，无论是从特定水平还是从总体水平上，顾客都可以对服务进行满意的评价。服务接触满意发生于特定水平上是指，顾客对具体服务接触是否存在不满意情绪。类似地，总体服务满意度是基于服务总体水平而产生的，指的是顾客在经历了所有的服务过程中对于服务人员或者本身所呈现的满意以及不满意情绪。本研究是以高频接触类服务企业为研究对象，研究其发生服务失误采取服务补救措施行为所带来的企业绩效。因此，本研究的顾客满意也就是指，顾客在服务失误以及服务补救过程中对企业的满意水平是高还是低。

（2）重购意向

重购意向在营销管理中居于一个极其重要的位置，是指顾客在未来是否会继续选择此前所购买的产品或服务的企业。Reichheld & Sasser（1990）在研究中指出，顾客保留率对商业经营有着重要的影响。他们通过相关的数据统计得到研究结果：当顾客保留率较高时，企业的利润会相应地增加，若顾客流失率降低 5%，则在汽车服务业中，利润可以提高 30%；保险行业中，利润也会提升 50%。这个数值在银行业中则更为显著，达到了 85%。顾客流失率的降低在其他行业中也有着惊人的作用，能显著地提高企业利润。

因此，从相反的角度来看，顾客保留可以从很大程度上衡量一个企业的长期绩效和利润水平。基于上述分析，本研究把重购意向定义为，顾客未来是否会继续选择此前的服务。

（3）口碑传播

口碑传播意向指的是，顾客是否会愿意主动向亲朋好友及其外界赞扬和推荐服务企业。口碑传播意向也反映了顾客之间相互评价服务或产品的评价流动。口碑传播对顾客购买意义非凡（Richins，1983；Etemad-Sajadi & Bohrer，2019）。企业的重要信息，如形象等经过顾客之间口口相传，企业口碑很大程度上决定了顾客是否会选择此家服务。口碑传播理论是顾客在消费的过程中根据自己的观点和心理产生的一种社会交换理论。顾客通过口碑可以对服务的结果产生一定的影响。企业提供相对公平的交易才能出现好的口碑。口碑传播是顾客和提供服务的企业之间进行等价交换的一种体现。诸多学者对口碑传播都进行了不同程度的研究。Tax & Chandrashekaran（1998）通过研究提出了U形模型。他们通过横纵坐标的对比和分析对顾客的满意度进行了预测，从而产生了顾客口碑指数。当顾客的满意度较高时，口碑也较高；但是当满意度一般时，口碑则没有多大作用。

口碑传播能对企业产生重要的影响。因为，以面对面交流为沟通方式的口碑传播的好处较其他传播方式更重要。口碑传播能比较直观地给顾客以信任的感知。但是，在口碑传递的过程中需要注意的是，正面的口碑会对企业的生产经营产生传播效应，在一定程度上会增加企业新的顾客加入，这样会进一步加快企业的生产经营过程，在节约企业宣传成本的前提下加快企业的发展。同样的道理，如果产生负面的口碑也会给企业带来负面的影响，提高了企业宣传成本。因而，在企业日常经营过程中，口碑传播是很重要的一件事情。它关系到企业的生产经营状况，对企业的宣传有着重要的影响。口碑传播是一种无形资源，为企业的生产经营提供了一种提升企业利润的重要方法。

2. 顾客对服务补救的感知与顾客后续行为意向

顾客对服务补救的感知发生在服务补救的过程中，是指对服务补救措施行为的质量感知，即在顾客感知利得和利失的基础上，顾客对服务企业补救的制度性特征（如理赔声明、防范制度和措施）与非制度性特征（补救主动性、响应速度、道歉等）方面的期望绩效与实际绩效的比较。而顾客后续行为意向与顾客对服务补救的感知则是以服务补救公平理论和期望不一致为理论基础，并将其联系在一起。

从公平理论来看，在商品或服务的购买过程中，顾客本身的预先期望值与其他标准进行比较的高低程度决定了顾客自身感知到公平水平高低（Oliver，1997）。一般来说，负面的不公平包括顾客交换商品或服务的过程中经济类损失和其他损失。在这种情况下，顾客期待通过购买后服务补救行为恢复到感知的公平状态。

在服务失误发生之后，企业如果能够及时有效地通过服务补救措施满足顾客的公平心理，则能积极推动顾客购买意愿的提高。Oliver & Swan（1989），Sciders & Berry（1998）均认为，服务企业如果能够正面回应并公平地对待服务失败，顾客就会选择留下来。Kelley、Hoffman & Davis（1993）指出，当顾客感知到有效的服务补救努力，如服务失误企业对服务失误的防范制度和措施时，顾客容易接受服务失误的出现是大概率事件，顾客保留率能显著提高。Blodgett、Granbois & Walters（1993）指出，企业补救服务失误的主动性越高、响应速度越快以及能够给予顾客更多的真诚道歉和有形补偿，有效的服务补救过程能够给企业带来非常积极的影响，降低企业负面口碑的传播，甚至带来正面的口碑传播。Blodgett & Jeffery（1993，1997）指出，服务补救能够正向影响口碑传播。当企业采取了较高水平的服务补救措施，顾客对服务补救制度性与非制度性特征的感知超过了顾客对此的预先标准，则顾客就会更愿意将企业的正面形象进行积极主动的传播。相反，如果顾客对企业服务补救感觉不满意，则顾客就会更倾向于进行负面口碑宣传。Tax，Brown & Chandrashekaran（1998）指出，实物补偿对于顾客后续行为意向的影响是最大的，其能密切影响到顾客感知到的分配公平程度。Maxham（2001）指出，企业选择适度的高质量服务补救行为，如正式理赔声明，能显著地提高失误后满意度的水平。学者梁新弘（2005）等指出，公平的服务补救不仅可以降低顾客流失率，还可以降低顾客的不满意情绪，使顾客回心转意，重新选择之前的企业。

诸多学者的研究结果表明，当实施了有效的服务补救时，即服务补救制度性和非制度性更公平时，顾客购买意愿会受到服务补救感知的积极影响（Etemad-Sajadi & Bohrer，2019；Bilstein & Hoerner，2019）。这不仅可能会使顾客购买意愿维持到先前的水平，甚至有可能提高顾客的重购意向。与之相反的则是，一旦顾客感知到企业没有公平对待服务失误时，如补救企业很被动、响应速度过慢、道歉态度较差，则会减少自己在服务企业消费的意愿，不仅不会向他人推荐，还可能传播负面的口碑（Li，Fang，2016；Kanuri & Andrews，2019）。

从期望不一致理论来看，Oliver（1980）提出的期望不一致也可以看作是满意的驱动因素。期望不一致理论认为，顾客在购买产品或服务之前会有心理的评估，形成自己的期望值。在购买产品或服务享用之后，顾客会不自觉地将实际体验过程中感受到的质量与期望的质量进行比较。如果实际绩效大于期望值，顾客会产生正向的差异，从而导致顾客超出满意的惊喜；等于期望水平时会经历"单纯均衡"的心理状态，则顾客会基本满意；而低于期望水平时会产生负向的差异，会导致顾客不满意。更进一步来说，差异类型的不同也会对不满意或者满意的程度产生一定的影响。本研究则是基于期望不一致理论来探讨顾客对于服务补救的满意程度。在服务失误发生之后，基于期望理论，顾客也会产生一种对于即将发生的服务补救行为的预期期望值。如果后续的补救行为实际绩效没有达到顾客的期望，则顾客也会产生一定的不满意情绪，导致补救不一致。因此，顾客先前的期望值会影响到后续的实际比较差异程度，从而决定顾客后续行为意向。

Andreaseen（1998）研究发现，顾客在服务失败发生后产生的服务补救期望会显著影响服务补救效果，从而进一步影响顾客对于企业服务的满意程度。Cronin（1992）、Sarel（1998）指出，顾客预期期望的形成会受到顾客先前接受到的企业服务的影响。Woodruff、Cadotte & Jenkins（1983），Cadotte、Woodruff & Jenkins（1987），Ding、Lii.（2016），Umashankar、Ward & Dahl（2017）在研究中表明，顾客对于服务的预先期望值主要有四个来源，分别是：顾客本身在特定时空的需要、顾客公平的需要、以经历为基础的规范以及价值感知。当顾客在服务过程中对于服务质量的感知低于期望值时，不仅会迫切希望企业能够主动尽快地采取一些恰当有效的服务补救措施弥补之前的服务失误，来达到先前承诺的服务标准，也会渴望得到服务企业或者服务人员的道歉和解释。Hart、Kelley、Wakefield 等学者也在自己的研究中发现，如果顾客能够在服务补救的过程中感知到服务人员的关心、重视和诚挚的歉意时，会促使顾客对服务企业产生积极正面的评价。

上述研究表明，顾客后续行为意向会显著受到顾客对于服务补救措施行为的质量感知。顾客对服务补救过程中制度性与非制度性特征的感知能够显著影响顾客的后续行为意向。若顾客感知到的制度性与非制度性特征大于顾客的期望值，则顾客的短期效果表现为满意度高，长期效果表现在加强的重购意向和正面的口碑传播；若顾客感知到的制度性与非制度性特征小于顾客的期望值，则顾客的短期效果表现为满意度低，长期效果表现在弱的重购意向和负面的口碑传播；若顾客感知到的制度性与非制度性特征等于顾客的期望值，则顾客的短期效果表现为一般满意度，长期效果表现在不确定的重购意向和口碑传播。

基于上述分析，本研究提出以下假设：

（1）制度性特征与顾客后续行为意向。

H5a：补救主动性对顾客后续行为意向有显著正向影响。

H5b：有形补偿对顾客后续行为意向有显著正向影响。

H5c：响应速度对顾客后续行为意向有显著正向影响。

H5d：道歉对顾客后续行为意向有显著正向影响。

（2）非制度性特征与顾客后续行为意向。

H6a：理赔声明对顾客后续行为意向有显著正向影响。

H6b：防范制度和措施对顾客后续行为意向有显著正向影响。

4.1.5　服务失误类型、可信的第三方介入和自我解释倾向的调节作用

1. 服务失误类型

目前关于服务补救主题的文献中，服务公平理论是解释使用范围最广的理论（Ding & Lii，2016；Hogreve、Bilstein & Mandl，2017；Vaerenbergh et al，2019）。对于服务补救而言，以社会交易公平理论为基础可以得知，消费者之所以遭遇到服务失误感觉到不满意是因为其感受到了一种不公平的对待，而服务公平包括结果公平、程序公平和互动公平。结果公平是指，消费者对于服务过程中交换资源和结果的感知质量，它与顾客感知到的交易成本和获得的经济补偿是相关的（Adams，1965；Deutsh，1975；Schaefers et al.，2016）。因此，有形补偿自然与分配公平存在着某种联系。程序公平指的是，顾客对于服务企业如何处理服务失误以及对待问题方式的感知（Levenihal，1980；Lind & Tyler，1988；Thibant &Walker，1975；Kumar & Dass，2018）。顾客在遭遇到服务失误后会使用这三种公平类型来进行判断服务补救的质量，即结果公平（顾客在服务过程的利益得失）、过程公平（企业在服务补救过程中的措施行为）、互动公平（服务人员以及企业对待顾客、问题的态度）。

Adams（1965）和 Deutsh（1975）认为，顾客所在乎的结果不公平主要表现为资源交换和交易结果尚未达到其预期感知。服务企业没有完成基本的服务需要或没有履行其核心服务，使经济性资源没有得到优化配置。例如，一个旅店由于提供给顾客的住房缺乏完整的配套设施而造成的顾客不满。Levenihal（1980）、Lind & Tyler（1988）、Thibant & Walker（1975）、Kumar & Dass（2018）、Chen，Kuo.（2017）认为，程序不公平主要是在企业提供服务过程中表现出决策、解决冲突方式不当而导致的顾客不如意。例如，餐饮企业任由漫长的排队过程消耗顾客的时间资源，这一现象导致顾客抱怨，而企业却不理不睬。互动不公平是因为顾客感知服务过程中服务人员的沟通态度的不端正和不负责任。从这三个方面可以看出，本研究可以从服务提供的过程出发，把服务失误分成服务结果失误、服务程序失误和服务互动失误。

目前在服务营销领域，学术界对于服务失败分类有着普遍一致的结论，即过程失败和结果失败。这是根据服务本身就包含服务过程和结果的本质属性来划分的。本研究认为，与顾客感知公平类型对应，服务企业的服务失误类型也可以划分为以下三种类型：结果性服务失误、程序性服务

失误和互动性服务失误。结果性服务失误意味着顾客对于企业提供的服务结果感觉到不满意，服务没有满足自身的需求，也即是说，企业没有提供完整的服务内容。程序性服务失误则是指，顾客对于企业进行服务传递方式的不满意，由此顾客发生抱怨。互动性服务失误是指，服务过程中服务人员与顾客沟通时态度的不端正。

因此，在结果性服务失误中，服务企业没有完成基本的服务需要或没有履行其核心服务，主要是涉及经济性资源的卷入，如餐馆中由于食材等不足导致顾客点的菜无法上齐，从而引发顾客不满意；在程序性服务失误中，企业进行服务传递的方式存在着不足，集中涉及企业服务资源的卷入，如顾客在用餐时，服务人员态度粗鲁；而在互动性服务失误中，服务人员常常忽视顾客的感受，单方面进行一厢情愿式的服务，如一个美发店发型师擅自对顾客做自己认为好看的发型，而忽略了顾客本身的审美偏好。

综上所述，从顾客感知公平类型出发，将服务失误分为三种类型：结果性失误、程序性失误以及互动性失误。其中，结果性失误指的是顾客对于企业提供的服务结果感知到不满意，顾客需求没有得到满足，也意味着企业没有提供完整的服务内容。程序性服务失误则体现在企业进行服务传递的方式上出现差错，从而导致顾客产生不满。互动性失误是指企业员工不能够友好、负责地与顾客沟通，倾听顾客的心声。本研究认为，明确服务失误的类型能够为企业提供有针对性的策略借鉴；服务失误的类型还对顾客认同有调节作用。

2. 服务失误类型的调节作用

不同服务失误的产生直接导致顾客的不满。基于公平感知理论，顾客对优质服务提供的要求涵盖了结果公平、程序公平和互动公平。因此，服务企业能否有效满足顾客的这三类公平需求，在一定程度上取决于服务企业对服务过程中结果性失误、程序性失误和互动性失误的控制和把握。企业一旦控制失调，则会出现相应的服务失误。

从社会交换理论的视角出发，Adams（1965）和 Deutsh（1975）认为，顾客预期的结果公平包含了对资源交换和交易结果的感知；服务失误后的有形补偿能够在一定程度上消除结果性服务失误。Levenihal（1980），Lind & Tyler（1988），Ding，Lii.（2016），Vaerenbergh et al.（2019），Umashankar、Ward & Dahl（2017）认为，程序公平是对如何达成决策、解决冲突的方式的感知。服务失误后的响应速度将会软化顾客感知的程序不公；而道歉与补救的主动性则与互动性公平密切相关，即服务失误后服务人员的主动解释、沟通、交流和道歉能够较好地化解顾客抱怨。

服务失误一旦出现，顾客期望在服务失误中扮演起衡量企业责任的角色。Ennew & Binks（1999）、Xu，Liu & Gursoy（2019）在研究中发现，顾客自身也希望能够与服务提供者构建良好和谐的人际关系以及分享关于服务各方面的信息，以期能够通过有效的沟通使提供服务补救的服务人员能够清晰和明白自己对于服务补救的期望。在了解到顾客的需求和期望之后，服务补救者也能更好地实施服务补救措施，从而更好地满足顾客的需求，同样，这也可以促进顾客对于先前服务内容的全面了解，会意识到提供方所受到的限制，对于服务补救的实施也就有更实际和更正确的预期。

服务失误一旦出现，顾客将会在服务失误中扮演责任衡量的角色。Ennew & Binks（1999）指出，顾客愿意与服务企业共享信息，沟通合作。从顾客的沟通信息中挖掘出顾客对服务补救的认知、需求与期望，为服务企业采取符合顾客期望的补救措施提供了机会。更有积极意义的是，在信息互动过程中，能够促使顾客对企业服务内容更加了解，明白服务企业的限制，对于企业即将提供的服务补救也会有更准确的预期。

因此，结果性服务失误、程序性服务失误以及互动性服务失误这三种服务失误使得顾客对服务补救的预期有着重大影响。李四化（2009）指出，在服务失误发生后，顾客会把服务失误的内容作为一个支点来形成对服务补救的期望，不同类型的服务失误，其所期望的补救内容和补救方式也会有所不同。当结果性服务失误发生时，顾客对补救结果和程序的期望水平比对互动的期望水平要高；当程序性服务失误发生时，顾客对补救程序的期望水平大于结果和互动的期望要求；当互动性服务失误发生时，顾客对补救互动性的期望要高于其他两种类型服务失误。由上述分析可以得出结论：顾客对于服务补救的质量感知会受到服务失误类型不同的影响，不同类型的服务失误所产生的顾客补救预期是不同的。当顾客预期与实际补救存在差异时将会对顾客认同产生直接影响。本研究参考了大多数学者的研究风格将研究的情境简化，仅仅考虑了结果性和程序性两种服务失误类型。

本研究从顾客对服务补救的感知出发，结合考虑结果性、程序性和互动性三类服务失误对顾客对服务补救预期的影响，提出研究的初步共识：在结果性服务失误下，顾客对补救结果的期望水平比对程序性失误期望水平要高；而程序性服务失误下，顾客对补救程序的期望水平要比互动性失误要求要高。这种差异性调节着顾客对服务补救的感知，进而影响着顾客对服务补救措施的认同度。本研究参考了大多学者的研究风格，将研究的情境简化，仅考虑了结果性和程序性两种服务失误类型。

基于上述分析，本研究提出以下假设：

H7：服务失误类型对顾客认同有显著影响。

3. 服务补救中可信的第三方介入

第三方团体是介于企业与顾客之间的、值得企业和顾客都信服的组织。可信的第三方包括政府部门、工会组织、战略合作伙伴、消费者协会、公众媒体、行业协会和司法机构，等等。在服务补救中可信的第三方介入对顾客和服务失误企业来说都有着重要意义：一方面，企业可以充分利用第三方团体的公信力，将可信的第三方介入企业服务补救程序中，可以提高顾客对于服务的公平感知，提高企业的声誉，从而有效地提高服务补救措施的效果；另一方面，遭受服务失误的顾客也能够通过可信的第三方在消费的整个过程中维护自己的合法权益。

从第三方组织的立场和作用形式来看，可信的第三方组织的介入模式主要分为四种类型，即主动型、指令型、引导型和互动型（详见第五章）。尽管不同类型的第三方组织介入企业服务补救的形式不同、介入广度不同、介入深度也不同，却都在服务企业的服务补救过程中发挥着举足轻重的作用。

4. 可信的第三方介入的调节作用

服务补救中引入主导型的第三方组织，如咨询评测公司，以顾客的角度去观察企业的服务补救，查找不足，主动地改进和提升服务补救服务质量。咨询评估公司的专家以顾客的身份进行消费服务，以顾客的角度衡量企业的服务质量，并以此为基础，对服务失误出现后的补救行为进行监督，寻找企业服务补救过程中容易引起顾客产生不满意的细节，并将这些细节整合后进行评估。这种方式更加注重量化以及对服务过程中具体细节的描述，根据不同的企业性质、不同的服务对象、不同的服务方式提出特别的评估细则。

咨询评估公司作为主动型的第三方组织，在顾客的服务补救中发挥着强有力的评判作用。它从顾客的角度出发，观察企业拟采取的服务补救措施，查找不足，主动地提醒服务企业提升服务补救质量。咨询评估公司的专家以顾客的身份进行消费服务，衡量企业的服务质量，发现服务的问题所在，并且对在服务失误后拟采取的服务补救措施进行监测，寻找服务补救过程中不科学、易于被忽视的细节，将这些细节纠正后再进行评估。这种方式的介入将企业的服务质量和服务补救措施进行量化，更将细节放大，根据不同企业的性质、不同的服务对象、不同的服务方式提出具体的策略，满足顾客服务补救的预期。

主动型服务补救模式是一种前馈行为，是针对服务企业拟采取的服务补救措施进行观察，对补救过程中存在的却易于被服务企业所忽视的细节进行前期补救，通过这样的前馈控制降低企业的服务补救失误，提升企业的服务补救效益。咨询评估公司的专家以顾客的身份进行消费服务，对不满意点提出企业服务改进的相关建议，进而起到主动提升服务补救的效果。咨询评估公司主动型的介入方式，对企业的整体服务流程以及服务补救流程进行专业化的评判，消除不科学、不合理的方面，主动提升服务补救方面的质量和水平。通过以上服务补救措施弥合顾客对服务补救的期望与效果的差距，达到自然而然提高顾客对服务企业服务补救质量的感知，从而更深层次地影响和提高顾客认同度。

服务补救中可信的第三方还包括政府部门、行业协会、质监局、工商所等权威性组织。这些组织通过指令介入企业服务补救过程。它们通过法律、法规、条例等来规范约束企业的不良行为，维护和保障顾客的合法权益。当顾客在遭遇服务失误后，向有关政府部门进行投诉，相关的部门就会着手调查，对违法、违规企业进行严厉教育或处罚。

服务补救中此种类型的第三方组织的存在对企业的服务补救水平和质量有着极大的约束效力，企业会想尽一切办法来保障服务补救行为，从而达到规范制度的标准，因而，也会从前期提升企业服务补救的效益，缩小顾客对服务补救的期望与效果的差距，也自然会强化顾客对服务补救的感知，最终进一步地会影响到顾客的认同水平。

第三方组织的存在对企业服务补救的水平和质量有着极大的刺激效力。为了避免上级的调查、走访，企业会通过一些具有执行力和关怀性的措施来保障服务补救行为达到第三方组织规制制度的标准和顾客对服务补救的期望。这种介入方式同样也在一定程度上提高了服务补救的效率和效果，增强了顾客对服务补救措施的满意度，进而影响了顾客认同。

微博、网络、电视等新媒体作为引导型的第三方组织在强化服务补救的效益中同样占有一席之地。新媒体通过信息传播、舆论扩散调动各方网民对服务补救的关注和监督。这让发生服务失误的服务企业心生畏惧，从而为其尽其所能地采取一些高质量的、高效率的服务补救措施提供了可能性。因此，当服务失误发生时，顾客通过向媒体投诉也成了当下一种较为普遍的方式。

引导型的第三方组织的存在，也在一定程度上鞭策着企业采取较为优质和高效的服务补救措施。企业在采取服务补救策略的前期，对于媒体所报道的其他同类企业的服务失误事件予以高度关注，吸取经验教训，根据企业自身的性质和特点，改进企业的服务系统，降低服务失误发生的概率，提高服务补救的效果。因此，引导型的第三方组织同样会从前期提升企业服务补救的效果，减少顾客期望得到的效果与实际结果的差距，过渡到提升后期企业服务补救方面的效果，即，提高顾客对于服务质量的感知，进一步提升顾客认同水平。

但是，企业进行的服务补救行为并非是单向的，而是双向的，需要企业和顾客的合作才能顺利完成。服务失误发生后，若顾客投诉无门，则会对企业进行负面宣传，进而造成顾客的密集性流失。如若达到那样的地步，企业服务补救也是徒劳的。因此，企业在服务失误后要加强同顾客的沟通和互动。

互动型的第三方组织能够加大买方、卖方和第三方的互动，从而达成补救目的。如电子商务环境下淘宝网的消费者保障计划，其中包括先行赔付、7 天无理由退换货、假一赔三等。买家如果在加入了该计划的商铺购买了产品，若因此遭受了纠纷或损失，而且卖家拒绝赔付时，淘宝将会动用卖家存放在淘宝中的保证金对买家进行赔付。

互动型的第三方组织，如消费者协会等，在接受顾客投诉后，会积极和顾客进行沟通，将顾客所提供的信息反馈给企业，企业在得到消费者的信息后将会提供有针对性的服务补救策略。同样，互动型的第三方组织也在网络购物中出现，消费者保障计划就是一个典型的例子。买方如果在加入该计划的卖方店铺购买产品时遭受了纠纷或者损失，并且卖方拒绝赔付，消费者保障计划会自动用卖方存放在计划中的保证金对买家进行赔付。互动型的第三方机构为难以投诉的顾客提供了契机。投诉无门的顾客在互动型第三方组织的帮助下得到一定的补偿。这满足了顾客对服务补救的预期，提高了顾客对服务质量的感知，从而进一步影响了顾客认同。

因此，服务补救的过程中，在企业与顾客互动时，引入第三方进行协调，可以在降低企业服务失误率的情况下提高企业服务补救的效率，减少顾客期望得到的效果与实际结果的差距，提高顾客对于服务质量的感知，进一步影响顾客认同水平。

通过对服务补救中第三方介入相关文献的梳理和分析，本研究认为，可信的第三方介入能够影响顾客对服务补救的感知。不同类型的第三方介入能够对顾客服务补救期望产生不同程度的影响，调节顾客对服务补救的感知，进一步影响顾客认同。

基于上述分析，本研究提出如下假设：

H8：可信的第三方介入对顾客认同有显著正向影响。

5. 自我解释倾向

Chi（1989）的科研团队提出了自我解释（Self-explaining）这一概念，从此学术界就对自我解释展开了广泛的研究。Chi 等人在研究物理力学时发现，学生在研读教材或者钻研案例时，每遇到一个步骤就会对自己解释，强化对细节的理解。研究表明，这样的学习方式能够获得较好的学习效果。Chi 将这种自我推理解释缘由的效应命名为"自我解释效应"（Self-explanation effect）。由于 Chi（1994）对自己所洞察的现象并不十分肯定，认为尚需要进一步解释才能够让更多的学者接受和采纳，并且需要更深入的解释。因此，他对其进行了更深入的研究。他把自我解释定义为"在理解信息时，并不是完全记忆原原本本的信息，而是进行解释、推论，让信息更好的为自己所理解"。Bielaczyc、Pirolli & Brown（1995）的研究指出，自我解释不仅包含推论活动，而且还包含编码活动，即对原信息进行解码，再对信息进行编码，最后吸收信息的过程。Neuman et al.（2000）则对 Chi 的定义进一步推演。他认为，自我解释不仅局限于推论出新的信息，应当还包含对于问题的划分、澄清以及进行各种活动的缘由、解决问题过程中的监控行为。吴庆麟（2003）、黄珍、常紫萍（2020）、杨强、孟陆、董泽瑞（2019）指出，自我解释与其他活动的最大的不同则在于这是一种学习性的活动，目的是让学习者能够更加全面系统、快速有效地理解需要学习的知识。Ainsworth（2003）指出，自我解释有一种元认知策略，其目的在于促进学习者能够深入理解其所学习的内容。学者吴庆麟（2003）指出，自我解释最大的特点是学习者为了能有效理解知识所采取的一种学习活动。这和 Ainsworth 的观点如出一辙。

自我解释效应观点提出后，不同的学者对其进行了更深入的研究。不少学者认为，个人的自我解释效用受到诸多主观和客观因素的影响。影响自我解释效应的主观因素包括学习材料的呈现方式、样例的类型、个人的努力程度、编码方式、解释倾向等，而客观因素则包括个人的知识积累、学习能力、智力、教学条件等。

在不同领域中，自我解释可能有着不同的界定，但是也有着诸多共同之处。学者们从广义上认为，解释倾向可以认为是一种个体为了理解一些知识而进行的某些思维活动的意愿。学者们普遍认为，自我解释是一种建构性的思维活动，是指个体在原有掌握知识的基础上对新知识的建构过程。另外，学者们还认为，自我解释也是一种整合活动，将自己积累的知识与新知识进行整合，使其融会贯通；自我解释是一种意识性活动，学习者通过对自己意志的控制，为其更好地认识问题提供帮助。

　　本研究引入 Chi，Ainsworth 的自我解释理论，考察顾客具有不同的自我解释倾向和强度是否会影响到顾客对于服务补救的质量感知，从而促使企业根据顾客自我解释倾向的强度制定适应于顾客个体的差异性服务补救措施。服务补救中顾客的自我解释倾向表现为在遭遇服务失误后，自己是如何看待服务失误问题的，以及自己更倾向于何种类型的服务补救措施。

　　6. 自我解释倾向的调节作用

　　个体差异使得自我解释在理解信息时存在着不同的效果。Chi（1991，1994）发现，自我解释与学习者学习成效之间存在着显著的正相关关系；学习者在学习人类循环系统知识时，自我解释有助于提高学习效果，这种效果因学习者的能力、智力、努力程度、自我解释倾向的高低强弱而存在着不同。Newman & Chwarz（2007）在研究中对学习者进行了分组，其中有一组学习者称为自我解释小组，这一组研究了自我解释质量与数量之间的关系。他们通过实验揭示出自我解释的质量比数量更为重要，这与 Chi 的研究实验结果是一致的。进一步来说，当学习者所采取的自我解释的形式存在差异的时候，自我解释的效果也是不同的。

　　自我解释倾向因为个体存在不同的特点而呈现出不同解释效果的结论同样适用于服务补救领域。Higgins（1997）指出，顾客在对服务补救结果的期望中因个体的差异而存在着不同的认知。对服务补救措施的自我解释倾向的强弱导致个体实现期望目标的方式和途径也具有一定的差别。Higgins 将这种个体差异解释为一套完整的自我解释系统：趋利倾向和避害倾向。趋利倾向是在服务补救中，顾客最注重的是经济利益的最大化；避害倾向关注的是在服务补救过程中避免对双方不利的负面结果。

　　Higgins 研究指出，个体在行为处事过程中存在不同的自我解释倾向，即使将不同自我解释倾向的顾客放置到同一个情境中，即遭遇到同样情境的服务失误以及后续同样的服务补救措施，具有个体差异的顾客也有着不同的服务补救质量感知，产生不同的满意度。例如，对每一个因航班延误而遭受损失的顾客采取相同的服务补救策略，不同自我解释倾向的顾客有着不同的评价。因此，本研究认为，当顾客遭遇服务失误后，需要综合考虑顾客的自我解释倾向以及自我解释倾向的影响因素。企业需要考虑顾客个体的自我解释差异性，尊重顾客的偏好，采取不同的服务补救措施。总体而言，研究需要从趋利倾向和避害倾向出发，对于趋利倾向的顾客，服务企业尽量采取各种手段让顾客"多获利"；而对于避害倾向的顾客，服务企业尽量采取多样化的措施让顾客"少损失"。

服务失误出现后，顾客对企业服务补救的认同价值不等于实物补偿价格的高低。它受到顾客自我解释倾向强弱的影响。弱自我解释倾向的顾客有着后知后觉的性格特征，不能够正确地分析事情的问题所在，往往不清楚自己的真实需求，不能形成合理的服务补救预期，因而，顾客对服务补救的期望与效果的差距会扩大，削弱自身对企业服务补救的感知，降低认同度；相反，强自我解释倾向的顾客能够快速地理解和决定自己在该次服务补救中的真实需求，形成符合情理的补救预期，减少顾客期望得到的效果与实际结果的差距，提高顾客对于服务质量的感知，进一步影响顾客认同水平。

鉴于以上学者的研究，本研究认为，应当考虑自我解释倾向在服务补救中的调节作用。顾客自我解释倾向影响着顾客对服务补救的感知。个人自我解释倾向的强弱能够使顾客抱有不同程度的服务补救期望，影响着顾客对于企业服务补救行为的质量感知，进一步影响顾客认同水平。

综合以上研究，本研究提出如下假设：

H9：自我解释倾向对顾客认同有显著正向影响。

4.1.6　基于顾客认同的服务补救关键影响因素研究模型的提出与研究假设

1. 基于顾客认同的服务补救关键影响因素研究模型的提出

根据第二章的文献综述以及本章对于顾客认同服务补救影响因素和作用机制的分析论述，提出了基于顾客认同的服务补救关键影响因素模型（如图4.1）。从这个模型可以看出，顾客对服务补救感知的影响因素可以概括为两个方面，即非制度性特征和制度性特征。一方面，顾客对服务补救的感知和顾客后续行为意向有显著的直接影响；另一方面，以顾客认同为中介变量，顾客对服务补救的质量感知也会间接影响顾客后续行为意向。其中，服务失误类型、可信的第三方介入和自我解释倾向又对顾客的服务补救感知和顾客认同的关系有着积极显著的调节作用。

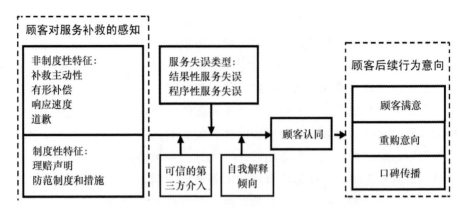

图 4.1　基于顾客认同的服务补救关键影响因素模型

2. 基于顾客认同的服务补救关键影响因素模型研究假设

在顾客对服务补救感知、顾客认同以及顾客后续行为意向三者之间的关系进行理论演绎的基础上，本研究提出如下假设，汇总见表 4.1。

表 4.1　　　基于顾客认同的服务补救关键影响因素模型假设汇总

假设	基于顾客认同的服务补救关键影响因素模型假设内容
H1	不同个性特征（内向和外向）的顾客认同度有差异
H2a	补救主动性对顾客认同有显著正向影响
H2b	有形补偿对顾客认同有显著正向影响
H2c	响应速度对顾客认同有显著正向影响
H2d	道歉对顾客认同有显著正向影响
H3a	理赔声明对顾客认同有显著正向影响
H3b	防范制度和措施对顾客认同有显著正向影响
H4a	顾客认同对顾客后续行为意向有显著正向影响
H4b	顾客认同对顾客满意有显著正向影响
H4c	顾客认同对顾客重购意向有显著正向影响
H4d	顾客认同对顾客口碑传播有显著正向影响
H5a	补救主动性对顾客后续行为意向有显著正向影响
H5b	有形补偿对顾客后续行为意向有显著正向影响
H5c	响应速度对顾客后续行为意向有显著正向影响

假设	基于顾客认同的服务补救关键影响因素模型假设内容
H5d	道歉对顾客后续行为意向有显著正向影响
H6a	理赔声明对顾客后续行为意向有显著正向影响
H6b	防范制度和措施对顾客后续行为意向有显著正向影响
H7	服务失误类型对顾客认同有显著影响
H8	可信的第三方介入对顾客认同有显著正向影响
H9	自我解释倾向对顾客认同有显著正向影响

4.2　基于顾客认同的服务补救作用机制问卷设计和变量测量

根据以上章节对顾客认同相关理论的梳理和研究假设，本部分将要测量的变量主要涉及五个方面：影响顾客对服务补救效果感知的前因、顾客认同、服务补救投入、可信的第三方以及公众的关注度。基于顾客认同的服务补救作用机制中涉及的变量，研究者开发的原则是基于国内外学者已有的比较成熟的测量量表，同时结合中国国情和本研究具体场景实际情况，修改完善得到最终较为合理的量表。

4.2.1　顾客对服务补救的感知的测量工具

研究在汲取众多学者和专家的基础上认为，顾客对服务补救感知的意思是，基于顾客和企业信息的不对称，关系的不对等，对于同样的服务补救效果，从顾客和企业角度来看，二者之间的感知情况是有着一定差异的。当前，诸多服务企业在服务补救的实际进行过程中比较多地从企业视角来看问题，从而导致服务企业在服务补救过程中纵使进行了大量的补救投入，却因为顾客的不认同而出现服务补救结果差强人意，更为严重的后果是减少了顾客后续行为意向。依据顾客导向的营销观念，服务补救的前提应该更多地考虑到顾客的所思所想。企业应当意识到，只有那些被顾客所认同和接受的补救制度、补救行为和补救效果，才是顾客真正的感知，也会顺理成章地对顾客后续行为意向产生长远的影响。在本研究中，顾客对服务补救的感知主要从非制度性和制度性特征两方面来考虑。

1. 非制度性特征

从前文已经知道，非制度性特征主要包括四个方面，即补救的主动性（recovery initiation）、道歉（apology）、响应速度（Response speed），另外就是有形补偿（compensation）。每个定义及其条款形成如下：

（1）补救主动性的定义与初始测量条款

补救的主动性是指企业主动询问所出现的服务失误给顾客造成的不便，包括顾客不抱怨时企业对服务失误的主动性态度。关于补救主动性的测量，借鉴 Mattila & Patterson（2004），Mattila & Cranage（2005），Kumar & Dass（2018），Umashankar、Ward & Dahl（2017）的测量量表，并以七点 Likert 尺度（非常不同意/非常同意）来衡量。具体测量方式见表 4.2。

表 4.2　　　　　　　　　　　补救主动性的测量量表

编号	测量条款	来源
Qact1	服务企业会提前通告可能出现服务失误的事项	Mattila & Patterson, 2004
Qact2	服务企业提供了多种投诉方式	Mattila & Cranage, 2005
Qact3	服务企业在我提出抱怨时主动提出补救	Boshoff & Staude, 2003
Qact4	发生服务失误后，该服务企业在我提出抱怨前主动补救	Kumar & Dass, 2018
Qact5	该企业在补救时还是比较主动的	Umashankar, Ward & Dahl, 2017
Qact6	该企业的处理问题的态度我还是比较认可	

备注：采用李克特 7 级量表

（2）有形补偿的定义与初始测量条款

有形补偿（Compensation）涉及实物或顾客的实际利益，在服务补救的情形下，服务失误企业对顾客做出的有形补偿。例如通过金钱赔付、给予顾客赠品或者赠与优惠券、进行商品价格折扣或赠送顾客小礼物等多种形式的多样化补救投入。本研究中对于有形补偿的衡量，借鉴 Hoffman、Kelley & Rosalsky（1995），Berry et al.（2018）的测量量表，并以七点 Likert 尺度（非常不同意/非常同意）来衡量。本研究中对于有形补偿的衡量详细如表 4.3。

表 4.3　　　　　　　　　　　　有形补偿的测量量表

编号	测量条款	来源
Qcom1	服务企业应对服务失误，从利益方面进行了补偿	Boshoff, 1999
Qcom2	服务企业应对服务失误，从金钱方面进行了补偿	Hoffman
Qcom3	面对服务失误，服务企业提供了多种补救措施	Kelley & Rosalsky, 1995
Qcom4	服务企业应对服务失误，对我进行了有形的补偿	Berry et al. , 2018
Qcom5	服务企业应对服务失误，从商品方面进行了补偿	

备注：采用李克特 7 级量表

（3）响应速度的定义与初始测量条款

响应性表现为快速地为顾客提供服务，及时地满足顾客的需求。它会很大程度上影响顾客感知服务质量的水平。在本研究中，响应速度（Response speed）是指在顾客抱怨时，抱怨被处理和响应的速度。响应速度在本研究中，主要的衡量方式是通过企业服务补救的响应速度来得到集中体现的，也就是说，顾客在服务中产生抱怨后到抱怨被处理好的这段时间间隔的长短。关于响应速度的测量，借鉴 Albrecht et al. （2019），Bolton & Wanger（1999）的测量量表，以七点 Likert 尺度（非常不同意/非常同意）来衡量。具体测量方式见表 4.4。

表 4.4　　　　　　　　　　　　响应速度的测量量表

编号	测量条款	来源
Qres1	服务企业在我提出抱怨时的回应速度是较快的	Boshoff, 1999
Qres2	服务企业在我提出抱怨时解决问题的速度较快	Bolton &Wanger, 1999
Qres3	服务企业不会为与顾客纠缠责任归属而耽误时间	Albrecht et al. , 2019

备注：采用李克特 7 级量表

（4）道歉的定义与初始测量条款

Berscheid（1959）认为，道歉是一种符号性资源（声誉、尊重）的再交换。道歉主要代表着一种人际处理和沟通的符号。在本研究中，将道歉（apology）定义为，向顾客承认错误，对由服务失误给顾客造成的损失表示抱歉。关于道歉的测量，借鉴 Bolton & Wanger（1999）和 Chen & Kuo（2017）的测量量表，并以七点 Likert 尺度（非常不同意/非常同意）来衡量。具体测量方式见表4.5。

表4.5 **道歉的测量量表**

编号	测量条款	来源
Qapo1	服务企业在我提出抱怨时，承认了服务失误的发生	Bolton &Wanger, 1999
Qapo2	服务企业在我提出抱怨时，对我做出了道歉	Chen & Kuo, 2017
Qapo3	服务企业在我提出抱怨时，会对服务失误的原因做出详细解释	
Qapo4	服务企业及时地对我进行了道歉	
Qapo5	企业的道歉态度还是不错的	
Qapo6	企业在整个过程中都进行了道歉	

备注：采用李克特7级量表

2. 制度性特征
（1）理赔声明的定义与初始测量条款

理赔声明是商品销售或服务企业对出现的服务失误在补救过程中以正式、公开的形式，指明服务出现的相关责任并就赔偿方法做出明确规定的行为。关于理赔声明的测量，本研究将从以下5个测量条款来衡量，如表4.6所示。

表4.6 **理赔声明的测量量表**

编号	测量条款	来源
Qsta1	该服务企业在进行服务补救时常采取理赔声明这一形式	
Qsta2	相对口头道歉，我更看重该服务企业的理赔声明	
Qsta3	该企业的理赔声明为顾客享受服务补救提供了保障	
Qsta4	该企业的理赔声明还比较具体	
Qsta5	该企业按照理赔声明给予了我适度的赔偿	

备注：采用李克特7级量表

（2）防范制度和措施的定义与初始测量条款

防范制度和措施是在服务失误出现前的制度性预防，体现出服务企业对保证服务质量和品质的重视程度。防范制度和措施包括与提供服务相关的设备改进，为加强服务所提供的员工培训以及对每天服务的提供数量进行控制等。国内外关于防范制度和措施的测量量表也不是非常的成熟。因此，从本研究的实际情况出发，将通过表 4.7 中的 8 个测量条款来衡量服务企业的防范制度和措施。

表 4.7　　　　　　　　　　防范制度和措施的测量量表

编号	测量条款	来源
Qmea1	该服务企业有很好的应对服务失误的预防措施	
Qmea2	我能够感受到该服务企业预防服务失误出现的制度规范	
Qmea3	该服务企业的防范制度减小了发生服务失误的可能性	
Qmea4	该服务企业的防范措施减小了发生服务失误的可能性	
Qmea5	该服务企业尽量在杜绝类似事件的发生	
Qmea6	该服务企业做了很多防范措施	
Qmea7	该服务企业向我展示了一些防范事件发生的制度	
Qmea8	该服务企业的防范行为让我少了些脾气	

备注：采用李克特 7 级量表

4.2.2　顾客认同的测量工具

顾客认同是一个相对较新的概念。Pratt（1998）研究发现，人们有时即使不是组织的正式一员，但也会有可能极大地认同这些组织。Brewer（1991）也指出，人们为获取社会认同，往往会做出远远超过个人认同的付出，在表达自我，树立自己的形象和声明自身价值观时会更加努力地去阐明自己的认知。顾客认同被正式提出是在美国学者 Bhattacharya & Sen（2003）的研究中，当顾客认同那些满足他们一个或多个自我定义需要的公司时，如自我持续、自我差异化和自我强化，顾客和公司之间就会建立起某种异常牢固的关系。产品或服务、品牌和公司是人们社会认同的主要元素，但是并不完全等同于顾客对企业的认同，顾客认同的范围比单纯的产品、服务或是品牌要更广。

谢毅、郭贤达（2010）在 B2B 产业背景下探讨顾客认同对顾客购买意向的影响中也沿袭了 Bhattacharya & Sen 对顾客认同的定义。杨德宏、苏雪梅（2011）从维系顾客忠诚的视角探讨了顾客对企业的认同感，顾客对企业的认同是一个很好地维系顾客与企业关系的媒介，是顾客对企业产生的信任基础上的认同，而且，这种认同的高低程度取决于顾客自身感受到的自己的个体特征与企业特点相类似的程度高低。

从国内外学者的研究来看，顾客对公司认同的相关实证研究相对有限，研究中对认同的本质、前置变量、结果变量和应用领域的探讨也较少。然而，顾客研究中"认同"这一主题越来越受学者们的关注。它是基于社会认同理论和组织认同理论，顾客基于自我观点表述和自我形象强化的需求，对自身认可的企业产生强的认同感后，然后与其建立牢固的关系。谢毅、郭贤达（2010）从顾客认同理论探讨了组织市场中公司与公司之间的关系。这一理论可以拓展到公司与个体消费者的关系中。本研究探索服务失误出现时，顾客对企业服务补救的认同，是将谢毅、郭贤达（2010）的研究进一步拓展到具体的企业—顾客关系中，探讨顾客认同视角下服务补救的作用机制。因此，本研究将顾客认同界定为顾客企业服务补救提供的有形和无形服务举措的综合认定和认可的程度。

本研究的顾客认同的测量是在参考 Mael & Ashforce（1992）和 Jerger & Wirtz（2017）研究的基础上修改而来，具体来说，顾客认同测量量表包括 3 个条目：我很有兴趣知道别人对这个公司所实施的服务补救有何看法；有人批评这个公司的服务补救措施时，我会感到被人身攻击；当有人赞赏这家公司服务补救时，会令我感受到个人赞誉。顾客认同测量量表如表 4.8 所示。

表 4.8 顾客认同测量量表

编号	测量条款	来源
Qind1	我很有兴趣知道别人对这个公司所实施的服务补救有何看法	Mael & Ashforce, 1992；Jerger & Wirtz, 2017
Qind2	有人批评这个公司的服务补救措施时，我会感到被人身攻击	
Qind3	当有人赞赏这家公司服务补救时，会令我感受到个人赞誉	

备注：采用李克特 7 级量表

4.2.3 顾客后续行为意向的测量工具

从前文可知，顾客后续行为意向包括顾客满意、重购意向和口碑传播。三者虽然都是服务企业服务补救的可能后果。这三者之间还是有一定的区别的。顾客满意是服务企业服务补救的可能后果中的即时结果，是短期效应。重购意向和口碑传播是服务企业服务补救的可能后果中的长期效应，反映的是服务补救的长期影响（Thompson & Vivien，2001）。

1. 顾客满意的定义与初始测量条款

Oliver（1980）研究发现，顾客满意是两个认知量的差异，即顾客购买前的期望和购买后的体验两者的差异程度，购买后的体验是指购买实际感知与购买后期望的不一致程度。Westbrook（1980）、Kanuri & Andrews（2019）研究认为，顾客满意是顾客情感性的反应，顾客购买后产生主观喜爱即是顾客满意。类似地，Woodruff et al.（1983）提出，顾客满意是顾客基于消费经验的情绪性回应，顾客会用情绪性的语言表达对购买后产品和服务的感受。

本研究根据服务补救的实际场景，对服务补救后的顾客满意进行情景化界定，即，顾客对服务失误和服务补救的满意程度。研究中测量顾客满意也是融入了服务补救场景的测量条款。本研究借鉴学者们已有的测量量表，以七点 Likert 尺度（非常不同意/非常同意）来衡量。顾客满意具体测量方式见表 4.9。

表 4.9　　　　　　　　　　**顾客满意的测量量表**

编号	测量条款	来源
Qsat1	我对该服务企业处理我的问题的方式感到满意	Tax，1998
Qsat2	我对问题处理的结果感到满意	Goodwin & Ross，1992
Qsat3	整体来说，我对该服务企业的补救措施感到满意	Kelley、Hoffman & Davis，1993
Qsat4	整个事件让我对该企业印象还比较好	赵冰、涂荣庭和符国群，2005
Qsat5	我对该企业处理问题的态度还比较满意	Kanuri & Andrews，2019

备注：采用李克特 7 级量表

2. 重购意向的定义与初始测量条款

顾客的重购意向是营销领域普遍使用的一个结果指标。这一指标是指顾客在初次消费后将来继续购买这项服务的可能性。这一指标是顾客对企业产品和服务的一个特定评价指标，代表了顾客对企业产品的真实满意度水平，代表着对同一种品牌做经常性的再次购买。关于重购意向的测量，借鉴 Blodgett、Granbois & Wanger（1993），Tsarenko、Strizhakova & Otnes（2019）的测量量表，并以七点 Likert 尺度（非常不同意/非常同意）来衡量。具体测量方式见表 4.10。

表4.10 　　　　　　　　　　　　**重购意向的测量量表**

编号	测量条款	来源
Qloy1	我会乐意再光顾这家服务提供企业	Tsarenko、Strizhakova & Otnes, 2019
Qloy2	我会在这家企业购买大部分 相关产品和服务	Granbois & Wanger, 1993
Qloy3	若需要同样的服务，我认为这家 服务企业是第一选择	Kelley、Hoffman & Davis, 1993

备注：采用李克特7级量表

3. 口碑传播的定义与初始测量条款

Richins（1983）指出，口碑传播对顾客再次购买有着很大的作用。口碑是顾客是否信任企业的重要参考指标，这一指标往往能够很好地帮助到顾客是否再次发生重购行为，进而影响企业业绩。在本研究中，口碑传播意向是指顾客乐于向身边人，譬如亲人和朋友赞美和力荐服务企业产品的倾向性。这些评价构成了顾客对产品和服务相互沟通的重要信息源。关于口碑传播的测量，本研究借鉴已有的量表，用七点 Likert 尺度来衡量。具体测量方式见下表4.11。

表4.11 　　　　　　　　　　　　**口碑传播的测量量表**

编号	测量条款	来源
Qwor1	我会推荐我亲友光顾这家服务企业	Tax, 1998
Qwor2	我对这家服务企业的推荐会是积极正面的	Antonetti, Crisafulli & Maklan, 2018
Qwor3	我会向他人讲述在这家服务企业的经历	Granbois & Wanger, 1993
Qwor4	我会向朋友讲述这段经历	赵冰、涂荣庭和符国群，2005

备注：采用李克特7级量表

4.2.4　服务失误类型、可信的第三方介入和自我解释倾向的测量工具

1. 服务失误类型的测量

研究基于服务失误领域大部分学者的研究成果，认为服务失误的类型分为两种：①结果性服务失误。这一失误是指顾客在服务过程中自身的需求没有得到满足，企业没有提供较为基本的服务项目。②程序性服务失

误。这一失误是指服务在提供和传递的链条中出现的失误和差池，最终服务结果还是让顾客满意的。

对于服务失误类型的测量，Kelly、Hoffman & Davis（1993）的研究较为有代表性。他们对购物过程中的具体服务进行了分类，也就是结果性失误和过程性失误。另外，学者肖丽、姚耀（2005）进行了美发业的两种服务失误类型的情景设计。基于以上学者的研究，本研究设计了结果性失误和程序性失误。其中情境一是尽量模拟结果性失误而设计，情境二则尽量模拟程序性失误而设计。这两种服务失误的具体场景如下内容。

情境一（结果性失误）：

您购买了这家家电企业的产品或者享受这家家电企业的服务时，如属于以下情形之一则为结果性失误：（1）产品质量较差；（2）服务没有按要求执行，待遇较差；（3）购买时服务较为到位，但是使用的情况较差。

情境二（程序性失误）：

您购买了这家家电企业的产品或者享受这家家电企业的服务时，如属于以下情形之一则为程序性失误：（1）服务质量大打折扣；（2）提供的服务和介绍上描述的信息不符；（3）同样的服务内容因顾客不同给予不同的标准；（4）故意添加强制性的服务内容；（5）服务人员态度不好；（6）服务人员没有与你进行交流；（7）服务过程中使用伪劣或残损产品；（8）此项服务会对你造成一些不好的影响，而事先服务提供商未告知；（9）服务费用不明确；（10）服务的内容和标准不明确；（11）服务提供商不守信用，服务成交后借故毁约；（12）享受服务过程中有不清楚的限制条件；（13）服务等待时间太长等。尽管有以上不如意的体验，但是这家家电企业最终的产品使用效果您还是比较满意。

2. 对服务补救中可信的第三方介入的测量

从前文可知，第三方投诉是指顾客通过政府部门、公众媒体、商会、消费者保护协会等第三方组织投诉有关企业，以求该企业能够对其受损害的利益进行合理的补偿。服务补救过程中涉及的第三方介入的情况，有可能是以下情形：（1）主动查找企业不足的咨询测评公司；（2）质监局、工商所或有关行业协会；（3）各种媒体，如电视新闻、报纸、杂志；（4）交易平台上专门的第三方组织，如淘宝网购物中的消费者保障计划。在本研究中采用了以下测量条款，如表4.12。

表4.12　　　　　　　　　　　可信的第三方介入测量量表

编号	测量条款	来源
Qthi1	在服务补救过程中有第三方的介入	
Qthi2	企业在这个过程中运用了第三方的力量	
Qthi3	在实施过程中，我们尝试过借用第三方来寻求公证	
Qthi4	补救过程中，我主动查找企业不足的咨询测评公司	
Qthi5	第三方介入让我有更多的把握为自己赢得利益	

备注：采用李克特7级量表

3. 顾客自我解释倾向的测量

本研究引入 Chi、Ainsworth 的研究成果，分析顾客自我解释倾向存在差异的情况下是否影响顾客对补救效果的认知，从而探寻到服务企业有针对性地根据顾客自我解释倾向的强弱调整企业补救方向，提供相对应的有效补救努力。在服务补救情景中，顾客自我解释倾向可以理解为遭受服务失误的顾客在补救过程中向其自身做出解释，以此力图理解与补救相关信息的活动倾向。关于顾客自我解释倾向的测量，借鉴 Chi（1991，1994）、Newman & Chwarz（2007）、Marquis & Filiatrault（2002）、Nasby（1996）、Jerger & Wirtz（2017）、Park，Ha.（2016）、Kanuri & Andrews（2019）、Lastner et al.（2016）的测量量表，并以七点 Likert 尺度（非常不同意/非常同意）来衡量。具体测量方式见表4.13。

表4.13　　　　　　　　　顾客自我解释倾向测量量表

编号	测量条款	来源
Qexp1	在学习过程中，我习惯于停下来自己跟自己解释分析	
Qexp2	在服务消费中，我习惯根据自己已有的知识、经验来推断服务质量	
Qexp3	我会在理智的分析的基础上对服务失误企业的补救措施进行预期	

备注：采用李克特7级量表

4.3　基于顾客认同的服务补救作用机制问卷调查和假设检验

本研究关注消费者遇到服务失误事件后服务补救过程中的三个关键

环节。它们是，顾客对服务补救的感知、顾客对企业服务补救的认同度以及顾客后续行为意向。本研究关注顾客对服务补救的感知与顾客后续行为意向之间的过程，试图找出影响顾客认同态度及行为的各种因素，及其相互之间错综复杂的关系。本研究对顾客对服务补救感知的研究关注消费者的购物态度，对顾客认同和顾客后续行为意向的探讨。本研究的焦点立足于顾客购买过程中的决策和购买后的口碑效应。三者之间是一个循环有机的整体。基于前期学者研究的梳理，本研究把涉及顾客对服务补救的感知、顾客对服务企业的认同，及其对顾客后续购买行为反馈的总体假设模型，形成本部分立足于顾客认同的服务补救关键影响因素假设模型，如图 4.2。

4.3.1　顾客认同的服务补救作用机制调查的数据收集

在揭示顾客服务补救感知的关键影响因素时，本研究在文献研究的基础上，同步进行湖南、浙江、上海和广东等地顾客服务补救现场和事后情绪反应的记录。本研究通过梳理访谈数据，佐证研究思路，挖掘顾客对服务企业服务补救感知的影响机理，识别顾客在服务企业服务补救过程中的补救感知关键影响因素。本研究通过顾客访谈和焦点小组座谈的方式得到访谈记录，将访谈记录转录为文本格式后用典型的内容分析方法对顾客服务补救感知的关键影响因素进行了提炼。

本研究的调查耗时 4 个月，从 2013 年 6 月初到 9 月底期间开展。本研究中的调查对象采用统计学中随机抽样原则展开抽样。本研究的调查问卷送到调查对象手中采取了三种方式：第一种方式是研究人员自己送过去，在现场指导调查对象完成调查，当场及时收回调查问卷；第二种方式是拜托他人进行问卷调查。这批调查问卷由研究人员送到他们的手中，或者通过邮寄的方式寄送，问卷收到后，研究人员对问卷调查中应当注意的事项进行了再三交代和反复提醒；第三种方式是通过发送电子邮件的方式把调查问卷发送给调查者，待调查者填好调查问卷后，提醒其反馈调查问卷。调查问卷发出后 10 天还没有回复结果的，研究团队将通过邮件、电话和短信的方式进行再次和多次的友情提醒，对调查问卷的及时回收和正确填写做最大努力的付出。研究团队发放调查问卷份数为 750 份，最终收到 702 份调查问卷。问卷回收时，研究团队删除了问卷填答中有缺漏的问卷，或者是受测者敷衍作答的问卷。研究团队严谨筛选调查问卷，把无效问卷删除。本研究最终获取有效问卷 669 份，计算有效问卷回收率达到 89.2%。

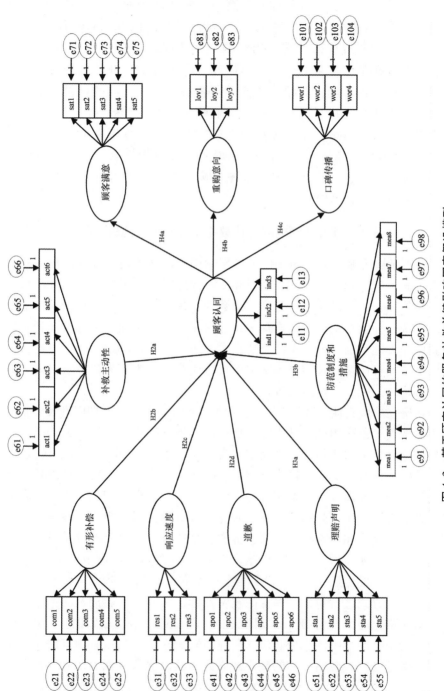

图 4.2 基于顾客认同的服务补救关键影响因素假设模型

4.3.2　顾客认同的服务补救作用机制调查的样本描述

顾客认同的服务补救作用机制调查的对象主要涉及性别、年龄、文化水平、收入情况及职业这些信息。从调查对象的分布看来，调查对象分层相对合乎统计学要求。

1. 顾客认同的服务补救作用机制调查对象的性别

顾客认同的服务补救作用机制调查的对象性别比例大体上比较均匀。男性调查者有 344 人，女性调查者有 325 人，分别占到 51.4% 和 48.6%。

表 4.14　　顾客认同的服务补救作用机制调查样本的性别分布

性别	频次	百分比（%）	累计百分比（%）
男	344	51.4	51.4
女	325	48.6	100.0
合计	669	100.0	

2. 顾客认同的服务补救作用机制调查对象的年龄

顾客认同的服务补救作用机制调查对象的年龄中以 20—30 岁的年轻人居多，有 393 人，占 58.7%，排名第二的是 30—40 岁的调查者，有 158人，占 23.6%；40—50 岁、20 岁以下和 50 岁以上的调查者占少数，所占比重分别为 90%、5.1% 和 3.6%。

表 4.15　　顾客认同的服务补救作用机制调查样本的年龄分布

年龄（岁）	频次	百分比（%）	累计百分比（%）
20 以下	34	5.1	5.1
20—30	393	58.7	63.8
30—40	158	23.6	87.4
40—50	60	9.0	96.4
50 以上	24	3.6	100.0
合计	669	100.0	

3. 顾客认同的服务补救作用机制调查对象的教育水平

顾客认同的服务补救作用机制调查对象的教育水平本科学历的调查对象比例最大，共 266 人，占 39.8%；其次为大专文化的调查者，有 173

人，占 25.9%；本科以上、高中和高中以下文化的调查对象相对较少，三者的比例分别为 17.2%，11.8% 和 5.4%。

表4.16　　　顾客认同的服务补救作用机制调查样本的教育水平分布

教育水平	频次	百分比（%）	累计百分比（%）
高中以下	36	5.4	5.4
高中	79	11.8	17.2
大专	173	25.9	43.0
本科	266	39.8	82.8
本科以上	115	17.2	100.0
合计	669	100.1	

4. 顾客认同的服务补救作用机制调查对象的月收入

从调查样本的月收入分布状况来看，月收入 1000—2000 元的调查者有 226 人，占 33.8%，所占比重最大；月收入在 2000—3000 元的调查对象总共 144 人，占比 21.5%；月收入在 1000 元以下的调查者有 130 人，占 19.4%，所占比重位列第三；月收入 4000 元以上和 3000—4000 元的调查者占少数，所占比重分别为 12.7% 和 12.6%。

表4.17　　　顾客认同的服务补救作用机制调查样本的月收入分布

月收入（元）	频次	百分比（%）	累计百分比（%）
1000 以下	130	19.4	19.4
1000—2000	226	33.8	53.2
2000—3000	144	21.5	74.7
3000—4000	84	12.6	87.3
4000 以上	85	12.7	100.0
合计	669	100.0	

5. 顾客认同的服务补救作用机制调查对象的职业

从调查样本的职业分布状况来看，企业职员有 272 人，占 40.7%，所占比重最大；其他自由职业有 201 人，占 30.0%，其他自由职业是指除了笔者所列职业以外其他相对较为波动的职业，如学生、民工、不固定职业者和军人等，医疗、教育机构职员有 137 人，所占比重为 20.5%；政府职员和个体经营者占少数，所占比重分别为 5.1% 和 3.7%。通过样本描述，本研究对样本的数量和分布状况有了一个初步印象。

表 4.18　　　　顾客认同的服务补救作用机制调查样本的职业分布

职业	频次	百分比（%）	累计百分比（%）
个体经营者	25	3.7	3.7
政府职员	34	5.1	8.8
企业职员	272	40.7	49.5
医疗、教育机构职员	137	20.5	70.0
其他自由职业	201	30.0	100.0
合计	669	100.0	

4.3.3　顾客认同的服务补救作用机制调查变量测量条款的描述性统计

顾客认同的服务补救作用机制调查变量测量条款的描述性统计涉及每个变量测量条款的平均值、标准差、偏态与峰度描述性统计值如表 4-19 所示。根据 Kline（1998）研究成果，正态分布以偏度在 -3 到 +3 之间，峰度在 -10 到 +10 之间即可满足正态分布的条件。表 4.19 的统计分析中可以发现，顾客认同的服务补救作用机制调查变量测量条款的偏度在 -3 到 +3 之间，峰度在 -10 到 +10 之间，满足正态分布的要求。因此，基本可以认为，本次调查测量条款数据达到正态分布要求，满足后续统计分析的要求。

表 4.19 顾客认同的服务补救作用机制调查各变量测量条款的描述性统计

测量条款	样本量	最小值	最大值	均值	标准差	偏度		峰度	
	统计	统计	统计	统计	统计	统计	标准差	统计	标准差
Qind1	669	1.00	7.00	4.6861	1.18504	-0.094	0.094	0.011	0.189
Qind2	669	1.00	7.00	4.3543	1.11404	0.024	0.094	0.830	0.189
Qind3	669	1.00	7.00	4.2063	1.18089	-0.143	0.094	0.555	0.189
Qcom1	669	1.00	7.00	4.8146	1.32740	-0.959	0.094	1.747	0.189
Qcom2	669	1.00	7.00	4.4783	1.18558	-0.240	0.094	0.915	0.189
Qcom3	669	1.00	7.00	5.0389	1.07989	-0.507	0.094	1.357	0.189
Qcom4	669	1.00	7.00	5.2676	1.10192	-0.288	0.094	0.542	0.189
Qcom5	669	1.00	7.00	5.0987	1.05357	-0.252	0.094	1.020	0.189

续表

测量条款	样本量	最小值	最大值	均值	标准差	偏度		峰度	
	统计	统计	统计	统计	统计	统计	标准差	统计	标准差
Qres1	669	1.0	7.0	4.012	1.4163	−0.056	0.094	−0.279	0.189
Qres2	669	1.00	7.00	4.2735	1.29077	−0.025	0.094	−0.086	0.189
Qres3	669	1.00	7.00	3.9656	1.31448	0.123	0.094	0.099	0.189
Qapo1	669	1.00	7.00	4.4380	1.18162	−0.113	0.094	0.214	0.189
Qapo2	669	1.00	7.00	4.4305	1.20006	−0.443	0.094	0.321	0.189
Qapo3	669	1.00	7.00	4.4305	1.18247	−0.141	0.094	0.250	0.189
Qapo4	669	1.00	7.00	4.2601	1.10032	−0.170	0.094	0.148	0.189
Qapo5	669	1.00	7.00	4.5680	1.12681	−0.390	0.094	0.432	0.189
Qapo6	669	1.00	7.00	4.6547	1.10201	0.014	0.094	0.189	0.189
Qsta1	669	1.00	7.00	3.9865	1.34302	−0.147	0.094	0.437	0.189
Qsta2	669	1.00	7.00	3.9836	1.34522	−0.070	0.094	0.169	0.189
Qsta3	669	1.00	7.00	3.8520	1.38984	−0.002	0.094	0.185	0.189
Qsta4	669	1.00	7.00	3.9746	1.27186	−0.097	0.094	0.517	0.189
Qsta5	669	1.00	7.00	4.0942	1.27215	−0.151	0.094	0.435	0.189
Qact1	669	1.00	7.00	4.6816	1.16279	−0.591	0.094	1.051	0.189
Qact2	669	1.00	7.00	4.8849	1.14000	−0.564	0.094	1.258	0.189
Qact3	669	1.00	7.00	4.9731	1.11972	−0.531	0.094	1.139	0.189
Qact4	669	1.00	7.00	4.5067	1.14203	−0.132	0.094	0.486	0.189
Qact5	669	1.00	7.00	4.8326	1.11552	−0.549	0.094	1.327	0.189
Qact6	669	1.00	7.00	5.0777	1.06801	−0.488	0.094	1.623	0.189
Qmea1	669	1.00	7.00	4.3782	1.18456	−0.131	0.094	−0.039	0.189
Qmea2	669	1.00	7.00	4.2855	1.25759	−0.043	0.094	0.035	0.189
Qmea3	669	1.00	7.00	3.9970	1.37884	−0.094	0.094	−0.132	0.189
Qmea4	669	1.00	7.00	4.0329	1.35986	0.098	0.094	−0.053	0.189
Qmea5	669	1.00	7.00	4.3034	1.47200	−0.042	0.094	−0.181	0.189
Qmea6	669	1.00	7.00	4.2885	1.31169	−0.077	0.094	−0.158	0.189
Qmea7	669	1.00	7.00	4.1958	1.43280	−0.114	0.094	−0.060	0.189
Qmea8	669	1.00	7.00	4.3004	1.38351	−0.111	0.094	0.074	0.189
Qsat1	669	1.00	7.00	4.5650	1.28814	−0.650	0.094	0.922	0.189
Qsat2	669	1.00	7.00	4.4380	1.34068	−0.398	0.094	0.486	0.189

续表

测量条款	样本量	最小值	最大值	均值	标准差	偏度		峰度	
	统计	统计	统计	统计	统计	统计	标准差	统计	标准差
Qsat3	669	1.00	7.00	4.3423	1.43032	-0.481	0.094	0.332	0.189
Qsat4	669	1.00	7.00	4.3558	1.45560	-0.056	0.094	-0.114	0.189
Qsat5	669	1.00	7.00	4.8744	1.23537	-0.310	0.094	0.617	0.189
Qloy1	669	1.00	7.00	4.2407	1.42068	-0.195	0.094	-0.312	0.189
Qloy2	669	1.00	7.00	3.8102	1.31031	0.170	0.094	0.067	0.189
Qloy3	669	1.00	7.00	3.9910	1.35029	0.064	0.094	0.033	0.189
Qwor1	669	1.00	7.00	4.3034	1.17700	-0.203	0.094	0.523	0.189
Qwor2	669	1.00	7.00	4.2287	1.33583	-0.140	0.094	-0.094	0.189
Qwor3	669	1.00	7.00	4.5411	1.19387	-0.439	0.094	0.834	0.189
Qwor4	669	1.00	7.00	4.5007	1.12487	-0.461	0.094	1.185	0.189
Qthi1	669	1.00	7.00	3.6472	1.35073	-0.155	0.094	-0.079	0.189
Qthi2	669	1.00	7.00	4.0822	1.27650	-0.297	0.094	0.261	0.189
Qthi3	669	1.00	7.00	4.0209	1.16312	-0.424	0.094	0.841	0.189
Qthi4	669	1.00	7.00	4.1555	1.15156	-0.554	0.094	1.023	0.189
Qthi5	669	1.00	7.00	4.0284	1.26115	-0.247	0.094	0.299	0.189
Qexp1	669	1.00	7.00	4.3812	1.21481	-0.239	0.094	0.746	0.189
Qexp2	669	1.00	7.00	4.1420	1.32316	-0.068	0.094	0.202	0.189
Qexp3	669	1.00	7.00	4.3617	1.27766	-0.282	0.094	0.197	0.189

4.3.4　顾客认同的服务补救作用机制调查的变量信度和效度的验证

1. 顾客认同的服务补救作用机制调查的变量信度和效度验证方法

本研究依据刘怀伟（2003）、高海霞（2004）、沈渊、吴丽民、许胜江（2019）对调查变量信度和效度的验证统计方法，本研究对顾客认同的服务补救作用机制调查的 669 份问卷变量信度和效度的验证方式为两个步骤：第一个步骤是进行克朗巴哈（Cronbach）α 信度系数法进行检验（The Cronbach Alpha）；第二个步骤是进行因子分析，进行方差（Varimax）最大法因子旋转，检验变量的维度是否为一个单一维度（Unidimensionality）。本次调查中对于变量的信度和效度的检验主要涉及 α 信度检验和单维度检验。

（1）顾客认同的服务补救作用机制调查的变量 α 信度检验

学者 Churchill（1979）研究指出测量变量在进行因子分析之前，有必要清楚垃圾测量条款（Garbage Items），倘若在没有对垃圾测量项目进行去除的前提下去进行因子分析，有很大可能性出现多维度变量，导致每个因子的含义出现歧义，难以把握。研究人员运用 CITC 方法对测量项目进行净化，目前为止，是一种比较可行的方式。根据学者 Cronbach Alpha（1951）的研究，当 CITC 小于 0.5 时，这一测量条款就应该果断删除。卢纹岱（2002）研究认为，当 CITC 小于 0.3 时，这一测量条款删除也可以。本研究采用了学者 Cronbach Alpha（1951）的研究，以 0.5 作为临界取舍。测量条款删除前后，测量条款 α 系数都需要统计。依据 Nunnally（1978）的判别标准，净化后测量条款的 α 系数大于 0.7 就认为达到测量统计的要求。本研究中仅展示净化后测量项目的 α 系数。

（2）顾客认同的服务补救作用机制调查的变量单维度检验

顾客认同的服务补救作用机制调查的变量单维度检验主要从两个步骤展开：首先，是对调查的样本采用 KMO 样本测度统计（Kaiser-Meyer-Olykin Measure of Sampling Adequacy）和巴特莱特球体检验（Bartlett Test of Sphericity）统计。马庆国（2016）认为这一方法是用于检验是否可以进行因子分析的前提。马庆国（2016），沈渊、吴丽民、许胜江（2019）认为，KMO 在 0.9 以上，表示调查数据非常适合做因子分析；KMO 在 0.8到 0.9 之间，表示调查数据很适合做因子分析；KMO 在 0.7 到 0.8 之间，表示调查数据适合做因子分析；KMO 在 0.6 到 0.7 之间，表示调查数据不太适合做因子分析；KMO 在 0.5 到 0.6 之间，表示调查数据非常勉强做因子分析；KMO 在 0.5 以下，表示调查数据不适合做因子分析。另外，巴特莱特球体检验的统计值显著性概率小于等于显著性水平时，表示调查数据适合做因子分析。紧接着，本研究中借鉴 Weiss（1970），沈渊、吴丽民、许胜江（2019）的研究方法，运用方差最大旋转（Varimax）主成分分析法进行因子分析，用以判断和衡量测量项目是否属于单维度。本研究运用这些统计方法尽量消除不属于维度范围内的测量条款。

2. 顾客认同的服务补救作用机制变量信度和效度验证结果

（1）顾客认同的信度和效度分析

顾客认同变量研究中，本研究采用了方差（Varimax）最大法进行因子旋转，完成对顾客认同的维度识别。统计分析结果显示，顾客认同的 KMO 统计值等于 0.636，调查数据球形 Bartlett 检验卡方值的显著性概率等于 0.000。顾客认同这一变量显示有 3 个测量条款，为单维度变量，三个测量项目的解释方差百分比为 58.642%。

表 4.20　　　　　　　　　顾客认同的信度和效度分析

测量项目	因子 F1
Qind1	0.705
Qind2	0.808
Qind3	0.781
信度	0.644
累计解释方差百分比（%）	58.642
KMO	0.636
Bartlett 检验卡方值	272.841
显著性概率	0.000

（2）顾客感知的信度和效度分析

顾客感知变量研究中，本研究采用了方差（Varimax）最大法进行因子旋转，完成对顾客感知的维度识别。统计分析结果显示，顾客感知的 KMO统计值等于 0.923，调查数据球形 Bartlett 检验卡方值的显著性概率等于0.000。顾客感知这一变量显示有 6 个维度。这六个维度分别为非制度性特征（补救主动性、有形补偿、响应速度和道歉）和制度性特征（理赔声明、防范制度和措施）。这六个因子的信度分别为 0.783、0.736、0.887、0.905、0.856、0.867，解释方差百分比分别为 9.367%、5.883%、11.584%、11.489%、10.281% 和 13.364%，累计解释方差百分比为 61.969%。

表 4.21　　　　　　　　　顾客感知的信度和效度分析

测量项目	因子 F1	因子 F2	因子 F3	因子 F4	因子 F5	因子 F6
Qcom1	0.721					
Qcom2	0.622					
Qcom3	0.678					
Qcom4	0.723					
Qcom5	0.561					
Qres1		0.676				
Qres2		0.698				
Qres3		0.654				
Qapo1			0.772			
Qapo2			0.796			
Qapo3			0.757			
Qapo4			0.603			

续表

测量项目	因子 F1	因子 F2	因子 F3	因子 F4	因子 F5	因子 F6
Qapo5			0.633			
Qapo6			0.571			
Qsta1				0.709		
Qsta2				0.813		
Qsta3				0.824		
Qsta4				0.775		
Qsta5				0.691		
Qact1					0.552	
Qact2					0.692	
Qact3					0.783	
Qact4					0.673	
Qact5					0.777	
Qact6					0.704	
Qmea1						0.715
Qmea2						0.649
Qmea3						0.761
Qmea4						0.698
Qmea5						0.670
Qmea6						0.765
Qmea7						0.654
Qmea8						0.677
信度	0.783	0.736	0.887	0.905	0.856	0.867
解释方差百分比（%）	9.367	5.883	11.584	11.489	10.281	13.364
累计解释方差百分比（%）	61.969					
KMO	0.923					
Bartlett 检验卡方值	11701.679					
显著性概率	0.000					

（3）顾客感知结果的信度和效度分析

顾客感知结果变量研究中，本研究采用了方差（Varimax）最大法进行因子旋转，完成对顾客感知结果的维度识别。统计分析结果显示，顾客感知结果的 KMO 统计值等于 0.766，调查数据球形 Bartlett 检验卡方值的显著性概率等于 0.000。顾客感知结果有三个维度，这三个维度分别为顾客满意、重购意向和口碑传播。这三个因子的信度分别为 0.784、0.869

和 0.831，解释方差百分比分别为 22.579%、19.993% 和 22.433%，累计解释方差百分比为 65.006%。

表 4.22　　　　　　　　顾客感知结果的信度和效度分析

测量项目	因子 F1	因子 F2	因子 F3
Qsat1	0.653		
Qsat2	0.707		
Qsat3	0.744		
Qsat4	0.753		
Qsat5	0.769		
Qloy1		0.871	
Qloy2		0.898	
Qloy3		0.892	
Qwor1			0.768
Qwor2			0.762
Qwor3			0.866
Qwor4			0.833
信度	0.784	0.869	0.831
解释方差百分比（%）	22.579	19.993	22.433
累计解释方差百分比（%）	65.006		
KMO	0.766		
Bartlett 检验卡方值	3205.984		
显著性概率	0.000		

（4）可信的第三方介入的信度和效度分析

表 4.23　　　　　　　　可信的第三方介入的信度和效度分析

测量项目	因子 F1
Qthi1	0.842
Qthi2	0.846
Qthi3	0.815
Qthi4	0.784
Qthi5	0.842
信度	0.883
累计解释方差百分比（%）	68.284

续表

测量项目	因子 F1
KMO	0.855
Bartlett 检验卡方值	1736.936
显著性概率	0.000

可信的第三方介入变量研究中，本研究采用了方差（Varimax）最大法进行因子旋转，完成对可信的第三方介入的维度识别。统计分析结果显示，可信的第三方介入的 KMO 统计值等于 0.855，调查数据球形 Bartlett 检验卡方值的显著性概率等于 0.000。可信的第三方介入这一变量显示有 5 个测量条款，为单维度变量，5 个测量项目的解释方差百分比为 68.284%。

（5）自我解释倾向的信度和效度分析

自我解释倾向变量研究中，本研究采用了方差（Varimax）最大法进行因子旋转，完成对自我解释倾向的维度识别。统计分析结果显示，自我解释倾向的 KMO 统计值等于 0.705，调查数据球形 Bartlett 检验卡方值的显著性概率等于 0.000。自我解释倾向这一变量显示有 3 个测量条款，为单维度变量，3 个测量项目的解释方差百分比为 71.351%。

表 4.24 自我解释倾向的信度和效度分析

测量项目	因子 F1
Qexp1	0.833
Qexp2	0.835
Qexp3	0.867
信度	0.798
累计解释方差百分比（%）	71.351
KMO	0.705
Bartlett 检验卡方值	626.004
显著性概率	0.000

4.3.5 顾客认同的服务补救作用机制调查的变量描述性统计及相关性统计研究

在这一部分的研究中，本研究对顾客认同的服务补救作用机制中涉及的顾客感知、顾客认同和顾客感知结果之间进行了变量描述性统计及相关性统计研究。本研究所搜集数据的主要变量相关系数见表 4.25。

表 4.25　描述性统计分析及各变量间相关系数（N=669）

变量	均值	标准差	1	2	3	4	5	6	7	8	9	10	11	12
1. 顾客认同	4.416	0.887	(0.636)											
2. 有形补偿	4.940	0.845	0.514***	(0.783)										
3. 响应速度	4.084	1.085	0.565***	0.309***	(0.736)									
4. 道歉	4.464	0.919	0.668***	0.585***	0.534***	(0.887)								
5. 理赔声明	3.978	1.128	0.605***	0.427***	0.554***	0.629***	(0.905)							
6. 补救主动性	4.826	0.858	0.489***	0.445***	0.357***	0.453***	0.431***	(0.856)						
7. 防范制度和措施	4.223	0.971	0.366***	0.273***	0.303***	0.352***	0.330***	0.383***	(0.867)					
8. 顾客满意	4.515	0.990	0.291***	0.253***	0.204***	0.236***	0.199***	0.317***	0.576***	(0.784)				
9. 重购意向	4.014	1.211	0.263***	0.150***	0.276***	0.289***	0.253***	0.202***	0.208***	0.098**	(0.869)			
10. 口碑传播	4.393	0.986	0.237***	0.196***	0.235***	0.268***	0.198***	0.272***	0.342***	0.266***	0.125***	(0.831)		
11. 可信的第三方介入	3.987	1.026	0.044	0.066	0.017	0.041	-0.028	0.014	0.049	0.011	0.054	-0.043	(0.883)	
12. 自我解释倾向	4.295	1.074	0.039	0.035	-0.003	0.064	-0.007	0.057	0.055	0.019	0.054	0.036	0.618***	(0.798)

注：*** 表示 $P<0.01$，** 表示 $P<0.05$，双尾检验，括号内为变量的信度。

从分析结果可以看出，顾客认同、有形补偿、响应速度、道歉、理赔声明、补救主动性、防范制度和措施、顾客满意、重购意向、口碑传播、可信的第三方介入和自我解释倾向这 12 个变量的信度 α 最小为 0.636，最大为 0.905，变量的内部一致性检验获得通过，变量间两两显著正相关。由表 4.25 对假设检验结果来看，顾客感知、顾客认同和顾客感知结果之间假设关系的相关系数统计意义显著，并且相关系数大于 0，从相关的结果来看，模型研究假设得到数据的验正。但是，需要引起研究注意的是，两两变量的相关，不代表把这些变量都放到研究模型中去检验时，这些变量之间的显著关系还会成立，上述结论不一定正确。因为变量之间还存在着相互的作用和影响。后续研究中需要进行结构方程建模（Structural Equation Modeling，SEM），更进一步地确定它们之间这种直接和间接的关系。从而得到更令人信服的结论。

4.3.6 顾客认同的服务补救作用机制假设模型的结构方程检验

1. 原模型结构方程初步检验

表 4.26   **原模型结构方程初步检验结果**

待检验关系	标准化路径系数	显著性概率 P
假设回归路径：		
H2b：有形补偿→顾客认同	0.223	0.000 ***
H2c：响应速度→顾客认同	0.361	0.000 ***
H2d：道歉→顾客认同	0.280	0.000 ***
H3a：理赔声明→顾客认同	0.085	0.095 *
H2a：补救主动性→顾客认同	0.110	0.012 **
H3b：防范制度和措施→顾客认同	0.244	0.000 ***
H4a：顾客认同→顾客满意	0.445	0.000 ***
H4b：顾客认同→重购意向	0.359	0.000 ***
H4c：顾客认同→口碑传播	0.397	0.000 ***
模型中的相关关系：		
有形补偿 < - > 响应速度	0.383	0.000 ***
有形补偿 < - > 道歉	0.695	0.000 ***
有形补偿 < - > 理赔声明	0.501	0.000 ***
有形补偿 < - > 补救主动性	0.560	0.000 ***

待检验关系	标准化路径系数	显著性概率 P
模型中的相关关系：		
有形补偿 < - > 防范制度和措施	0.326	0.000 ***
响应速度 < - > 道歉	0.653	0.000 ***
响应速度 < - > 理赔声明	0.672	0.000 ***
响应速度 < - > 补救主动性	0.414	0.000 ***
响应速度 < - > 防范制度和措施	0.364	0.000 ***
道歉 < - > 理赔声明	0.677	0.000 ***
道歉 < - > 补救主动性	0.506	0.000 ***
道歉 < - > 防范制度和措施	0.389	0.000 ***
理赔声明 < - > 补救主动性	0.464	0.000 ***
理赔声明 < - > 防范制度和措施	0.365	0.000 ***
补救主动性 < - > 防范制度和措施	0.467	0.000 ***
拟合优度指标	$\chi^2 = 3614.590$; df = 1056; P = 0.000; $\chi^2/df = 3.423$; RMR = 0.107; RMSEA = 0.060; GFI = 0.816; AGFI = 0.795; IFI = 0.848; CFI = 0.847	

注：括号中的数值为显著性概率，*** 表示 P<0.01，** 表示 P<0.05，* 表示 P<0.1。

表 4.26 和图 4.3 是对顾客认同的服务补救作用机制模型结构方程检验验证分析。梳理顾客认同的服务补救作用机制模型结构方程拟合系数，研究结果为：χ^2 值是 3614.590，模型自由度为 1056，模型 P 值为 0.000，统计显著，χ^2 除以自由度为 3.423，这一指标根据 Wheaton（1977）等学者的研究，小于 5 就可以接受了。由此可以认为，χ^2 除以自由度达到统计学要求。顾客认同的服务补救作用机制模型结构方程拟合系数中的 RMR 为 0.107。这一指标根据 Chau（1997）学者的研究，小于 0.10 就符合统计要求，目前 0.107 是大于 0.10 的，这一指标没有达到统计要求。拟合指数 RMSEA 的值为 0.060，这一指标依据 Steiger（1990）的判断，RMSEA 小于 0.01 是非常理想的，模型拟合度非常完美，如果小于 0.05，则表示非常好的拟合度，如果只是小于 0.1，则表示好的拟合程度。目前本研究模型 RMSEA 的值为 0.060，介于 0.05 到 0.1 之间，代表这一指标表示了好的拟合度。顾客认同的服务补救作用机制模型结构方程拟合系数中的 CFI 等于 0.847，GFI 等于 0.816，AGFI 等于 0.795，IFI 等于 0.848，这一

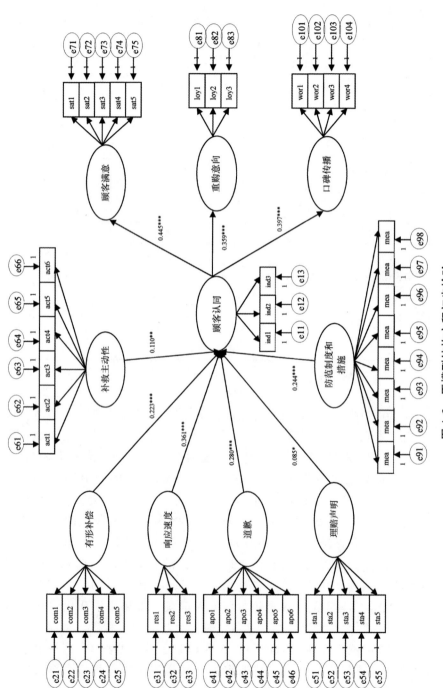

图 4. 3 原模型结构方程初步检验

指标依据 Bentler（1992）的判断，在 CFI 大于等于 0.90 的前提下，GFI 满足于大于等于 0.85 的要求就行，可以判断结构方程模型有着令人满意的拟合度。顾客认同的服务补救作用机制模型结构方程初步拟合检验的结果，不是很理想，有待改善和提升。

　　分析做到这一步，本研究似乎可以分析原模型假设检验情况了。但是，由于拟合指数不是很理想，另外，本研究从变量的相关分析表 4.25 可以看出，顾客感知和顾客购买意向（顾客满意、重购意向、口碑传播）之间其实存在显著相关关系。慎重起见，本研究应该考虑到这些影响。即，原模型可能存在拟合指标更优的比较模型。因此，借助结构方程强大的分析功能，本研究进行了一个所有可能关系的初检验，即认为非制度性特征（补救主动性、有形补偿、响应速度和道歉）和制度性特征（理赔声明、防范制度和措施）对顾客购买意向（顾客满意、重购意向、口碑传播）可能存在显著影响。因此，在原来关系的基础上增加了 18 个可能存在的回归路径，即，1：有形补偿→顾客满意；2：有形补偿→重购意向；3：有形补偿→口碑传播；4：响应速度→顾客满意；5：响应速度→重购意向；6：响应速度→口碑传播；7：道歉→顾客满意；8：道歉→重购意向；9：道歉→口碑传播；10：理赔声明→顾客满意；11：理赔声明→重购意向；12：理赔声明→口碑传播；13：补救主动性→顾客满意；14：补救主动性→重购意向；15：补救主动性→口碑传播；16：防范制度和措施→顾客满意；17：防范制度和措施→重购意向；18：防范制度和措施→口碑传播。

　　2. 待挖掘的回归关系结构方程检验

　　表 4.27 和图 4.4 是对顾客认同的服务补救作用机制模型结构方程检验验证分析。梳理顾客认同的服务补救作用机制模型结构方程拟合系数，研究结果为：χ^2 值是 2868.366，模型自由度为 912，模型 P 值为 0.000，统计显著，χ^2 除以自由度为 3.145，这一指标根据 Wheaton（1977）等学者的研究，小于 5 就可以接受了。由此可以认为，χ^2 除以自由度达到统计学要求。顾客认同的服务补救作用机制模型结构方程拟合系数中的 RMR 为 0.076。这一指标根据 Chau（1997）学者的研究，小于 0.10 就符合统计要求，目前 0.076 是小于 0.10 的，这一指标达到统计要求。拟合指数 RMSEA 的值为 0.057，这一指标依据 Steiger（1990）的判断，RMSEA 小于 0.01 是非常理想的，模型拟合度非常完美，如果小于 0.05，则表示非常

好的拟合度，如果只是小于 0.1，则表示好的拟合程度。目前本研究模型 RMSEA 的值为 0.057，介于 0.05 到 0.1 之间，代表这一指标表示了好的拟合度。顾客认同的服务补救作用机制模型结构方程拟合系数中的 CFI 等于 0.874，GFI 等于 0.840，AGFI 等于 0.818，IFI 等于 0.875，这一指标依据 Bentler（1992）的判断，在 CFI 大于等于 0.90 的前提下，GFI 满足于大于等于 0.85 的要求就行，可以判断结构方程模型有着令人满意的拟合度。顾客认同的服务补救作用机制模型结构方程二次拟合检验的结果，不是很理想，有待改善和提升。

表 4.27　　　　　　　　待挖掘的回归关系结构方程检验结果

待检验关系	标准化路径系数	显著性概率 P
待挖掘的回归路径：		
有形补偿→顾客满意	0.191	0.007 ***
有形补偿→重购意向	− 0.075	0.326
有形补偿→口碑传播	0.025	0.742
响应速度→顾客满意	− 0.017	0.803
响应速度→重购意向	0.220	0.005 ***
响应速度→口碑传播	0.100	0.183
道歉→顾客满意	− 0.106	0.184
道歉→重购意向	0.172	0.053 *
道歉→口碑传播	0.123	0.155
理赔声明→顾客满意	− 0.083	0.174
理赔声明→重购意向	0.017	0.803
理赔声明→口碑传播	− 0.105	0.116
补救主动性→顾客满意	0.036	0.490
补救主动性→重购意向	0.010	0.868
补救主动性→口碑传播	0.114	0.051 *
防范制度和措施→顾客满意	0.706	0.000 ***
防范制度和措施→重购意向	0.101	0.043 **
防范制度和措施→口碑传播	0.313	0.000 ***
模型中的相关关系		
有形补偿 < – > 响应速度	0.381	0.000 ***

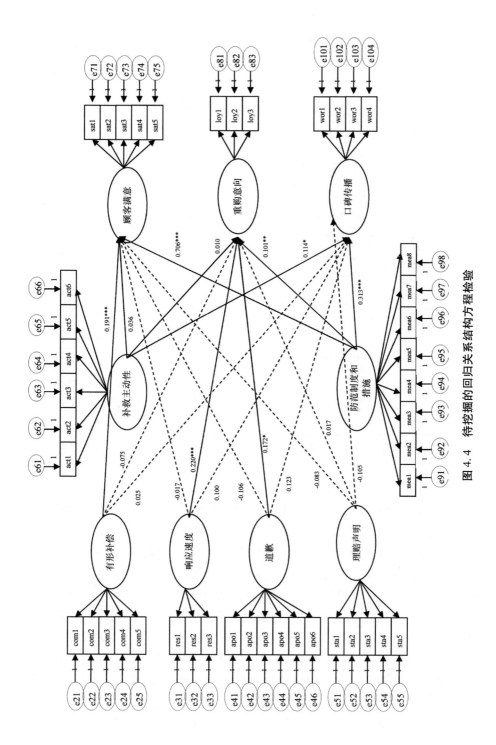

图 4.4　待挖掘的回归关系结构方程检验

续表

待检验关系	标准化路径系数	显著性概率 P
模型中的相关关系		
有形补偿 < - > 道歉	0.695	0.000 ***
有形补偿 < - > 理赔声明	0.501	0.000 ***
有形补偿 < - > 补救主动性	0.561	0.000 ***
有形补偿 < - > 防范制度和措施	0.324	0.000 ***
响应速度 < - > 道歉	0.652	0.000 ***
响应速度 < - > 理赔声明	0.671	0.000 ***
响应速度 < - > 补救主动性	0.412	0.000 ***
响应速度 < - > 防范制度和措施	0.362	0.000 ***
道歉 < - > 理赔声明	0.677	0.000 ***
道歉 < - > 补救主动性	0.506	0.000 ***
道歉 < - > 防范制度和措施	0.388	0.000 ***
理赔声明 < - > 补救主动性	0.464	0.000 ***
理赔声明 < - > 防范制度和措施	0.365	0.000 ***
补救主动性 < - > 防范制度和措施	0.466	0.000 ***
拟合优度指标	$\chi^2 = 2868.366$；df = 912；P = 0.000；$\chi^2/df = 3.145$；RMR = 0.076；RMSEA = 0.057；GFI = 0.840；AGFI = 0.818；IFI = 0.875；CFI = 0.874	

注：括号中的数值为显著性概率，*** 表示 P < 0.01，** 表示 P < 0.05，* 表示 P < 0.1。

3. 拟优化的结构方程检验

表 4.28 和图 4.5 是对顾客认同的服务补救作用机制模型结构方程检验验证分析。梳理顾客认同的服务补救作用机制模型结构方程拟合系数，研究结果为：χ^2 值是 3342.950，模型自由度为 1049，模型 P 值为 0.000，统计显著，χ^2 除以自由度为 3.187，这一指标根据 Wheaton（1977）等学者的研究，小于 5 就可以接受了。由此可以认为，χ^2 除以自由度达到统计学要求。顾客认同的服务补救作用机制模型结构方程拟合系数中的 RMR 为 0.077。这一指标根据 Chau（1997）学者的研究，小于 0.10 就符合统计要求，目前 0.077 是小于 0.10 的，这一指标达到统计要求。拟合指数 RMSEA 的值为 0.057，这一指标依据 Steiger（1990）的判断，RMSEA 小于 0.01 是非常理想的，模型拟合度非常完美，如果小于 0.05，则表示非常好的拟合度，如果只是小于 0.1，则表示好的拟合程度。目前本研究模型

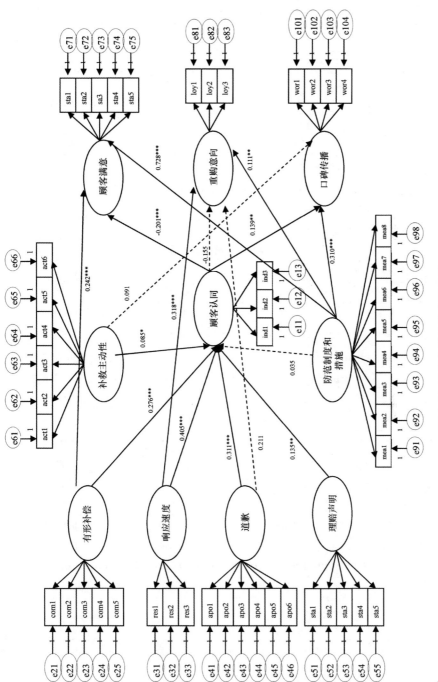

图 4.5 拟优化的结构方程检验

表4.28　　　　　　　　　　拟优化的结构方程检验结果

待检验关系	标准化路径系数	显著性概率 P
假设回归路径：		
H2b：有形补偿→顾客认同	0.276	0.000 ***
H2c：响应速度→顾客认同	0.405	0.000 ***
H2d：道歉→顾客认同	0.311	0.000 ***
H3a：理赔声明→顾客认同	0.135	0.012 **
H2a：补救主动性→顾客认同	0.085	0.066 *
H3b：防范制度和措施→顾客认同	0.035	0.382
H4a：顾客认同→顾客满意	− 0.201	0.004 ***
H4b：顾客认同→重购意向	− 0.155	0.407
H4c：顾客认同→口碑传播	0.139	0.013 **
增加的回归路径：		
防范制度和措施→顾客满意	0.728	0.000 ***
有形补偿→顾客满意	0.242	0.001 ***
防范制度和措施→口碑传播	0.310	0.000 ***
响应速度→重购意向	0.318	0.002 ***
防范制度和措施→重购意向	0.111	0.028 **
道歉→重购意向	0.211	0.116
补救主动性→口碑传播	0.091	0.117
模型中的相关关系		
有形补偿 < − > 响应速度	0.384	0.000 ***
有形补偿 < − > 道歉	0.695	0.000 ***
有形补偿 < − > 理赔声明	0.501	0.000 ***
有形补偿 < − > 补救主动性	0.563	0.000 ***
有形补偿 < − > 防范制度和措施	0.325	0.000 ***
响应速度 < − > 道歉	0.654	0.000 ***
响应速度 < − > 理赔声明	0.674	0.000 ***
响应速度 < − > 补救主动性	0.415	0.000 ***
响应速度 < − > 防范制度和措施	0.366	0.000 ***
道歉 < − > 理赔声明	0.678	0.000 ***
道歉 < − > 补救主动性	0.507	0.000 ***
道歉 < − > 防范制度和措施	0.388	0.000 ***
理赔声明 < − > 补救主动性	0.464	0.000 ***

待检验关系	标准化路径系数	显著性概率 P
模型中的相关关系		
理赔声明 < - > 防范制度和措施	0.361	0.000 ***
补救主动性 < - > 防范制度和措施	0.470	0.000 ***
拟合优度指标	$\chi^2 = 3342.950$；df = 1049；P = 0.000；$\chi^2/\text{df} = 3.187$；RMR = 0.077；RMSEA = 0.057；GFI = 0.828；AGFI = 0.807；IFI = 0.864；CFI = 0.863	

注：括号中的数值为显著性概率，*** 表示 P < 0.01，** 表示 P < 0.05，* 表示 P < 0.1。

RMSEA 的值为 0.057，介于 0.05 到 0.1 之间，代表这一指标表示了好的拟合度。顾客认同的服务补救作用机制模型结构方程拟合系数中的 CFI 等于 0.863，GFI 等于 0.828，AGFI 等于 0.807，IFI 等于 0.864，这一指标依据 Bentler（1992）的判断，在 CFI 大于等于 0.90 的前提下，GFI 满足于大于等于 0.85 的要求就行，可以判断结构方程模型有着令人满意的拟合度。顾客认同的服务补救作用机制模型结构方程再次拟合检验的结果，情况一般，有待改善和提升。

4. 最终优化的结构方程检验

表 4.29 和图 4.6 是对顾客认同的服务补救作用机制模型结构方程检验验证分析。梳理顾客认同的服务补救作用机制模型结构方程拟合系数，研究结果为：χ^2 值是 3350.054，模型自由度为 1053，模型 P 值为 0.000，统计显著，χ^2 除以自由度为 3.181，这一指标根据 Wheaton（1977）等学者的研究，小于 5 就可以接受了。由此可以认为，χ^2 除以自由度达到统计学要求。顾客认同的服务补救作用机制模型结构方程拟合系数中的 RMR 为 0.077。这一指标根据 Chau（1997）学者的研究，小于 0.10 就符合统计要求，目前 0.077 是小于 0.10 的，这一指标达到统计要求。拟合指数 RMSEA 的值为 0.057，这一指标依据 Steiger（1990）的判断，RMSEA 小于 0.01 是非常理想的，模型拟合度非常完美，如果小于 0.05，则表示非常好的拟合度，如果只是小于 0.1，则表示好的拟合程度。目前本研究模型 RMSEA 的值为 0.057，介于 0.05 到 0.1 之间，代表这一指标表示了好的拟合度。顾客认同的服务补救作用机制模型结构方程拟合系数中的 CFI 等于 0.863，GFI 等于 0.828，AGFI 等于 0.807，IFI 等于 0.863，这一指标依据 Bentler（1992）的判断，在 CFI 大于等于 0.90 的前提下，GFI 满足于大于等于 0.85 的要求就行，可以判断结构方程模型有着令人满意的拟合

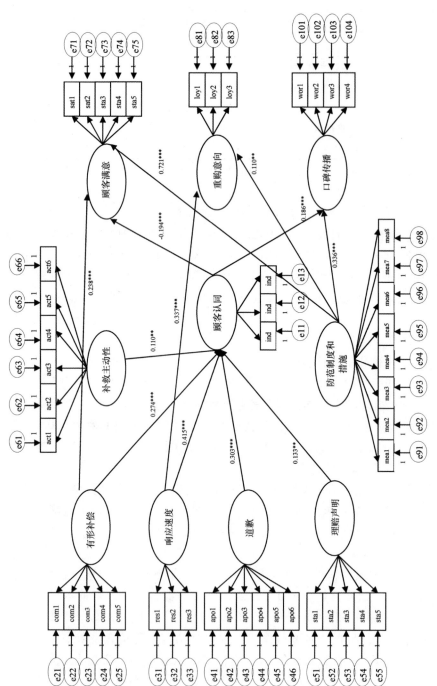

图 4.6 最终优化的结构方程检验

表4.29   最终优化结构方程检验结果

待检验关系	标准化路径系数	显著性概率 P
假设回归路径：		
H2b：有形补偿→顾客认同	0.274	0.000 ***
H2c：响应速度→顾客认同	0.415	0.000 ***
H2d：道歉→顾客认同	0.303	0.000 ***
H3a：理赔声明→顾客认同	0.133	0.013 **
H2a：补救主动性→顾客认同	0.110	0.011 **
H4a：顾客认同→顾客满意	−0.194	0.004 ***
H4c：顾客认同→口碑传播	0.186	0.000 ***
增加的回归路径：		
防范制度和措施→顾客满意	0.721	0.000 ***
有形补偿→顾客满意	0.238	0.001 ***
防范制度和措施→口碑传播	0.336	0.000 ***
响应速度→重购意向	0.337	0.000 ***
防范制度和措施→重购意向	0.110	0.017 **
模型中的相关关系		
有形补偿 < - > 响应速度	0.387	0.000 ***
有形补偿 < - > 道歉	0.695	0.000 ***
有形补偿 < - > 理赔声明	0.500	0.000 ***
有形补偿 < - > 补救主动性	0.563	0.000 ***
有形补偿 < - > 防范制度和措施	0.328	0.000 ***
响应速度 < - > 道歉	0.661	0.000 ***
响应速度 < - > 理赔声明	0.676	0.000 ***
响应速度 < - > 补救主动性	0.416	0.000 ***
响应速度 < - > 防范制度和措施	0.371	0.000 ***
道歉 < - > 理赔声明	0.677	0.000 ***
道歉 < - > 补救主动性	0.506	0.000 ***
道歉 < - >防范制度和措施	0.390	0.000 ***
理赔声明 < - > 补救主动性	0.464	0.000 ***
理赔声明 < - > 防范制度和措施	0.361	0.000 ***
补救主动性 < - > 防范制度和措施	0.473	0.000 ***
拟合优度指标	$\chi^2 = 3350.054$；df $= 1053$；P $= 0.000$；$\chi^2/\text{df} = 3.181$；RMR $= 0.077$；RMSEA $= 0.057$；GFI $= 0.828$；AGFI $= 0.807$；IFI $= 0.863$；CFI $= 0.863$	

注：括号中的数值为显著性概率，*** 表示 $P < 0.01$，** 表示 $P < 0.05$，* 表示 $P < 0.1$。

度。顾客认同的服务补救作用机制模型结构方程最终拟合检验的结果情况一般，有待今后研究的进一步优化。检验的结果显示：有形补偿对顾客认同，响应速度对顾客认同，道歉对顾客认同，理赔声明对顾客认同，补救主动性对顾客认同，顾客认同对口碑传播有显著回归关系，前者对后者的显著影响分别为 0.274、0.415、0.303、0133、0.110 和 0.186，显著性程度均小于 0.05。假设 H2b、H2c、H2d、H3a、H2a 和 H4c 得到验证。假设顾客认同对顾客满意有负向回归关系，回归系数为 -0.194，显著性程度均小于 0.05，假设 H4a 没有得到验证。另外，通过模型优化发现，防范制度和措施对顾客满意，有形补偿对顾客满意，防范制度和措施对口碑传播，响应速度对重购意向，防范制度和措施对重购意向有显著回归关系，前者对后者的显著影响分别为 0.721、0.238、0.336、0.337 和 0.110，显著性程度均小于 0.05。

4.3.7　顾客认同的服务补救作用机制的多元回归模型检验

1. 顾客认同的服务补救作用机制的线性检验方法

顾客认同的服务补救作用机制研究中有两个干扰变量，为可信的第三方介入和自我解释倾向。为了探知两者对顾客感知和顾客认同的影响和影响程度，本研究中采用了多元线性回归的方法进行处理。多元线性回归模型的研究结论是否达到另人信服的指标要求，一般而言，需要对多元线性回归模型进行线性回归模型的三大检验，也就是序列相关检验、异方差检验、多重共线性检验（沈渊、吴丽民、许胜江，2019；马庆国，2016）；进行了线性回归模型的三大检验后，本研究再对模型进行线性回归，确保回归分析的可信度和保证性。

（1）顾客认同的服务补救作用机制线性回归模型的多重共线性检验

多重共线性（multicollinearity）是指在回归分析中，自变量之间存在着很高的相关关系。由于这种很高的相关关系导致相互间对因变量的边际影响，使得自变量的回归系数变小，但是标准误差却变大了，容易出现回归方程整体显著而各个自变量回归系数却不显著的情况（张文彤，2004）。那么，衡量回归模型是否存在多重共线性，一般会采用方程膨胀因子（Variance Inflation Factor，VIF）进行判别。方程膨胀因子（VIF）大于 0 小于 10，则表示回归模型多重共线性并不存在；方程膨胀因子（VIF）大于 10，则表示回归模型多重共线性存在，需要消除共线性问题再处理。

（2）顾客认同的服务补救作用机制线性回归模型的序列相关性检验

序列相关性是指不同时期的样本价值之间存在着紧密相关关系，因此，又称为自相关（Autocorrelation）（沈渊、吴丽民、许胜江，2019；马庆国，2016）。序列相关性的存在，破坏了回归模型中对于随机扰动项应当相互独立的要求，导致最小二乘估计方法（OLS）不能最优解释变量间关系。序列相关性比较多的出现在时间序列的回归分析中（沈渊、吴丽民、许胜江，2019；马庆国，2016）。顾客认同的服务补救作用机制线性回归模型使用的是横截面数据，而横截面数据出现样本值之间序列相关性问题的可能性不大。

按照沈渊、吴丽民、许胜江（2019）和马庆国（2016）的研究，序列相关性检验一般采用自相关指标 DW（Durbin-Watson）统计量进行识别。当自相关指标 DW 大于 0 小于 4 时，并且显著约等于 0 和 4 时，表示回归模型存在自相关；如果自相关指标 DW 接近 2 时，则序列相关性不存在。具体的衡量过程根据古扎拉蒂（2000）的研究，在 5% 和 1% 的显著性水平时，查 D－W 表，得到上限临界值 DU 和下限临界值 DL，这一上下限临界值取决于样本的大小 n 及其回归模型中的解释变量个数 k，与解释变量的取值是没有什么关系的。查得顾客认同的服务补救作用机制线性回归模型的序列相关性检验 DW 值为 1.913，约等于 2，并且符合 DU < DW < 4 - DU。因此，顾客认同的服务补救作用机制线性回归模型的随机误差项之间没有序列相关性的存在。

（3）顾客认同的服务补救作用机制线性回归模型的异方差性检验

沈渊、吴丽民、许胜江（2019）和马庆国（2016）的研究指出，异方差性（heteroscedasticity）指的是，回归函数中随机误差项不符合同方差性的研究假设，那么说明线性回归模型存在异方差。如果回归方程中的扰动项存在着异方差现象，那么，普通最小二乘法对参数的估计虽然是线性无偏的，但并不意味着是最小方差的估计量，结果是不可取的。另外，更为严重的是，参数估计量方差有偏，那么，参数的假设检验肯定是无效的。对于异方差的识别，通常用图解法来直观识别。马庆国（2016）的研究认为，被解释变量异方差性的检验方法，通过运用残差项散点图进行合理判别。残差项散点图的判断法则一般为：若被解释变量方程中的残差项散点图看到的是杂乱无序的话，那么，也就意味着被解释变量回归模型中不用担心异方差性问题的存在，反之，则需要对被解释变量回归模型进行异方差处理。

顾客认同的服务补救作用机制线性回归模型的异方差性检验，本研究在此也采用这一做法，绘制出本研究回归模型中被解释变量与随机误差项的散点图。本研究发现，顾客认同这一解释变量的回归模型残差项的散点图是杂乱无序的图形分布，符合马庆国（2016）对于回归模型中不存在异方差性的检验指标大小。

2. 顾客服务补救感知对顾客认同的回归分析

以顾客感知的非制度性特征（补救主动性、有形补偿、响应速度和道歉）和制度性特征（理赔声明、防范制度和措施）作为自变量，对顾客认同进行回归分析。回归结果见表4.30、表4.31和表4.32。

表4.30　　　　　　　　顾客感知对顾客认同的回归分析和检验

研究模型 Model	解释程度 R	解释程度 平方 R^2	调整后解释 程度平方 R^2	估计的 标准误差	自相关 Durbin-Watson 检验
1	0.756[a]	0.571	0.565	0.58495	1.987

表4.31　　　　　　　　顾客感知对顾客认同的方差分析

	平方和	自由度	平均平方和	F 检验	显著性
回归	299.877	9	33.320	97.378	0.000[a]
残差	225.490	659	0.342		
总和	525.367	668			

表4.32　　　　　　　　顾客感知对顾客认同的回归结果

研究模型	非标准化系数		标准系数	T 值 （t）	显著性水平 Sig.	共线性统计量	
	B	标准误差	Beta			容差	VIF
常数项（Constant）	0.382	0.195		1.957	0.051		
有形补偿	0.137	0.034	0.130	3.977	0.000	0.608	1.645
响应速度	0.169	0.026	0.207	6.407	0.000	0.621	1.609
道歉	0.279	0.037	0.289	7.468	0.000	0.435	2.301
理赔声明	0.141	0.028	0.179	5.035	0.000	0.514	1.945
补救主动性	0.131	0.032	0.127	4.071	0.000	0.670	1.492
防范制度和措施	0.054	0.026	0.059	2.060	0.040	0.795	1.258
可信的第三方介入	0.022	0.028	0.025	0.764	0.445	0.610	1.639
自我解释倾向	-0.005	0.027	-0.006	-0.188	0.851	0.609	1.643
服务失误类型	-0.042	0.046	-0.024	-0.918	0.359	0.988	1.012

R^2对回归变异量的情况进行了解释。从表4.30可知，调整后 R^2 值为0.565，这意味着顾客感知的非制度性特征（补救主动性、有形补偿、响

应速度和道歉）和制度性特征（理赔声明、防范制度和措施）对顾客认同的有56.5%的解释力，D－W值为1.987，排除自相关的可能性，VIF值均小于10，排除多重共线性。此外，表4.31中，F（9，659）为97.378，P值等于0.000，表示该因果关系从统计学意义上进行解释，是具有统计上的意义的。由表4.32的回归系数结果，本研究发现，可信的第三方介入和自我解释对顾客认同没有显著性作用，显著性概率分别为0.445和0.851，均大于0.05，顾客感知的非制度性特征（补救主动性、有形补偿、响应速度和道歉）和制度性特征（理赔声明、防范制度和措施）对顾客认同的标准回归系数分别为0.130、0.207、0.289、0.179、0.127和0.059，显著性概率均小于0.05。本研究表明，顾客感知的非制度性特征（补救主动性、有形补偿、响应速度和道歉）和制度性特征（理赔声明、防范制度和措施）对顾客认同均有显著积极影响。顾客认同＝0.130×补救主动性＋0.207×有形补偿＋0.289×响应速度＋0.179×道歉＋0.127×理赔声明＋0.059×防范制度和措施。因此，从这一回归结果来看，假设H2a、H2b、H2c、H2d、H3a和H3b得到验证。

3. 顾客服务补救感知、变量交互影响对顾客认同的回归分析

表4.33　顾客服务补救感知、变量交互影响对顾客认同的回归分析和检验

研究模型	解释程度 R	解释程度平方 R²	调整后解释程度平方 R²	估计的标准误差	自相关 Durbin-Watson 检验
1	0.761ᵃ	0.579	0.566	0.58435	1.981

表4.34　顾客服务补救感知、变量交互影响对顾客认同的方差分析

	平方和	自由度	平均平方和	F 检验	显著性
回归	304.439	21	14.497	42.455	0.000ᵃ
残差	220.929	647	0.341		
总和	525.367	668			

表4.35　顾客服务补救感知、变量交互影响对顾客认同的回归结果

研究模型	非标准化系数		标准系数	T 值（t）	显著性水平 Sig.	共线性统计量	
	B	标准误差	Beta			容差	VIF
常数项（Constant）	0.973	0.756		1.287	0.198		
有形补偿	0.192	0.140	0.183	1.376	0.169	0.037	27.327

续表

研究模型	非标准化系数		标准系数	T 值 （t）	显著性 水平 Sig.	共线性统计量	
	B	标准误差	Beta			容差	VIF
响应速度	0.164	0.119	0.201	1.378	0.169	0.030	32.791
道歉	0.437	0.174	0.452	2.511	0.012	0.020	49.976
理赔声明	−0.092	0.126	−0.117	−0.727	0.468	0.025	39.731
补救主动性	0.049	0.154	0.048	0.320	0.749	0.029	34.268
防范制度和措施	0.003	0.119	0.003	0.022	0.983	0.038	26.161
可信的第三方介入	0.033	0.194	0.039	0.172	0.863	0.013	77.640
自我解释倾向	−0.149	0.182	−0.180	−0.817	0.414	0.013	74.929
服务失误类型	−0.046	0.046	−0.026	−0.989	0.323	0.966	1.035
可信的第三方介入 * 有形补偿	0.003	0.039	0.025	0.088	0.930	0.008	121.098
可信的第三方介入 * 响应速度	0.066	0.032	0.456	2.093	0.037	0.014	72.967
可信的第三方介入 * 道歉	−0.088	0.048	−0.599	−1.849	0.065	0.006	161.561
可信的第三方介入 * 理赔声明	0.055	0.036	0.379	1.532	0.126	0.011	94.168
可信的第三方介入 * 补救主动性	−0.004	0.042	−0.025	−0.084	0.933	0.008	132.829
可信的第三方介入 * 防范制度和措施	−0.025	0.032	−0.176	−0.796	0.426	0.013	75.246
自我解释倾向 * 有形 补偿	−0.017	0.039	−0.127	−0.426	0.671	0.007	137.516
自我解释倾向 * 响应 速度	−0.060	0.033	−0.443	−1.818	0.069	0.011	91.254
自我解释倾向 * 道歉	0.046	0.049	0.340	0.938	0.348	0.005	202.559
自我解释倾向 * 理赔 声明	0.002	0.034	0.015	0.060	0.952	0.010	100.400
自我解释倾向 * 补救 主动性	0.024	0.037	0.178	0.634	0.527	0.008	121.004
自我解释倾向 * 防范 制度和措施	0.034	0.032	0.253	1.071	0.285	0.012	86.169

　　本研究通过对顾客服务补救感知、变量交互影响对顾客认同的回归分析发现，该模型存在共线性问题。因此，为了排除共线性对研究的影响，度量可信的第三方介入和自我解释变量与顾客感知变量之间的交互作用，下面，回归方程中的自变量仅纳入调节变量（可信的第三方介入和自我解

释变量）及其二者与顾客感知交互影响变量。

（1）可信的第三方介入对顾客认同的调节作用分析

以可信的第三方介入及其这一变量与顾客感知交互影响变量作为自变量，对顾客认同进行回归分析。回归结果见表 4.36、表 4.37 和表 4.38。

R^2 是关于可信的第三方介入及其这一变量与顾客感知交互影响变量对顾客认同的回归变异量的解释情况。从表 4.36 可知，调整后 R^2 值为 0.543。从研究结果显示，可信的第三方介入及其这一变量与顾客感知交互影响变量对顾客认同有 54.3% 的解释力，D-W 值为 1.995，排除自相关的可能性，VIF 值均小于 10，排除多重共线性。此外，表 4.37 中，$F_{(7, 661)}$ 为 114.492，P 值等于 0.000，表示该因果关系从统计学意义上进行解释，是具有统计上的意义的。由表 4.38 的回归系数结果，本研究发现，可信的第三方介入及其这一变量与顾客感知交互影响变量对顾客认同有一定影响，其中，可信的第三方介入 * 有形补偿、可信的第三方介入 * 响应速度、可信的第三方介入 * 道歉、可信的第三方介入 * 理赔声明、可信的第三方介入 * 补救主动性对顾客认同有显著性作用，标准回归系数分别为 0.208、0.308、0.455、0.231 和 0.227，显著性概率分别小于 0.001，可变量 9 交对顾客认同没有显著影响，显著性概率为 0.143，大于 0.05。因此，从这一回归结果来看，可信的第三方介入对顾客认同有显著的正向调节作用，假设 H8 得到验证。

表 4.36　　可信的第三方介入及其这一变量与顾客感知交互影响变量对顾客认同的回归检验

研究模型	解释程度 R	解释程度平方 R^2	调整后解释程度平方 R^2	估计的标准误差	自相关 Durbin-Watson 检验
1	0.740[a]	0.548	0.543	0.59937	1.995

表 4.37　　可信的第三方介入及其这一变量与顾客感知交互影响变量对顾客认同的方差分析

	平方和	自由度	平均平方和	F 检验	显著性
回归	287.910	7	41.130	114.492	0.000[a]
残差	237.457	661	0.359		
总和	525.367	668			

表4.38　　　　可信的第三方介入及其这一变量与顾客感知交互
影响变量对顾客认同的回归结果

研究模型	非标准化系数		标准系数	T 值 （t）	显著性水平 Sig.	共线性统计量	
	B	标准误差	Beta			容差	VIF
常数项（Constant）	4.357	0.094		46.487	0.000		
可信的第三方介入	-0.941	0.048	-1.089	-19.582	0.000	0.221	4.522
可信的第三方介入 * 有形补偿	0.029	0.009	0.208	3.258	0.001	0.168	5.963
可信的第三方介入 * 响应速度	0.045	0.007	0.308	6.815	0.000	0.335	2.989
可信的第三方介入 * 道歉	0.067	0.009	0.455	7.050	0.000	0.164	6.080
可信的第三方介入 * 理赔声明	0.033	0.007	0.231	4.690	0.000	0.282	3.542
可信的第三方介入 * 补救主动性	0.033	0.008	0.227	4.128	0.000	0.225	4.441
可信的第三方介入 * 防范制度和措施	0.010	0.006	0.066	1.468	0.143	0.338	2.956

（2）自我解释倾向对顾客认同的调节作用分析

以自我解释倾向及其这一变量与顾客感知交互影响变量作为自变量，对顾客认同进行回归分析。回归结果见表4.39、表4.40和表4.41。

R^2 是关于自我解释倾向及其这一变量与顾客感知交互影响变量对顾客认同的回归变异量的解释情况。表4.39显示，调整后自我解释倾向及其这一变量与顾客感知交互影响变量对顾客认同的回归变异量的解释情况 R^2 值为0.542。因此，这一回归结果显示，自我解释倾向及其这一变量与顾客感知交互影响变量对顾客认同有54.2%的解释力，D-W值为1.975，排除自相关的可能性，VIF值均小于10，排除多重共线性。此外，表4.40中，F（7，661）为114.050，P值等于0.000，表示该因果关系从统计学意义上进行解释，是具有统计上的意义的。由表4.41的回归系数结果，本研究发现，自我解释及其这一变量与顾客感知交互影响变量对顾客认同有一定影响，其中，自我解释倾向 * 有形补偿、自我解释倾向 * 响应速度、自我解释倾向 * 道歉、自我解释倾向 * 理赔声明、自我解释倾向 * 补救主动性对顾客认同有显著性作用，标准回归系数分别为0.193、0.280、0.479、0.214和0.245，显著性概率分别小于 0.001，可变量 9 交对顾客认同没有显著影响，显著性概率为 0.069，大于 0.05。因此，从这一回归结果来看，自我解释对顾客认同有显著的正向调节作用，假设 H9 得到验证。

表 4.39　　　　　　自我解释倾向及其这一变量与顾客感知交互影响变量对顾客认同的回归检验

研究模型	解释程度 R	解释程度平方 R²	调整后解释程度平方 R²	估计的标准误差	自相关 Durbin-Watson 检验
1	0.740ᵃ	0.547	0.542	0.60000	1.975

表 4.40　　　　　　自我解释倾向及其这一变量与顾客感知交互影响变量对顾客认同的方差分析

	平方和	自由度	平均平方和	F 检验	显著性
回归	287.407	7	41.058	114.050	0.000ᵃ
残差	237.960	661	0.360		
总和	525.367	668			

表 4.41　　　　　　自我解释倾向及其这一变量与顾客感知交互影响变量对顾客认同的回归结果

研究模型	非标准化系数		标准系数	T 值	显著性水平 Sig.	共线性统计量	
	B	标准误差	Beta	(t)		容差	VIF
常数项（Constant）	4.468	0.096		46.340	0.000		
自我解释倾向	-0.899	0.045	-1.089	-19.893	0.000	0.228	4.376
自我解释倾向 * 有形补偿	0.025	0.008	0.193	3.190	0.001	0.188	5.322
自我解释倾向 * 响应速度	0.038	0.006	0.280	6.180	0.000	0.333	3.005
自我解释倾向 * 道歉	0.065	0.009	0.479	7.365	0.000	0.162	6.167
自我解释倾向 * 理赔声明	0.028	0.006	0.214	4.341	0.000	0.283	3.531
自我解释倾向 * 补救主动性	0.033	0.007	0.245	4.442	0.000	0.225	4.449
自我解释倾向 * 防范制度和措施	0.011	0.006	0.080	1.821	0.069	0.356	2.807

4.3.8 顾客认同和顾客后续行为意向的均值分析

这一部分使用独立样本 T 检验消费者个性（内向和外向）、服务失误类型（结果性服务失误和程序性服务失误）对顾客认同和顾客后续行为意向（顾客满意、重购意向、口碑传播）的影响。

首先，使用独立样本 T 检验消费者个性（内向和外向）在顾客认同和顾客后续行为意向（顾客满意、重购意向、口碑传播）上是否存在显著差异，如表 4.42。可以看出，在置信度为 95% 的情况下，不同消费者个性（内向和外向）在顾客认同上没有显著差异，不同消费者个性（内向和外向）在顾客后续行为意向（顾客满意、重购意向、口碑传播）上也没有显著差异。因此，消费者个性（内向和外向）、并不会对顾客认同和顾客后续行为意向（顾客满意、重购意向、口碑传播）有实质性的影响。假设 H1 没有得到验证。

表4.42　　　消费者个性对顾客认同和顾客后续行为意向的影响

变量	消费者个性	人数	均值	方差齐性检验		均值差异检验	
				显著概率	是否齐性	显著概率	均值差（内向—外向）
顾客认同	内向	339	4.394	0.979	是	0.528	−0.043
	外向	329	4.437				
顾客满意	内向	339	4.484	0.814	是	0.400	−0.065
	外向	329	4.548				
重购意向	内向	339	4.036	0.528	是	0.643	0.643
	外向	329	3.993				
口碑传播	内向	339	4.399	0.237	是	0.881	0.881
	外向	329	4.388				

注：方差齐性的显著性水平为 0.05，＊＊P ＜ 0.05。

最后，使用独立样本 T 检验服务失误类型（结果性服务失误和程序性服务失误）在顾客认同和顾客后续行为意向（顾客满意、重购意向、口碑传播）是否存在显著差异，如表 4.43。可以看出，在置信度为 95% 的情况下，不同服务失误类型（结果性服务失误和程序性服务失误）在顾客认同上没有显著差异，不同服务失误类型（结果性服务失误和程序性服务失误）在顾客后续行为意向（顾客满意、重购意向、口碑传播）上也没有显著差异。因此，不同服务失误类型（结果性服务失误和程序性服务失误）并不会对顾客认同和顾客后续行为意向（顾客满意、重购意向、口碑传播）有实质性的影响，这与回归分析的结果是一致的。假设 H7 没有得到验证。

表 4.43　　　　服务失误类型对顾客认同和顾客后续行为意向的影响

变量	服务失误类型	数量	均值	方差齐性检验		均值差异检验	
				显著概率	是否齐性	显著概率	均值差（结果性—程序性）
顾客认同	结果性	322	4.438	0.421	是	0.531	0.043
	程序性	347	4.395				
顾客满意	结果性	322	4.492	0.757	是	0.560	−0.045
	程序性	347	4.537				
重购意向	结果性	322	4.025	0.765	是	0.823	0.021
	程序性	347	4.004				
口碑传播	结果性	322	4.432	0.320	是	0.325	0.075
	程序性	347	4.357				

注：方差齐性的显著性水平为 0.05，＊＊ P＜0.05。

4.4　顾客认同的服务补救作用机制调查的总结和讨论

本研究基于顾客感知价值和服务补救理论，结合服务失误类型、可信的第三方介入以及自我解释倾向的情境对顾客心理层面的服务补救理论展开了进一步的研究。本研究将顾客认同作为中介变量，作为顾客感知和顾客后续行为意向之间的衔接，并在前人的研究基础上，将顾客感知分为非制度性特征（补救主动性、有形补偿、响应速度、道歉）以及制度性特征（理赔声明、防范制度和措施），旨在探讨顾客感知、顾客认同和顾客后续行为意向三者之间的影响路径，同时引入服务失误类型、消费者个性、可信的第三方介入和自我解释倾向这四个调节变量进一步分析调节效应。基于现有文献进行内容挖掘和提炼，按照刺激—认知—情感的序列模式，结合运用了顾客抱怨记录和关键事件报告及其焦点小组座谈等调查方法，探讨了顾客感知对顾客服务补救认同感，及其对顾客后续行为的影响机理。这一部分的实证研究发现了如下三个方面的结论。

1. 顾客感知对顾客认同具有显著的正向影响

将顾客感知的非制度性因素（补救主动性、有形补偿、响应速度、道歉）制度性因素（理赔声明、防范制度和措施）作为自变量对顾客认同进行分析，通过实证分析发现，顾客感知的非制度性特征（补救主动性、有形补偿、响应速度、道歉）和制度性特征（理赔声明、防范制度和措施）对顾客认同均有显著积极影响。本研究验证了假设 H2a、H2b、H2c、H2d、H3a 和 H3b 的成立，即：顾客感知的各个维度对顾客认同存在显著的正向影响。

在服务补救过程中，企业对于服务补救采取的主动补救，给予顾客实物补偿，企业意识到发生服务失误并基于此采取服务补救措施的响应速度，企业的道歉、理赔声明以及企业原本订立的防范制度和措施能够在顾客的心理层面上树立一个积极应急的企业形象，刺激到顾客的心理需求，从而使得顾客认可服务补救的价值，进一步促进顾客的后续消费行为意向。从影响程度上来看，企业对于服务失误发生后采取的主动响应反映速度对顾客认同的正向影响最为显著（标准回归系数为 0.289），这是由于在顾客心理层面上，企业的及时回应能够降低顾客的不满情绪，对该企业重拾信心促进后续消费行为意向具有正向影响。其次影响程度排名第二的是企业提供的有形补偿（标准回归系数为 0.207），比如及时退换货并给予赠品、提供折扣、购物券等使得顾客能够更直观地获得心理补偿，也是弥补服务失误的最为直接的方法。接下来的影响程度排名依次是道歉（标准回归系数为 0.179）、补救主动性（标准回归系数为 0.130）、理赔声明（标准回归系数为 0.127）及防范制度和措施（标准回归系数为 0.059）。这一研究表明，在服务补救过程中，企业主动承担失误责任，对其道歉并解释相关原因，往往会获取顾客的谅解和良好评价。

2. 可信的第三方介入在顾客感知与顾客认可中起到重要的调节作用

通过回归分析检验可信的第三方介入的调节效应，本研究验证了假设的成立。基于前文的分析，得出补救主动性、有形补偿、响应速度、道歉、理赔声明、防范制度和措施均对顾客认同起到显著的正向影响的结论，而在进一步的分析中发现，可信的第三方介入在其中的增强作用。其中，防范制度和措施与可信的第三方介入的交互变量对顾客认同的影响效果并不显著。在服务补救过程中，可信的第三方诸如工商局的介入会增强顾客对于服务补救的认可，通过更权威的途径获取和验证企业的失误行为，进而消除顾客对于服务失误的不满情绪。可信的第三方介入有助于企业进行后续的补救措施，增加顾客对企业的信任和补救的认可。从总体上来看，可信的第三方介入对顾客认同构成调节作用，对整个模型起到显著的调节效应。

3. 自我解释倾向在顾客感知与顾客认可中起到重要的调节作用

通过回归分析检验自我解释倾向的调节效应，本研究验证了假设的成立。基于前文的分析，得出补救主动性、有形补偿、响应速度、道歉、理赔声明、防范制度和措施均对顾客认同起到显著的正向影响的结论，而在进一步的分析中发现，自我解释倾向从顾客角度，对其中的影响机理起到了增强作用，其中防范制度和措施与自我解释倾向的交互变量对顾客认同的影响效果并不显著。在服务补救过程中，自我解释倾向会加强顾客感知对于顾客认同的刺激作用。顾客在服务补救过程中的自我参与感会在很大程度上促进其对服务补救的认可，从而影响到后续的行为意向。

顾客对于服务企业服务补救的认可程度在很大程度上决定了企业未来的发展。"顾客是上帝"这句话的适用性越来越强。在服务过程中产生危机并不可怕，可怕的是懈怠了对于危机的补救，以至于失去了顾客对企业的信任。

第 5 章　服务企业服务补救效果的监测评价机制

实践和学术的研究都表明，服务企业在遭遇服务失误后，其顾客满意度和顾客重购意愿都会下降，因此，服务企业竭力避免服务失误的发生（Day et al. , 1981；Goodwin & spiggle，1989；Berry & Parasuraman，1992；Schaefers et al. , 2016；Tsarenko、Strizhakova & Otnes，2019）。但是，事物在发展的过程中，都会受到一定的外界作用，因此，服务失误只能尽力去控制发生率却不能完全杜绝它的出现。那么，服务企业在服务发生后进行迅速补救可以将服务失误对顾客感知服务质量、顾客满意和员工满意带来的负面影响减少到最低限度。同时，服务企业在服务补救后对服务补救效果的监测与评价可以进一步帮助服务企业提升其服务质量。

本章主要以可信的第三方介入服务补救为基础，分析服务企业服务补救流程以及服务补救不同阶段所采取的策略，同时根据补救的监测指标来衡量服务补救的效果，并对服务补救效果进行动态监测。

5.1　可信的第三方介入服务补救模式

从顾客是否采取行动这一角度分析，当服务企业在服务的过程中发生服务失误而导致顾客产生不满意时，可以将顾客出现不满意后的行为倾向划分为采取行动和不采取行动两种。前面章节中已经介绍，Day & Landon（1977）将采取行动的反应细分为私人行动和公开行动。私人行动包括将自己不满意的消费服务经历告诉亲朋好友、停止消费或转向同类型其他服务企业消费等方式；公开行动包括向服务企业管理者投诉以寻求补偿、运用法律武器来捍卫自己的利益、向第三方投诉。考虑到投诉所需要的成本以及诸多繁杂的程序等各种因素，大多数的顾客在感到不满意时都不会采取公开的行动。而现如今，随着顾客法律意识的增强，顾客越来越懂得捍卫自己各方面的利益。因此，当产生不满意情绪时，采取公开行动的顾客也越来越多。Singh（1990）考察了顾客不同投诉形式所占的比例：（1）顾客停止消费的比例为 14%；（2）顾客产生负面口碑传播的比例占 21%；（3）顾客向第三方团体投诉的比例为 28%；（4）顾客向企业管理层投诉的比例为 37%。

第三方团体投诉是指顾客通过向政府相关部门、消费者协会、商会以及公众媒体等第三方组织进行投诉。研究表明，在下列五种情况下，顾客更容易采取第三方团体投诉的行为：（1）顾客对商家最初提供的赔偿不满意；（2）当不满意产生时，顾客很容易联想到采取法律行动或向其他正规组织寻求帮助；（3）顾客认为采取其他投诉方式所产生的结果并不能令其感到满意；（4）因投诉环节、投诉过程使顾客的情绪处于高度的焦虑状态；（5）顾客对企业的商业行为持消极态度（Duhaime & Ash，1979；Ursic，1985；Singh，1989；Tipper，1997；Glikson et al.，2019；Bilstein & Hoerner，2019）。当顾客采取向第三方团体进行投诉时，往往会给服务企业声誉带来十分严重的负面影响。当第三方团体受理顾客的投诉，对服务企业进行调查时，服务企业往往会有一种抵触的心理，不理睬、不接见、不配合，甚至出现暴力行为。当服务企业以这样不积极、逃避、回避的态度来对待第三方团体的调查时，其负面口碑则会越传越差。这不仅使得服务企业由于服务失误、补救不及时而造成了顾客流失，还给服务企业的声誉造成严重影响，使得服务企业在新客户的发掘、老客户的维持等工作上都难以有序开展。

第三方团体是介于服务企业与顾客之间的、值得服务企业和顾客都信服的组织。服务企业可以充分利用第三方团体的公信力，将可信的第三方组织纳入服务企业服务补救流程中。这样做不仅提高了服务企业自身的信誉度，而且也增加了服务企业服务补救的有效性。

5.1.1　可信的第三方组织介入模式类型

在服务补救过程中，可信的第三方组织包括政府相关部门、消费者协会、公众媒体等。不同的组织介入企业服务补救的形式不同、介入的深度也不同。因此，本研究将可信的第三方组织介入模式分为四种类型：主动型、指令型、引导型和互动型介入模式。四种类型的介入模式以不同的形式有差异性地促进服务企业服务补救有序实施。

1. 可信的第三方组织主动型介入模式

主导一词的词义是统领全局、推动全局的发展。现如今，服务型企业坚持以服务为导向、以顾客需求为中心，提升企业的服务质量，增加顾客的满意度。服务企业在为顾客提供服务的过程中难免会出现差错，以致企业服务质量下降，而企业对服务质量又难以实时控制，最终导致服务企业陷入困境。在这种情况下，服务企业可以积极主动地寻求可信的第三方组织介入服务企业服务补救中，通过第三方评估提升服务企业的服务质量。

咨询评测公司也属于可信的第三方组织，服务企业通过向了解该行业的咨询评测公司来寻求帮助。咨询评测公司的专家以顾客的身份进行消费服务，以顾客的角度衡量服务企业的服务质量，并以此为基础，提出服务企业服务质量改进的相关建议，进而达到主动提升服务补救的效果。与此相类似的，服务企业还可以向社会各阶层招募"行风监督员"，以第三方的视角审视服务企业的服务质量，并定期向服务企业提供相关报告，为服务企业自身服务改进、增强服务补救有效性提供帮助。

虽然，这种模式也是对服务企业服务质量的检测，但它与已有的质检方式存在很大的差别。已有的质检一般都是服务企业通过其自身的质检部门对为顾客提供的服务产品进行检查。例如，酒店检测其提供的客房是否整洁、餐厅检查其提供的饭菜是否干净等。这种检测模式都是站在服务企业自身的角度去看问题，没有从顾客的角度出发。因此，这种质检检测的视野受到局限，一般只是停留在观察表层的现象，很难深入体会到顾客的消费感受。而咨询评测公司、"行风监督员"对服务企业服务进行评估时，是站在顾客的角度来对服务企业提供的服务质量进行评估，寻找服务过程中容易引起顾客产生不满意的细节，并将这些细节整合后进行评估。这种方式更加注重量化以及对服务过程中具体细节的描述，根据不同的服务企业性质、不同的服务对象、不同的服务方式提出特别的评估细则。

2011 年 5 月 28 日，卫生行风第三方评价机制率先在南京胸科医院建立起来。该机制的优点是能够比较真实地反映患者对医院各方面的满意程度，可以促进医疗质量改进、服务水平提高。为了加强医院监管，开拓医院行风建设的新举措，2011 年 11 月南京将卫生行风第三方评价机制在全市推行。通过上海一家专业的调查机构进行调查，体现住院患者对医院服务质量、服务流程以及医护人员的工作态度等方面的满意程度。该评价机制根据每个医疗机构的住院人数随机抽取符合统计学要求的个体数目，然后由第三方机构的专业人员对医院患者进行调查。这种方式与以往医院通过电话、信函等方式了解患者的满意度的评价机制不同。它由第三方机构组织实施，其调查过程与医院乃至卫生主管部门间都没有关系。这就使得调查能够更加客观、专业、公正。第三方评价机制的调查结果与医生及医院领导层的绩效工资相关，并且与医疗结构的评优评级也存在很大关系。这对加强公立医院的监管起到十分重要的作用。

主导型服务补救模式是针对现有的服务状况进行观察，对服务过程中存在的却没有引起服务企业重视的服务失误进行前期补救，通过前期的服务补救预先设置降低服务企业后期的服务补救失误，最终提升服务企业服务补救效益。

2. 可信的第三方组织指令型介入模式

顾名思义，指令型模式是上级监管部门对服务企业下达各种文件命令，要求企业学习各种方针政策并贯彻落实到底。这一监管部门基本上都是政府相关部门，如质监局、工商所等。在促进经济发展的同时，政府的引导指令作用便体现了出来。丁学伟（1997）指出，韩国政府为促进企业的发展，制定了各种法律法规，而许多中小企业的支援机构也都是依法建立。田桂玲和平利群（2008）的研究发现，日本政府通过指令性政策对日本公司发展进行了合理引导，对企业发展有了较大指导。那么，我国政府在指导企业服务补救领域，也可以考虑采用这一指令性政策对企业的引领作用，使企业明确其发展方向。当然政府相关部门各项工作的开展都是依据各种文件规定进行。当有顾客向政府相关部门进行投诉后，政府相关部门会对服务企业进行走访，调查顾客投诉的情况是否属实。若顾客投诉情况属实，那么相关部门一定会按照规则制度，依法对服务企业进行处罚或教育。

为预防这类情况的发生，服务企业应该积极响应政府部门的号召，配合政府相关部门的各项工作。对于政府部门下达的各项规定，服务企业积极响应，认真对待，用政府相关部门的各项规定来约束服务企业的行为。服务企业应当遵守经营标准、行规准则和行为会约，规范服务企业自身的行为，从而保障顾客的合法权益。同时，服务企业也要勇于承担社会责任，赋予服务企业良好的社会形象，提升服务企业在顾客心目中的定位。当然，更重要的是，服务企业应当时时保持自律，以高标准、严要求来规范自身的运作。

零售企业巨头沃尔玛在中国市场的表现中差强人意。多次在服务领域违规操作，没有做好必须的责任承担。2006 年以来，重庆的多家门店屡次违规操作，销售不合格食品和过期食品。沃尔玛在受到工商部门 20 多次处罚的同时，也丧失了顾客对其的信任。沃尔玛如此忽视我国法律法规，其后果不仅仅是损害了消费者的利益，更重要的是损害了其知名的品牌形象以及长年经营累积的消费者信任。

优秀的服务企业懂得如何运用服务企业与政府相关部门之间的关系。它们及时地了解和掌握党中央政府的政策导向及方针，了解掌握政府相关责任部门的规则制度、办事程序以及操作流程，从而降低了违反规定的服务失误概率。经过这样深入地学习，即使出现了服务失误，服务企业也能够很好地利用各项政策规定跟顾客进行协商沟通，必要时还可以通过政府相关职能部门进行调解。

3. 可信的第三方组织引导型介入模式

信息技术的高速发展给人们的生活带来了便利，人们可以与隔着大半个地球的亲朋好友方便地取得联系，轻松地获得所需的信息，及时了解各种事件的动向等，信息技术拉近了人与人之间的距离，使得地球越来越小，各种信息越来越难以掩埋。中国有句谚语说得好，"好事不出门，恶事行千里"。中国五千多年的传统文化使得坏消息的传播速度远远大于好消息的传播速度。

媒体的介入更加促进了消息的传播速度，进而导致危机事件的大范围传播，给服务企业带来恶劣影响。应当看到，媒体通过它对外信息的传播就能够改变大众的看法和认知，这是作为媒体独一无二的超级无敌控制权和话语权。那么，对于服务企业而言，在与媒体的应对中，其采取的方式也各不相同。Kabak & Siomkos（1990）根据企业的积极程度将企业的应对态度分为四类，即：拒绝、非自愿应对、自愿应对以及非常努力地应对。拒绝是指企业不愿对事件承担任何责任；非自愿应对则是企业在不得已或强制情况下应对；自愿应对则是企业在事件发生后主动地采取相应措施来解决问题；非常努力地应对是企业努力地采取各种措施来树立企业勇于担当、负责任的形象。企业应对媒体时采取不同的态度带来的效果也不同。若企业从拒绝到非自愿应对，那么顾客很难及时接受；相反，若企业自愿应对且非常努力地配合媒体来解决问题，那么顾客很容易接受企业的行为。例如，康师傅对其爆发事件，最初的应对态度是"拒绝"，并坚称其所用水源符合国家标准，且对"水源是自来水"的舆论不予任何回复；事件发生近一个月后才逐渐开始"非自愿地应对"，就其水源问题向顾客道歉。在这一过程中，企业的形象在顾客心中已经渐渐坍塌；而当肯德基面对"苏丹红事件"时，其积极努力地采取各项措施，树立企业负责任的形象，并通过发布"调查苏丹红的路径图"，在短时间内就获得了顾客的谅解。

现如今，各种媒体是信息传播的主要途径。服务企业在服务补救方面也应该充分利用媒体这一信息传播介质，利用媒体来引导服务企业进行服务补救，从而提升服务企业服务补救效率。在服务失误前，对于媒体所报道的其他服务失误的事件服务企业要给予高度关注，对于媒体报道的事件进行认真剖析，再根据自身服务企业的现状对服务补救系统进行改进，降低服务失误发生的概率。当服务失误确实发生时，顾客向媒体投诉时，服务企业也应当积极面对媒体的采访，开诚布公，正确引导媒体舆论，通过媒体表明其对危机事件认真负责的态度，从而有力地保证在当下危机事件中，服务企业的立场能够在第一次报道中得到正确的描述，降低不良舆论扩散。同时，服务企业应该保持信息透明，与媒体建立良好的关系，争取媒体的支持，由媒体引导，积极化解服务企业与顾客之间的纠纷。服务企业需要通过媒体的引导，提升服务企业信誉，增强顾客对服务企业的忠诚。

以日本雪印乳业危机事件为例，雪印乳业是日本著名的乳制品企业，成立于 1925 年。1955 年 3 月公司发生"八云工厂脱脂奶粉中毒事件"；2000 年 6 月又爆发"集体中毒事件"。两次事件公司采取了两种不同的补救方式，1955 年的"脱脂奶粉中毒事件"爆发之后，雪印乳业企业采取了积极回应的方式。企业立刻收回了涉事、有问题奶粉，公开在媒体上对广大消费者道歉、发表声明，并且积极走访道歉于各受害消费者。企业在公司内部印制、分发《告全体职工书》给每一位员工，时刻提醒企业员工，要得到顾客的信任，绝不是一朝一夕的事情，然而要毁掉和丧失掉，却是分分钟的事情。因此，信用是用金钱无法买到的。迅速而积极的回应，使得雪印乳业免于遭受更大的经济损失和陷入更为严重的诚信危机。而发生于 2000 年的"集体中毒事件"，却令雪印乳业陷入万劫不复的深渊。当时，雪印乳业耽误了时机，并未在第一时间运用积极有效的补救策略，更没有仔细认真查明事件发生的缘由，更不用提什么处理后续致歉事宜。企业只是一味地掩藏相关证据，最终政府出面强制进行调查和搜查，虽表面认罪，但背后仍然固执地坚持自己的做法，没有调整和提高生产管理的诚意。雪印乳业故步自封，我行我素，很快受到顾客和中间商的积极抵制和猛烈控诉，且其未能很好地应对媒体，造成其形象的急剧恶化，是其更进一步造成失去信赖的重要因素之一。引导型服务补救模式能够给服务企业的行动提供一些有利的信息，引导服务企业向正确的方向前行。

4. 可信的第三方组织互动型介入模式

服务企业服务的进行不是单向的，它需要与顾客共同来完成。同样，服务企业出现服务失误后，若顾客投诉，服务企业不予理睬，那么服务企业这一次的服务失误也难以补救。长此以往，服务企业的服务失误越积越多，当服务企业意识到这一点时，可能是"亡羊补牢，为时已晚"。服务企业在进行服务时要与顾客有一个良性的互动过程。在这个互动过程中，为顾客提供全方位最优质的服务，而顾客最终也能回报服务企业较高的满意度。当然，在这一过程中也会出现不愉快的时刻，服务失误造成顾客满意度下降，顾客会采取停止消费、传播负面信息和投诉等行为。因此，服务企业在与顾客互动的过程中，也要与其他有利于服务企业的第三方积极探索有利解决途径，在降低服务企业服务失误率的情况下提高服务企业服务补救的效率。

21 世纪互联网技术的发展促进了电子商务的出现。在电子商务快速繁荣之时，伴随的是电子商务纠纷事件的增长。在我国，绝大部分的网站都采取的是内部申诉机制，也就是通过网上经营者自己所设立的投诉部门来与消费者沟通，如 SOHU、易趣网以及淘宝商家都设立了类似这样的机构。这样的机构是直接与商家进行交谈，没有第三方介入服务补救过程中来。这种服务补救的结果很大可能不会使顾客满意，顾客的不满也会导致后续的负面行为，给商家造成不必要的损失。那么，我们需要思考，如何有效地利用第三方，既提供给顾客放心的消费环境，又能保护商家的利益不受侵害？起源于美国的 ODR（Online Dispute Resolution）的机制很好地解决了这一问题。在线纠纷解决机制提倡由中立方主导。这一模式更加注重买卖双方的协调，尽量促使双方意见达成一致，避免双方反目成仇，从而不至于让人们对电子商务失去信心。在线争议解决机制在我国的发展刚刚起步，因此，面对的问题也是非常多的。学者武化岩、徐继强、肖永平、谢新胜、郑远民和蒋顺华等诸多研究成果都从我国法律、制度、技术、环境出发，为构建我国的 ODR 提出了建设性的意见，为理论付诸于实践提供了启发与指导。例如美国的 BBB Online，它是美国商业促进会成立的在线纠纷解决机构，为顾客提供便捷的申诉服务。顾客在 BBB Online 登记申诉后，该网站会在两个工作日内将申诉送交给被投诉企业，而企业也须在 14 日内做出相应的回复。若被投诉企业未在规定期限内做出回复，那么，该机构将会立即启动第二轮申诉请求，当企业做出回应后，BBB Online 立刻将该回复通知申请人。

5.1.2　可信的第三方组织介入策略的选择分析

四种类型的服务补救模式虽说都是由可信的第三方组织介入，但是四种不同类型的服务补救其运作机理还是有一定的差异。可信的第三方组织介入企业服务补救的方式不同，介入程度也不一样。表 5.1 对四种可信的第三方组织介入模式在运作机理和适应条件上进行了比较。

表 5.1 四种可信的第三方组织介入模式的运作机理和适应条件等特征的比较

模式特征 介入模式	运作机理	适应条件	企业操作难度	顾客的接受度	运作效果
主导型	借助第三方组织,以顾客的角度去查找不足,主动地改进服务质量	企业收到顾客投诉少,但顾客对企业满意度低,企业很难有较大的发展	容易操作	顾客接受度高	对可能存在的问题发现不多,改进服务质量程度有限
指令型	以政府相关部门、行业协会等上级部门的规则制度来约束企业的行为,用规则制度来保障顾客的合法权益	企业对政府相关部门政策不够了解,容易在规章制度上犯错误,损害顾客的利益	容易	接受度较低	不明显。由于主要从制度来规避一些程序上的失误,却不能改变真正存在的不足
引导型	在服务失误前,吸取媒体报道的其他案例的教训来改进企业的服务;在服务失误发生后,积极面对媒体,用媒体引导企业对服务失误进行有效补偿	适用于企业服务失误且受到各界关注,或服务失误较严重,影响范围较广的情况甚至是危机事件	操作难	接受度低	有一定的效果。使顾客了解事件发展的前因后果
互动型	由可信的第三方介入补救过程中来,加大买方、卖方和第三方的互动,从而达成补救目的	有可信的第三方组织或仲裁机构加入到服务补救的过程中来,提升服务补救的强制性	较难	接受度较高	通过第三方调解机构来调解双方的矛盾,在公平、公正的前提下进行服务补救

　　当然,在采用第三方组织介入服务补救过程中时,服务企业应该根据自身的环境以及各方面的条件选取适合自身的服务补救模式,量体裁衣,这样才能有效地提高服务补救效率。那么,服务企业应当如何根据自身的

情况，选择适合自身发展，有利于改进自身现存状况的介入策略呢？本研究分析了第三方干预策略选择路径。

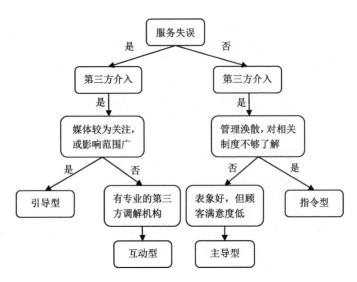

图 5.1　第三方干预策略选择的分析框架

　　如图 5.1 所示，服务企业首先要判断服务是否出现了失误。当服务企业确定服务失误已经发生，且决定需要可信的第三方介入本企业服务补救过程中时，服务企业还要判断这一次的失误是否已经受到媒体的关注、本次失误严重程度和影响范围。若媒体已经开始关注此次事件或者说此次事件较为严重、影响范围较大，那么，服务企业应当采取引导型服务补救模式，积极面对媒体，信息透明化、在媒体的引导下完成补救过程。若此事件有专业的第三方调解机构，那么，充分利用该机构，在调解机构的参与下与顾客进行互动，进而达成服务补救协议。若服务企业没有发生服务失误，服务企业仍可以通过第三方的介入，提升服务失误意识，以达到减少服务失误发生的目的。

5.2　企业服务补救的流程优化和补救策略优化

5.2.1　企业服务补救的流程优化

根据关系分析模型，Gronroos（2000）以服务补救时机为基准，将服务补救分为三类，即，基于管理导向的服务补救、防御性服务补救和进攻性服务补救。从本质上来看，基于管理导向的服务补救的运作机制基本上与顾客抱怨处理步骤相同，也就是将服务补救作为一个独立的服务部分，安排在服务结束后进行。它是一种被动的服务补救方式；防御性服务补救则是将服务补救作为一个特定的服务情节，将其纳入主服务情节之中，在服务结束之前就进行补救。但防御性服务补救需要顾客先自行解决问题，而正式的补救措施还需等到以后实施；进攻性服务补救则是强调在服务过程中对服务失误进行立即解决。因此，进攻性服务补救属于主动的补救方式。

根据 Gronroos 的分类，结合本研究的观点，本研究将服务企业服务补救实施分为三个策略，即，主动策略、被动策略和第三方策略，如图 5.2 所示。主动策略与 Gronroos 提出的进攻性服务补救相似，即在服务过程中立即解决服务失误；被动策略即当顾客发现服务失误，向服务企业指出该失误，服务企业向顾客进行失误补救，该过程发生在服务流程结束之后；主动策略则是服务失误发生后，服务企业自身无法掌控局势，需要第三方组织的介入，与顾客进行协调，解决问题。

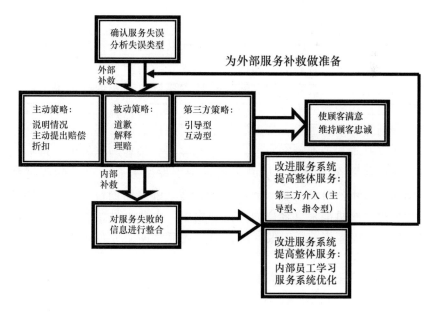

图 5.2　服务补救流程优化

5.2.2　企业外部服务补救策略优化

在外部服务补救阶段，服务企业首先要立即向顾客道歉，然后，根据不同的服务过失类型，选择不同的服务补救策略。当服务企业在顾客之前发现服务失误时，有些服务企业会选择视而不见，蒙混过关，其实这是冒风险的。当出现这种情况时，服务企业应当采取主动的服务补救策略，向顾客说明情况，并主动提出一些赔偿。这种积极服务补救态度让顾客感受到服务企业的用心。当顾客发现服务失误时，顾客很可能会向服务企业进行投诉，此时，服务企业应积极面对顾客的投诉，学会聆听，重视顾客的问题。当服务企业提出的解决方案已经不能平息顾客的怨恨时，服务企业则有必要请求第三方组织的帮助，共同协调解决纠纷。无论采取哪种方法，服务企业都应该做到以下几点：

1. 重视顾客的问题

顾客对服务企业的满意度一部分来自于服务企业对顾客的重视程度。服务企业是否真正的做到了"顾客至上"。服务企业若不能重视顾客的问题，则可能会失去顾客。站在顾客角度思考，以顾客的利益为主，减少顾客的损失。这种真诚的行为会感动顾客，服务失误的问题也能很快得到顾客的原谅。

顾客提出的问题往往是服务企业自身难以发现的或者是自身容易忽视的，但又对服务企业有影响的问题。客户服务培训师李华丽指出，重视顾客问题的三大好处。首先，最大的好处是，客户为服务企业指出了其存在的问题，而且还能帮助服务企业完善服务管理，也就是说，顾客的投诉其实是在帮助服务企业进步，帮助服务企业更好地成长发展。其次，对顾客的投诉认真对待，重视顾客的投诉，还能够培养顾客的忠诚度。最后，从服务企业重视顾客的问题，从顾客投诉中引发服务企业产品的改进和创新。例如，IBM公司40%的技术发明与创造、强生的创口贴、海尔研发的洗马铃薯的洗衣机都来自客户的意见和建议。由此可见，重视顾客的问题不仅能够解决顾客当前面对的问题，而且还能帮助服务企业不断提升改进自身现有的不足。

2. 迅速响应和尽快解决问题

Gilly（1987）和Clark、Kaminski & Rink（1992）的研究中都提出，企业在服务失误后，其响应速度的快慢能够极大地影响顾客对企业评价的高低。也就是说，一旦发生服务失误，服务企业必须在同一时刻迅速解决问题。否则，服务失误问题会迅速扩大并升级，有时甚至是几何级的倍增，给服务企业形象带来不可估量的负面影响。当然，迅速响应和尽快解决问题要求服务企业在对顾客进行赔礼道歉的同时，要为此次服务失误给出一个有利的、令顾客满意的解决方案。如果顾客投诉过程中工作人员只是不停地道歉"对不起、请原谅"，但却没有任何弥补过错、改进服务的措施，顾客也是绝不会满意的。此外，服务企业对服务失误迅速展开服务补救可以降低补救成本，也越能赢得顾客好感。

总之，迅速响应服务失误，解决顾客的问题，服务企业有三个方面明显收益。首先，这样可以让客户感受到尊重；其次，也能表示出服务企业积极解决问题的诚意；最后，也可以及时防止客户负面情绪给服务企业造成更大的伤害。

3. 授予员工权力，对员工进行服务补救专业培训

大多数的顾客认为，服务企业最有效的补救方式就是，造成服务失误的员工能够主动地在现场向顾客道歉；承认问题的存在，并与顾客协商将问题当面解决。因此，授予员工一定的权力可以给顾客减少很多烦琐的投诉程序，也使顾客的问题能够更加迅速地解决。员工有了一定权力的同时，也同时让他们承担了让顾客满意的责任和义务。进而员工在从事服务工作的时候会更满意。当员工有了一定的权力，他们多了一份对服务结果负责的责任，他们会更投入地工作，不断地在工作的过程中改进不足，从而为服务企业创造出更多的服务改善观点，摸索出一套基于一线员工的主动服务失误修缮模式。

另外，服务企业需要对员工进行服务补救训练。训练的内容包括服务补救的权力、技巧以及随机应变的能力。用心聆听顾客抱怨、确定有效的解决办法、变通的处理能力都是提高服务补救效果的技巧。通过服务补救专项培训，员工在面对顾客，处理服务失误的时候就不再感到无所适从。这一专项培训强调将服务补救方案与服务企业员工现场服务补救权力的授权相结合运用，才能达到有效地为顾客解决问题的目的。

4. 让顾客参与到服务补救决策当中，有效及时地了解服务补救进程

从行为角度看，File、Judd & Prince（1992）认为，顾客参与是指顾客通过参与服务来确定他们自己在服务过程中的角色以及他们对服务期望的行为。从心理层面说，Kellogg、Youngdahl & Bowen（1997）认为，顾客参与是指顾客在交易过程中对其心理需求的追求，例如情感、被别人认可、尊重以及自我实现等方面满足的结果。同样，让顾客参与服务补救的过程，无论是从行为角度，还是从心理角度来说都是行得通的。因为，顾客也希望服务企业在服务补救过程中担任相关决策的执行者，而不仅仅是被

动地接受服务企业对其补救的接受者；顾客希望及时地了解服务企业补救的进展过程，而不仅仅是无限期地等待服务企业给出的结果。顾客希望能够参与到服务补救过程中，这样可以与服务企业充分地沟通并了解服务企业补救的进度，从而减少不必要的误会。哪怕服务企业最终的服务补救结果不尽如人意，让顾客接受最终的结果也相对容易许多。

5.2.3　企业内部服务补救策略优化

服务企业经过外部的服务补救，虽然解决了与顾客纠纷的问题，但是，服务企业若不能从此次失误事件中总结经验、吸取教训，那么，服务企业还会犯同样的错误。在对服务失误进行有效的外部补救后，服务企业应该对服务失误进行细致地分析，整合失误信息，并对服务企业服务补救系统进行优化和改进，为服务企业外部服务补救做足准备，达到提高服务企业服务质量的目的。服务企业内部服务补救策略优化可以从以下四个方面展开。

1. 分析补救结果，对补救信息进行反馈

服务企业应将收集的补救信息传送给需要的部门。这需要建立完善的信息传递流程。服务企业需要对从服务失误的发生到服务的补救完成的完整过程中的所有信息、资金和产品流动信息实施严密的监督、管理及其积极实时反馈，最终将服务企业服务补救的结果全部提供给质监局、消费者协会等监管部门。服务企业按服务补救完整流程的做法操作，员工、顾客等信息提供者能够得到较强的归属感以及受服务企业重视的感觉，进而赢得员工、顾客对服务企业的忠诚度，提升服务企业服务补救效果。

2. 纠正服务企业经营中的弊端，重塑服务补救标准

对服务失误信息的整合，可以针对性地改进服务企业服务补救。服务企业在对服务流程进行改进、重构的过程中提高工作效率，优化服务企业资源配置。服务企业通过顾客对服务失误的投诉，能够发现许多有价值的信息。服务企业需要对这些信息进行分类、整合进而进行详细深入的分析，从而规划出适合现今服务企业服务操作的一套标准体系。应当看到，顾客服务是一种看不见、摸不着的无形的工作，也是一种无法衡量的软性工作，因人而异。因此，服务用一个统一的标准来度量貌似痴人说梦。另外，还有一种认知就是，用标准化的指标来度量服务质量没有人情味，不能很好地满足各种各样顾客的需求。本研究认为，上述观点是有失偏颇的。从实际情况来看，服务企业提供的服务中很大一部分工作项目是常规

性的，管理服务的人员很难对这类常规性的服务进行具体的质量标准和行为规范的制定，那么，服务水平差异的出现也就不难想象。因此，消费服务水平提高的方法，有且只有一个，就是通过构建标准的、规范化的量化行为和质量指标。一个值得称道的服务标准应当是简单、具体、直接，并且边界清晰。实际情况是，服务企业规模越大，服务的标准反而越简单，适用性反而越强。

3. 服务企业服务补救过程中由上至下改进服务质量很有必要

服务企业要提供高质量的服务，应当让上上下下所有的服务企业员工都有顾客满意的服务理念。让顾客满意成为服务企业所有员工的责任和义务。服务企业的管理者应该也必须认识到，要想让服务企业处于一线的服务人员为顾客提供高质量的服务，服务企业高层管理者及相关服务部门对待服务企业一线服务人员，要像对待服务企业顾客一样提供高质量的服务。对服务企业满意的员工会诚心诚意地为服务企业服务，从而为顾客提供满意的服务，使顾客满意。Bowen et al.（1999）的研究显示，假如企业员工在工作中处于不满意的状态，那么也很难实现顾客的满意。顾客服务需要一个服务企业从上至下的全员性共同配合付出，才有可能实现顾客满意的最终目标。

4. 服务企业服务补救过程中应当积极采用可信的第三方介入模式

服务企业进行服务补救过程中，可信的第三方组织直接与顾客进行接触，与服务企业共同解决服务失误的问题。而在服务企业内部服务补救中，第三方组织的介入主要是作为预防性的服务补救措施，其中包括了主导型和指令型，在前一章节中对此两种类型已经具体介绍了。

服务企业通过组织外部服务补救和内部服务补救的共同作用，使得服务补救系统更加完整。外部服务补救在服务失误情况下尽力为顾客解决问题，体现出服务企业的真诚，提升服务补救效率；内部服务补救通过对服务补救系统的优化，做好服务补救预警，为外部服务补救做准备。

5.3　服务企业服务补救效果的监测和评价机制

服务企业服务失误带来的影响可大可小，当对服务失误进行补救后，服务补救的效果严重影响到顾客的后续行为。因此，从长远利益出发，服务企业还需通过服务补救循环机制对服务补救的效果进行监测，进一步了解服务补救的效果，以达到弥补损失的目的。因此，服务企业还应当建立一套完备的监测指标体系用以对服务补救效果进行后续跟踪评价。

5.3.1 服务企业服务补救监测指标体系设计原则

1. 服务企业服务补救监测指标体系设计的科学性原则

服务补救监测指标体系设计一定要遵循科学性原则。科学是人类认识、改造社会，揭示客观事物发展演进规则的指南针，反映了事物的内在本质和演进规律。任何事物的发展都具有一定的科学性。因此，本研究按照科学性原则，在反映服务补救客观效果的基础上进行合理有效设计，为服务企业完善服务质量提供客观公正的信息，最终实现服务补救效益的最大化。

2. 服务企业服务补救监测指标体系设计的全面性原则

全方位、综合性地监测服务企业服务补救效果是非常有必要的。服务补救监测指标体系设计将在本研究中贯彻全面性原则，选择的指标尽量从顾客角度以及服务企业角度着手，力争保证确定因素的代表性。

3. 服务企业服务补救监测指标体系设计的可行性原则

服务企业服务补救实施方案是否能被服务企业的服务品质管理部门所接受，很大程度上取决于方案的可行性。本研究的指标体系来源于数据的调查、整理和分析，尽量反映服务企业服务补救的真实性，保持评价程序的简单和可操作性，防止数据资料的繁杂而增加指标体系构建的难度。

4. 服务企业服务补救监测指标体系设计的可比性原则

服务企业服务补救监测指标体系设计应遵循可比性原则。量化可以更优地诠释服务补救的真实效果。量化的目标是为了对服务补救效果进行更好地对比。服务企业或者可信的第三方组织对服务补救过程中可以量化的指标进行调查取证，并通过一定的指标测算出来。本研究也量化了服务企业服务补救效果指数，期冀这一指标具有可适用性和可比性。

5.3.2 服务企业服务补救效果指数

本研究采用 SPSS22.0 统计软件对数据进行辅助分析。由于采用的是量表打分调查，各指标趋向一致。所以，不用对数据进行标准化处理。但为了验证变量之间的相关性，本研究对测评指标进行检验。本研究检验结果 Bartlett 球度检验的概率 P 值为 0.000，即假设被拒绝，也就是说相关系数矩阵与单位矩阵有显著差异。同时 KMO 值为 0.834，根据 KMO 度量标准，原变量相关性符合要求。

1. 主成分提取

表5.2　　　　　　　　　　　　主成分分析结果

主成分	C1	C2	C3	C4
特征值	2.965	2.068	1.282	1.013
原贡献%	32.949	22.974	14.244	11.261
原累计贡献%	32.949	55.923	70.167	81.427

为了保证提取主成分后，减少变量的信息丢失，一般用累计贡献率变量不小于80%来确定主成分的个数，如表5.2。由于前4个主成分累计贡献率已经在80%以上，因此本研究取前4个主成分为新的变量代替原来的9个变量（顾客认同、有形补偿、响应速度、道歉、理赔声明、补救主动性、重构意向、防范制度和措施及口碑传播）进行分析。表5.2列出的是所提取的主成分的方差原累计贡献和各主成分在所有主成分中的累计贡献。

2. 计算主成分得分

SPSS软件能够直接求出因子分析因子得分，但由于主成分分析与因子分析有些区别，本研究需要利用SPSS软件进行一个简单的转换，即将初始载荷阵中的第i列向量除以第i个特征根的开根，求得主成分得分，即来源于每个主成分的权系数，如表5.3。

表5.3　　　　　　　　　　　主成分得分（aij）

指标　　　　　主成分	C1	C2	C3	C4
Q1	0.275	0.041	−0.001	−0.355
Q2	0.173	−0.215	0.313	0.534
Q3	−0.004	0.399	0.124	0.131
Q4	0.286	−0.052	−0.128	0.419
Q5	0.124	−0.028	0.568	−0.524
Q6	0.196	0.288	−0.249	−0.081
Q7	−0.124	0.238	0.503	0.304
Q8	0.118	0.355	−0.032	0.093
Q9	0.259	−0.089	0.106	−0.024

3. 计算各评价指数的权系数

本研究根据公式 $\beta_j = \sum_{i=1}^{k} (|a_{ij}| \cdot C_i)$［王瑢（2010）使用该公式进行主成分分析求权重在房地产顾客满意度评价中的应用］计算评价各指标的权系数。式中：β_j 为第 j 个变量的权系数；a_{ij} 为第 i 个主成分的特征向量在第 j 个变量的分量；C_i 为提取主成分之后，第 i 个主成分因素在所有主成分因素中的方差相对贡献率，k 为提取的主成分个数。再根据公式

$$W_j = \frac{\beta_j}{\sum_{j=1}^{n} \beta_j}$$

将权系数归一，得到最终权重系数。式中 W_j 为第 j 个变量的权重，n 为评价指标体系的变量数。

4. 构建综合评价函数

使用公式 $F = \sum_{i=1}^{n} (W_j Y_j)$ 计算综合得分。式中：F 为所测量对象的综合

得分，Y_j 为第 j 个变量的测度值总和的算术平均数。得出该数据中顾客满意度的综合得分为 4.41，换算成百分制即为 88.2 分。

从计算结果看，利用主成分分析法求出的权重是符合客观事实的，并且能够较好地反映顾客满意指数，将这种方法运用到顾客满意度研究中是合理可行的。此方法可供服务行业根据调查条件和需要进行选用，并在此基础上进行顾客满意度评价，满足服务企业实现自身调整和社会进行调查的需要。

5.3.3 服务企业服务补救效果的动态监测评价机制

服务企业服务补救效果的动态监测评价机制主要来源于两个途径：一个是服务企业自我评价服务补救效果，另一个是顾客评价服务补救效果。如何融合二者的共同效果，让二者趋为一致，是服务企业服务补救效果的动态监测评价机制的关键，也是难点。

1. 服务企业自我评价服务补救效果

服务企业是产品的提供者，同时也是产品、提供利益的服务质量相关方。服务企业对自身提供的服务补救进行质量评价，可以清楚地知道改进后的服务质量优劣，从而可以再次修正，以提高服务企业服务质量获取更大的利益。然而，服务企业自评只是从自身角度评价服务质量标准是否与

顾客期望的相吻合，其更多关注的是自身的利益。因此，该评价标准存在一定的片面性。

2. 顾客评价服务补救效果

顾客评价是顾客从自身的角度来对服务企业服务补救后的质量进行评价，这刚好弥补了自评的不足。服务企业可以在对服务失误环节进行修正后，对正在进行服务消费的顾客进行访问调查，从消费的顾客那里获取对服务改进后的评价信息。其中，电话回访是服务企业获取顾客评价的有效手段。服务企业主动通过电话向接受服务补救的顾客进行回访，向他们询问服务企业服务失误改进后的服务质量是否得到改善，顾客对服务企业的服务是否有新的建议等。这样，服务企业不仅向遭遇服务失误的顾客传达了服务企业对他们的关心和重视程度，也进一步地挽留了顾客，而且还可以获取服务补救效果的后续实时信息。

5.4　服务企业服务失误归因的模型

通过前文的叙述，本研究提出了服务企业服务失误归因的模型，如图5.3 所示。该图显示了服务企业在服务失误的过程中较为主要的内外部原因，同时以内外部原因为基础，提出了内部改进服务质量的方式。对外部顾客原因与服务提供者的原因处理不当时，往往会对服务补救有着负面效应。如当顾客情绪较差，服务人员情绪也不好时，服务补救可能起不到任

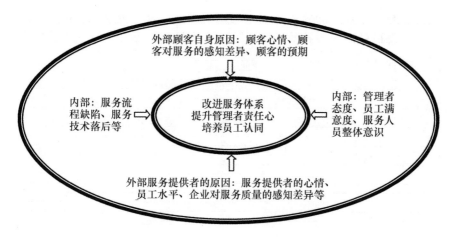

图 5.3　服务失误归因的模型

何弥补失误的作用。若内部服务失误的原因得不到及时地改进，服务的质量也难以赶上顾客的预期，那么，服务企业在服务营销这一环节上难以长期有序合理发展。

图5.3描述了服务企业服务失误原因的简单分类，根据内外部环境的分析，对服务失误进行内外部补救，从而达到改进服务质量，提升客户满意度的目的。服务企业整个的服务补救流程则如图5.4所示。

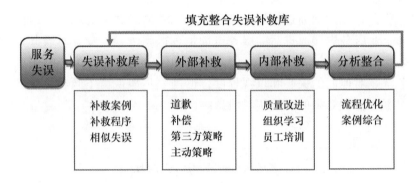

图5.4　服务补救运行流程

根据图5.4可见当服务失误发生时，服务相关人员应当首先调用失误补救库，对当前的失误与补救库的内容相匹配，进而对失误采取相应合理的补救措施；补救完成后，服务企业应当进行自我审查，对服务企业内部操作进行相应改进，同时，还要对服务失误补救进行合理整合，实时补充更新服务失误补救事例以儆效尤。本研究认为，服务补救流程是一个不断循环，不断改进补充的整体过程，构成发生—修复—再发生—再修复的闭环结构。合理处理服务补救，这一闭环结构是良性循环，反之，则成为一个恶性循环。

第 6 章　服务补救案例分析

6.1　服务补救正面案例

案例 1　百度文库：共赢还是"灭亡"①

2011 年 3 月 15 日，由慕容雪村执笔，贾平凹、韩寒、郭敬明等 50 余名作家集体签名声援《三一五中国作家声讨百度书》，要求百度停止免费向用户开放作品的侵权行为。

3 月 24 日，维权的作家以及部分出版商代表首次同百度进行了长达 4 个半小时的谈判，最后仍未达成一致意见。韩寒就此发表两篇博文来正面质问百度，其中在《给李彦宏先生的一封信》写道：百度文库完全可以成为造福作家的基地，而不是埋葬作家的墓地。李彦宏随即表示愿建立与作家及出版方双赢的商业模式。

3 月 30 日，百度文库响应李彦宏的号召，向公众承诺在三天内将未经授权的 280 万份作品基本删除干净。不过，仍然有作家质疑百度只是虚晃一枪的把戏。对此，百度推出版权 DNA 比对系统开始搜索文库中的侵权作品，为维护版权方和作家们的权益表现出了十足的诚意。然而像这样百度文库此次网络版权保护的事件还有许多，这条维权道路还很漫长。

同年 9 月，作家维权联盟针对百度文库涉及何马、韩寒、小桥老树、慕容雪村四位作家的十六部作品的侵权行为发起诉讼，百度联系原告律师表示愿意和解，并且支付了 120 万元的和解金。双方在 10 月 19 日口头达成一致，约定几日内签订针对第一波诉讼的和解协议。

---

① 应琛. 百度文库之争：共赢还是"灭亡"［J］. 共鸣. 2011（06）：39－43.

案例 1 分析

百度文库建立的初衷是作为便于广大网民之间互相分享的中间存储服务商，最终成为国内文本资源分享领域的 You Tube。然而百度文库在发展过程中，与初衷渐行渐远，不仅为一些著作权不明的文档提供了上传和下载的平台，同时还上传了其他作家的作品，实属构成了一定的侵权行为。也因此使得百度被 50 位作家公开声讨，陷入了知识产权侵权的舆论旋涡。

百度文库除了收到许多侵犯原著作家版权的投诉，对于自行公开他人或企业的内部资料也收到了大量投诉。百度文库就此次数十位作家的侵权纠纷，深刻意识到了文库中存在了大量的侵权内容，李彦宏调动各部门力量管理并解决此件事件，删除了涉及侵权的全部作品，并为之后的管理制度拟订出了《版权管理规定》，此外为得到广大关注者以及作家们的信任，还推出了文库 DNA 识别比对系统，该技术在内部测试中已获得较高的识别率，这有效避免了有网友上传侵权作品，同时也避免了侵权内容在删除后存在再次上传的现象。

在此次作家们与百度的侵权纠纷之中，百度文库积极回应创作者们的呼吁，承诺在 48 小时以内迅速核实并依法进行相应的处理，同时态度非常明确。"如果管不好，就关掉百度文库"，倡导良好的商业文化。在实际工作中加强了这方面的管理工作，在 3 天内大规模地删除了百度文库内没有获得授权的作品，对原创作家表示了深刻的歉意，承担了企业社会责任，提升了百度在社会上良好的企业形象。百度通过与利益相关者进行"对话"，更好地实现问题管理，与此同时推出了版权合作平台，正版作品得以正式入驻百度文库这个平台，吸引绝大部分的点击阅读，百度文库也合理地获得了更多优质的版权作品，使得创作者、网站平台以及受众三方共存共荣，得到了真正的发展。

类似百度文库的侵权事件在互联网上不乏少数，比如优酷、土豆类的视频类侵权，但唯独"百度文库"有如此的反响。这是一个契机，可能会催生出更好的双方互利共赢、符合互联网精神的商业模式，兼顾创作者、网站平台以及受众的三方利益，使得整个互联网市场更加健康有序发展。

案例 2　丰田汽车召回门事件①

2009 年 8 月 24 日，在华的广汽丰田和一汽丰田两家企业大规模召回在中国市场上出现零部件缺陷的主力车型，包括凯美瑞、雅力士、威驰及

---

① 刘红菊. 品牌"绯闻期"广告行为研究［M］. 2013：32－33.

卡罗拉轿车，并承诺为客户消除车辆的安全隐患，免费更换召回车辆上电动车窗主控开关的故障零部件。

企业召回产品的态度一向会受到中国消费者的赞扬，然而对于此次丰田颇费力气地大规模召回汽车的做法，部分消费者却持有不信任的看法，怀疑丰田公司进行召回不会仅仅因为很小很鸡肋的原因，他们认为是丰田产品本身存在更大更严重的问题。

事实上，这几年丰田在召回车辆的举动和规模上已经大大触动全球消费者的神经。从 2004 年至 2009 年的五年间，在华的丰田企业共进行了 24 次召回，召回了近 120 万辆汽车。如此频繁地大批量召回，让丰田陷入了质量危机。此后，丰田进行大面积的善后处理，停止了对存在缺陷的车辆的销售，给予了车主预防措施的建议，并承诺将对召回范围内的车辆免费维修。

2010 年，丰田在全球发布要召回刹车总泵油封存在故障的问题汽车的通告，其涉及 153 万辆存在行驶安全问题的汽车。

2011 年，丰田在全球发布要召回存在漏油风险的问题汽车的通告，其涉及 170 万辆汽车。同年丰田在美国召回了 217 万辆存有故障油门踏板的问题汽车。

然而，丰田认为中国市场的汽车不受影响，没有采取召回的行为，这使得广大中国消费者不得其解且引发了一定程度的恐慌。基于此，丰田公司应质检总局的要求，解释零件缺陷是由于进行驾驶员侧地毯压板作业时的操作不当，会有引发安全隐患的可能性，并回应将召回中国市场上受到其零件缺陷影响的车辆，为其更换为改良后的地毯压板。

案例 2 分析

丰田汽车曾经是凭借着高质量和高品质赢得在全球良好口碑的品牌。然而，丰田公司在几年间频繁召回问题汽车，涉及汽车数量庞大，丰田显然把自己逼到了死角。基于此，丰田公司在 2010 年 3 月首次在日本召开"全球质量特别委员会"会议。会议决定在中国成立质量特别委员会，并宣称在该年年底前对中国新上市的所有汽车安装好制动优先系统（BOS）。

在此次丰田召回危机事件中，丰田公司这是自食其苦果，也在最大努力地挽救这次信任危机。然而，丰田章男作为日本最大汽车公司的董事长，他的眼泪和鞠躬无法从根本上解决问题，唯有及时地做出反馈，向消费者阐明汽车的安全隐患及召回原因，并实施售后对策，才能走出危机。

还可以看到的是，丰田公司大规模召回的自救之路是艰辛的。首先，要考虑召回庞大数量汽车的所需费用，企业暂停生产运营的亏损费用，以及挽救丰田该品牌形象受损产生的法务开销，可见其承担的损失金额俨然是一个天文数字。此外，丰田公司还将企业陷入了信任危机，使其全球化战略均不同程度遭受到了召回事件的冲击。在这样的风波中，丰田企业没有选择视而不管，也没有选择悄悄地进行召回行动，反而果断地主动申报并向广大消费者告知召回通知，其坦坦荡荡负责任的态度赢得了消费者对丰田品牌的信任，也使得丰田形象得以挽回。同时，面对于中国大陆市场，丰田企业不仅积极回应了消费者的质疑，还付诸于行动，全面为召回的车辆更换改良后的地毯压板，提供了令人满意的售后服务。可以看到的是，补救一个错误的营销决策来挽救企业声誉，维护好品牌形象，比做一个品牌更加具有价值。售后服务本身就是维护和提升品牌的唯一快捷手段。每次营销问题的解决，售后服务的完善都是品牌影响力提升的关键。

由此真实案例可以认识到：即使企业发生了影响较大的危机，通过适当的管理与补救都可以使得企业转危为安。Patterson 等人在研究中指出：在一次失败的服务或产品遭遇中，客户会察觉到由于公司方面的失败而造成的损失。在这种情况下，服务提供人员采取一些补救措施来弥补损失，可以达到恢复客户之前满意度的效果。① 所以说平庸的企业会被危机打败，而优秀的企业可以通过处理得当的危机措施安然度过。

案例3　王老吉危机公关②

一个企业从创立初期到蓬勃发展的过程中，不可避免地会遇到意想不到的危机事件，然而如何及时有效地让企业渡过难关步入正轨，是企业长久繁荣发展的重中之重。

王老吉在5·12汶川大地震中，为灾区捐款1亿元，获得了国人的感动与大量好评。可一年后，一位杭州的消费者在网络博客上控诉王老吉，称自己饮用了王老吉从而患上了胃溃疡的疾病。同时重庆也有位消费者公然准备起诉王老吉含有致人头晕的物质，影响他人健康。5月11日，卫生部指认王老吉凉茶中含有不被允许使用的夏枯草。至此，王老吉卷入"添加门"风波，处于水深火热之中。

然而，面对外界的质疑与媒体的曝光，王老吉却选择悄然进行危机公关，并在危机之后的第二天，回应王老吉凉茶中的夏枯草是符合国家卫生

① Patterson PG, Cowley E, & Prasongsukarn K (2006) Service failure recovery: The moderating impact of individual-level cultural value orientation on perceptions of justice. International Journal of Research in Marketing, 23 (2), 263 – 277.

② 艾学蛟. 王老吉危机公关之道 ［J］. 现代企业教育，2009 (11)：42 – 43.

要求的，绝未添加任何违规物质，并向公众出示了具有权威性的《关于普通食品添加夏枯草有关问题的请示》批复，为王老吉"洗清了冤屈"。

王老吉此次危机公关直击要害，一招制胜，让各界的质疑之声瞬间销声匿迹。然而值得注意的是，王老吉在汶川捐款事件声名大噪之后的仅一年后，便引来此次"夏枯草"危机。难以排除因王老吉树大招风，遭竞争对手眼红为其使下绊子的可能，因此造成王老吉这次危机的缘由难免不令人说道一番。无论危机源头的起因是什么，但对企业来说，如何安然渡过危机，保住企业声誉乃是不变中应万变的制胜法宝。

案例 3 分析

王老吉"夏枯草"的危机事件中，可以看到的是官方权威发布的重要性是不可忽视的。王老吉在事件发酵初期没有引起该有的重视，或许说对于突如其来的情况还在讨论如何应对，也没有回应张俊修会长去往北京处理的邀约，只在企业内部进行研究是否需要即刻召开新闻发布会。

在危机发生时，企业最英明的决策便是要在第一时间做出适当的反应。然而从王老吉在卫生部指出其违规添加夏枯草的反应中可以看到，王老吉似乎并没有即刻敲响警钟，却是沉默对外，令大众都十分费解，认为王老吉如今沉默是没有想好对策的最好办法，但一直不发声，那么王老吉开新闻发布会宣布破产也就在不久的将来。

王老吉此次危机爆发的导火索还是卫生部的官方新闻发布，大多数人也因此会相信国家权威，认为王老吉道德败坏已经没有回旋的余地，然而万事不能绝对，面对这样的危机，解决的办法应当是抓住关键，从卫生部入手才能渡过难关。也就是在 5 月 14 日当天，杭州对王老吉发起攻击的消费者叶征潮正式起诉王老吉，卫生部也在官网发放了《关于王老吉凉茶有关情况的说明》，向公众说明了王老吉凉茶中的"夏枯草"是经过批准的。

危机被化解归根结底还是防患于未然的功劳，王老吉凉茶曾经就因为添加夏枯草而引起一番小风波，当时王老吉当机立断地主动向国家卫生部提出备案申请，也为之后的夏枯草危机做好了坚固的铠甲，即之后卫生部在官网发放的《关于王老吉凉茶有关情况的说明》，为王老吉洗清了冤屈。

危机被化解最好还得有靠谱的第三方，王老吉凉茶添加夏枯草的事件其实涉及了整个凉茶行业，夏枯草本身确实不是一味非常好的原料，王老吉自身出面很有可能会形成更差的局面，而广东食品行业协会便是凉茶的非物质文化遗产保护人，由其出面是给大众最好的交代，也会受到大众的认可和信任。

王老吉在汶川地震中的 1 亿元慈善款饱受好评，然而此次涉及添加违规物质，国家相关机构还是会第一时间发布。但倘若王老吉事先能同政府做好相应的公共工作，此次充满"误会"的危机事件就不会发生。以此为鉴，张会长提议在广东食品行业协会成立处理行政工作之外事务的党支部，从而使得企业能在发展的道路上更加顺应时势，长久地生存下去。

案例 4 呷哺呷哺火锅"鸭血门"事件①

2015 年呷哺呷哺火锅登上了 3·15 舞台，被媒体揭露其提供的鸭血产品涉嫌含有猪源性成分，是欺瞒消费者的行为。此消息一出，瞬间哗然一片。

呷哺呷哺就此事件立即开展了紧急预案。在 3 月 15 日当天晚上就勒令全国范围内 500 多家门店暂停销售鸭血，并积极展开与各大媒体沟通的同时，安排了专人来回应媒体通知的征询。与此同时，呷哺呷哺还进行了 15 分钟一次的全网舆情监控，时刻关注着舆论的走向与扩散。一时间，呷哺呷哺将"假鸭血"撤出了市面，媒体与公众也能与企业进行正常沟通，如此积极及时的应对方式为企业争取到了主动权。

接下来的几天，呷哺呷哺总部和门店在有关政府部门的指令下，对疑似产品进行检查、抽样并上交，同时也提供了全面、完善、翔实的供应商资质证明、进销存台账记录和品质检验报告，向公众坚定表明其坚定品质，对消费者负责的态度，阐述了完整的事实。

直至 3 月 30 日，北京市食品药品监督管理局给出了抽检鸭血的书面检测报告，正式宣告未检出猪源性成分。呷哺呷哺也在这个时候推出了"安心鸭血免费试吃"等系列活动，使得谣言顿时销声匿迹，重新赢得了民众的好感与信任。

案例 4 分析

从此次"鸭血门"事件可以看到，呷哺呷哺在得知消息后的极短时间内做出回应，紧急上线应急预案，迅速召集所有相关负责人，做到了内外均有秩序，对政府与监管机构也积极配合，使得最后危机解除，是一起服务补救的典型处理事件。呷哺呷哺不仅从中提高了企业知名度，还受到了广泛好评。

从其表态层面来看，呷哺呷哺在 3·15"鸭血门"曝光之后的 12 个小

---

① 来自老铁外链：http://www.6ke.com.cn/seoxuetang/2019/1102/24719.html.

时的时间里发布了三条微博，告诉消费者、监管机构、媒体和各利益相关者，呷哺呷哺面对此事的态度是什么，其正确的表态反映了企业正确的价值观。第一时间从呷哺呷哺的企业价值观出发，选择了"声明先行，配合调查"，让公众看到了其认真负责、积极健康的态度，是一次及时适当处理舆论的补救行为。

从其行动层面来看，呷哺呷哺指定危机公关负责人与监管机构、媒介沟通，进一步澄清，详述事实，也积极配合各地政府部门的检查，做到了使公共群众真正放心的举措。同时，呷哺呷哺还进行全网舆情监控，每15分钟扫描一次群众的声音，第一时间监控舆情走向及扩散程度，可以及时通过发布在社交媒体上的公众回应来减轻这些负面影响，为时刻处理消费者的不满做好准备，以求能在第一时间做好解决方案方面的工作。这些干预措施通常被称为"网络摄像头"①，对顾客的补救后评价产生积极的影响。

总而言之，呷哺呷哺迅速的响应速度，在"黄金时间"控制了网络舆论；完备的紧急处理预案：先确立公司立场，再公布沟通渠道，最后宣布方案和措施；以及对企业补救角色的明确定位，积极接受调查，承担责任。应当说，这些措施都是呷哺呷哺顺利完成补救行为的关键。

案例 5　海底捞"老鼠门"②

2017 年 8 月，《法制晚报》"看法新闻"曝光北京太阳宫店的海底捞员工使用顾客吃火锅的汤勺来处理一些下水道的垃圾杂物，同年在劲松店的海底捞后厨内发现其配料房、水果房、上菜房各处都有老鼠的踪迹，不仅如此，其洗碗机的边缘都附有了一层黄色的油污，显得十分脏乱差。该报道出现以后，网上舆论也炸开了锅，海底捞受到了史无前例的纷纷指责。

就在当日报道发出的 3 小时内，海底捞迅速发出《关于海底捞火锅北京劲松店、北京太阳宫店事件的致歉信》，信中表示，海底捞在第一时间前往店内调查，承认了媒体揭露的问题属实，并向顾客朋友致以最诚挚的歉意。同时，该公司对涉事门店予以立刻停业整改的措施，并承诺对所有

---

① Van Laer, T., & de Ruyter, K., (2010) In stories we trust: How native apologies provide cover for competitive vulnerability after integrity-violating blog posts. International Journal of Research in Marketing, 27 (2), 164 – 174.

② 卞欣悦. 新媒体视域下海底捞"老鼠门"传播分析［J］. 新闻研究导刊, 2019 (22): 71 – 72.

门店进行调查和整改。语言中不乏诚恳，句句承认错误。

其后短短两日，海底捞"老鼠门"事件迅速发酵。北京市食药监局要求海底捞要落实食品安全，并且要求北京所有的海底捞门店都要实现公开化、信息化、可视化的后厨环境。次日，海底捞便在官方渠道上声明积极并严格执行北京食药监局的约谈内容，并承诺践行"阳光餐饮"，接受社会监督。

案例5分析

海底捞素来以其服务赢得社会认可并立足于餐饮界神话的地位。因此，"老鼠门"事件被触发，使得海底捞迅速笼罩在一片沸沸扬扬的阴霾之中。然而，在新闻报道3个小时后海底捞便迅速有效地做出了回应。海底捞承认新闻报道的问题属实，明确了自身的错误所在，随后又明确了事件具体处理方式，积极并严格执行政府相关主管部门的要求，接受社会监督。海底捞的一系列行为引来社会好评。

面对"老鼠门"事件，海底捞无疑是做出了正确的补救措施，主要体现在以下三个方面：

第一，应对与媒体新闻的事实性揭露报道，海底捞在第一时间发布声明。然而，由于事件的真实性，为了避免回避问题而遭受大众的更进一步地怀疑与谴责，海底捞并没有直接采取否认的态度，而是言语恳切地承认错误。然后，海底捞明确地指出了问题的要害，企业需要再加强餐饮的组织和管理，并积极纠正行为，打消消费者的顾虑与怀疑，树立了主动承担责任的形象。

第二，在发表第一封致歉声明2小时后，海底捞再次发表了一则通报。通报的主要内容是针对此次事件的具体整改策略，还在每一项策略后面附上具体的负责人员及联系方式，做到权责分明，也使得社会各界都能更加透明、方便地监督与评估，获得了社会大众的信任。

第三，海底捞积极主动地回应北京市食品药品监督管理局发布的声明，在官方渠道再次发表了声明，强调对顾客公众的歉意以及接下来采取纠正行为等措施。海底捞如此坦率的态度，使得大众感受到了该公司对于"老鼠门"事件的关切与重视。此外，海底捞对于政府行为的积极配合，在一定程度上提升了企业形象和品牌形象。

回溯海底捞"老鼠门"事件的时间轴，可以看到的是，该公司应对危机的积极主动的态度，有效"抚平"了公众情绪，避免了流言的四起，降低了此次事件对海底捞品牌的破坏，达到了修复企业形象的目的。

案例 6　惠普"散热门"事件①

2017 年 8 月 1 日，惠普在 ChinaJoy 上正式发布了暗影精灵 III 代 Plus 游戏本，官方宣称此次新品在外观和性能上都得到了全面的提升，特别是在散热效果上采用了双风扇 5 根热管的散热设计，引来了大多数消费者前来抢购，然而令人惊奇的是此前被重点宣传的 5 根散热管，竟变成了 3 根，至此惠普陷入了欺诈消费者的危机之中。

在问题发生之后，惠普官方就暗影精灵 III 代 Plus 笔记本散热管数量标注有误一事即刻发布了声明，对此事做出相关描述，向消费者表达了歉意，并且提供两种补偿方案：向保留并继续使用该产品的消费者提供三倍赔偿金以及额外 500 元补偿；向退货的消费者全额退还产品支付价格以及三倍赔偿金。惠普此后便着手补偿措施的有效执行，赢得了大众的好评。

案例 6 分析

不得不说，惠普对于此次新品电脑宣传不谨慎的行为是一个严重的错误行为，对于消费者来说是赤裸裸的欺骗。然而，在问题被发现后，惠普公司在第一时间做出了回应。相比于对问题的掩饰以及否认的态度，该公司进行了真诚的认错，并提出了令人满意的解决方案，最后带来了良好的效果。Nunez & Yulinsky（2005）的一项研究表明，有效的服务补救对客户的转换行为有着显著的积极影响。② 所以，惠普此次的应对措施可以说是一次成功的服务补救案例。

现实生活中有大部分人都很难购买到实物与宣传相一致的产品，即使遭遇到严重不符的情况，能退款退货已经是皆大欢喜的局面。然而遭遇到无理公司的敷衍和推脱也是大概率事件。这些不良处理事件致使大部分消费者迫于烦琐艰难的维权之路最后选择忍气吞声。这种损害消费者利益的企业最终会随着时间的推移而销声匿迹。

反观惠普的真诚态度，其服务补救行为在一定程度上给予了这些选择购买惠普电脑消费者的尊重。消费者认为，惠普是一家有担当的、值得信赖的企业。这无疑为惠普做了一次广告。因此，此次事件的热点不仅增加了惠普品牌曝光度，还成功扭转了危机的局面，提升了企业形象。

还有惠普积极的处理方式也是值得称赞的。在问题爆发之后，惠普即

---

① 来自搜狐网：https：//www. sohu. com/a/163622082_ 118680.

② Nunez, M. and Yulinsky, C. M. （2005）, "Better customer service in banks", available at ht-tps：//www. mckinseyquarterly. com/Better_ customer_ service_ in_ banks_ 1571（accessed 21 December 2012）.

刻正面回应给予妥善的补偿方案，支付给消费者高达电脑支付价格的三倍补偿金额来补救这次"散热门"事件，让大众都感受到了惠普公司的诚意。所谓的"知错就改、现金补偿"，这在处理众多补救方案中都是行之有效的，也为整个行业树立了一个新的标杆。

惠普公司凭借此次成功的服务补救，不但摆脱了2010年"蟑螂门"留下的阴影，而且还增加了品牌曝光度，在一定程度上挽回了名誉损失，树立了积极正面的品牌形象。所以，企业在进行服务补救时，不能以一时之利而逃避责任，而应该站在消费者群体的角度，理解消费者的心情，抓住消费者最关心的问题，用最真诚的态度在第一时间给予回应和补救，避免负面消息的滋生和消费者愤怒情绪的攀升，从而减少企业声誉的损害，获取消费者的再次满意。

6.2 服务补救负面案例

案例1 航班延误，乘客指责机场，机场责任推诿

2011年5月全国进入立夏节气，雨水充沛，大部分航班因此延误。该月8日，一架X市飞往Y市的航班却因"重量级领导"的登机而未按"先来后到"的原则提前起飞，该"领导特权"的行为受到了乘客和网友的指责和质疑，引起了一场风波。①

在事件发生后，海航工作人员将责任推给了空管，并给予了十分牵强的解释：有两架航班的飞机代码相差无几，使得空管搞错了先后。此后，X市国际机场总经理公开发布了道歉信，对于航空的服务发表了深刻自省，对出行受到影响的乘客和公众表达了歉意。至此，"让领导先飞"事件暂时告一段落。

有媒体消息称，X机场5月6日原计划下午至晚上起飞的多架航班均因莫名原因延误四个小时以上，这其中包括一架飞机原定于下午5点半起飞被延误，另一航班原计划晚上6点，一航班原定于晚上7点，一航班原定于晚上9点半起飞。同时，在5月7日，从宁波机场飞往广州的7个航班也只有一架飞机正常起飞，其延误的航班竟然高达6架。

类似的情况也发生在2011年5月2日，某明星由于天气原因在A市

---

① 参见华夏经纬网新闻（http://legal.people.com.cn/GB/14628691.html）.

机场逗留，于是 A 市市长直接去机场接见明星，这也引得网友热议，引发不满情绪。

案例 1 分析

由上述的案例可以发现，这样的特权不仅仅局限于娱乐明星名人，也涉及网上热议的某些领导。更令人气愤悲哀的则是，涉及特权事件的各方人员，如机场管理人员、航空公司还有当地政府，都没有公布真正的原因，意图用"航空管制"等借口蒙骗旅客，蒙混过关。这种行为是不负责任的，其宣称的原因和真实原因则大相径庭，令人失望。

在后续事件发酵到互联网时，机场做出了解释。但无论是航空公司、政府人员，抑或是机场人员，都以"航空管制"的借口蒙骗忽悠机场旅客，从而使得旅客不能了解航班延误的真正缘由。真实原因在网上被网友曝光后，其与官方理由大相径庭，两者之间的显著差异更令人失望气愤。

特权事件在网上闹翻了天，最后机场总经理不得已出面致歉，其通过在线方式向公众解释了航班延误的缘由并对随后因管理不当出现的各种事故进行道歉。然而，对于此次事件的发酵根源"领导为什么可以先飞"却始终没有人公开做出任何解释。这样的特权事件并不是特例，某明星包机由于气候状况不得已在机场逗留，随后发生的事情令人瞠目结舌，该市市长亲自匆忙赶往机场去接见该明星。这从某种意义上来说，是对特权的骄纵，在一定程度上纵容了一些横行官员和名人，是对公众不负责任的行为。

Fornell、Wernerfelt 等学者发现，有效的补救行为对复苏的满意度起着重要的作用。在服务补救方面，满意度是指对投诉处理的满意度。复苏的满意度是指顾客在服务消费或服务补偿后的感受和态度。因此，在服务失误后重新获得客户的满意有助于与客户保持健康的关系，并获得显著而持久的竞争优势。[①] 然而，在这次事件中，机场并没有做出很好的补救措施。本研究可以看到，当航班出现问题的时候，航空公司采取什么样的补救措施，是否怀揣真诚的态度和有说服力的说法，这个都是在直观上决定了客户的感受。机场在后续的补救措施中都没有牢牢抓住问题的关键，没有从根本上安抚客户。

由事件的梳理可知，航空公司在进行服务补救时应该做到：第一，要拥有防患于未然的意识，以便及时向客户提供替代性的方案；第二，企业在解

---

① Fornell C. & Wernerfelt B. , (1987) . The Vicious Circle of Consumer Complaints. Journal of Marketing, 48 (2), 68 –78.

释时应该要有，至少逻辑上是讲得通的道理；第三，要让客户看到企业为补救失误的服务做了积极的努力；第四，企业一定要有真诚的致歉。因为，失去客户往往不是因为硬件问题或者产品问题，而是因为令人失望的服务。

案例2　三鹿奶粉事件①

2008年上半年，全国各地多处医院陆续收治了多个肾结石婴儿，在甘肃地区甚至出现了与三鹿奶粉密切联系的死亡报告。这些不幸的病例原因都指向了三鹿奶粉。其实在2008年3月份，三鹿集团就已经受到了消费者的反馈，部分婴儿因为吃了三鹿的婴幼儿奶粉，从而出现了明显的肾结石症状。

三鹿公司给出的解释也是自相矛盾的，先是矢口否认，但很快就改变了说法，承认奶粉在8月1日受到污染，但是三鹿公司并未做出挽救措施，并对公众隐瞒，使奶粉仍然在市场上照常出售，一再延误。对此中隐瞒的缘由，三鹿公司拒绝回应。三鹿奶粉的严重事态在国内持续发酵，这场危机闹得沸沸扬扬。

此后，三鹿公司故意回避从生产方出发的责任，反而将全部责任推给"不法奶农"，最后，在毒奶粉造成不可逆转的危害后，又以虚假的态度混淆舆论，侵犯了广大消费者的权益，漠视了毒奶粉造成的伤害，没有对受害的家庭致以道歉，三鹿公司可以说是一错再错。

后续由卫生部官方发布的消息证实，婴幼儿的泌尿系统结石正是由于三鹿奶粉中三聚氰胺所导致的。这也从侧面证明了三鹿公司应当负有重大责任。三鹿集团也因此声誉俱损，最后破产。余下的将是对三鹿奶粉利益相关方责任的分配和相应的惩罚。

案例2分析

为什么三鹿奶粉会落到如此地步，其根本原因就在于不肯公布真相、承担责任，企图转移责任来蒙骗消费者。尚且不谈奶粉中三聚氰胺是否是由三鹿公司故意添加。但是根据报道称，最早在2008年3月三鹿公司就已经收到了大量的关于婴幼儿肾结石病例的消息。然而三鹿集团选择缄默不言，无视这些投诉。事情持续发酵到9月，媒体大肆曝光毒奶粉事件，令人不解的是三鹿集团仍然在发布不实信息予以否认，直到奶粉添加三聚氰胺的事实无法遮掩之时，该集团才开始所谓的危机公关。为了保全企业利益而将所有责任推卸至"不法奶农"，最后避重就轻地公开道歉。

从三鹿毒奶粉事件中，可以看到的是三鹿集团在事态还未被媒体大面积

----

① "三鹿奶粉事件"始末．决策探索（下半月），2008（11）：16－17．

曝光时，其就开始宣称企业如果没有了诚信就如同人没有了生命一般，企业不会走得长远，并将其纳入其企业价值观中，宣扬着"诚信经营"的企业文化，"担负着行业领导品牌的责任，是中国 2000 万妈妈的选择"的口号以及中国航天员中心"航天乳粉"唯一合作伙伴等荣誉。我们有理由相信，三鹿公司的相关管理人员均不希望三鹿因此走向灭亡。但是，正是由于缺乏先前大力宣传的企业诚信，三鹿集团倒下了，倒在了缺乏诚信的道路上。其没有负责、诚信、信守承诺的理念，没有采取有效的服务补救措施，一个有着五十多年历史的企业就此亲手毁掉了三鹿集团这个价值无限的品牌。曾经这个估值高达 150 亿元的集团，这在当时是十分了不起的成就，但是经历这一事件，其品牌价值化为乌有，仅剩下其与"三聚氰胺"和欺骗消费者的恶劣知名度。这个事件不仅给三鹿集团带来了走向灭亡的结局，还对中国奶粉业乃至中国食品业的信誉产生了巨大的冲击，带来了一定的消极影响。

诚信在我国当今社会尤为重要，如何重建消费者对企业的信任就要求企业要从消费者角度出发，承担应有的社会责任。因此，企业在进行服务补救的时候，一定要恪守企业最基本的道德。三鹿集团是典型的缺乏良知。将利润最大化视为企业第一要务这本无可厚非，但是当毒奶粉事件爆发后，继续提供奶粉，完全不顾消费者的生命健康，为了自身利益不惜损害公众群体的利益，引发了震惊全国的食品安全事故，这是三鹿集团相关负责人社会责任的严重缺失。企业应当在第一时间作出停止损害他人利益及健康的行为，并给予合理的解释与赔偿挽回企业形象。

案例 3　服务补救与长远利益[①]

某公司部门项目组因出差需要入住某一四星级酒店。在第三天吃完晚餐后，房客王先生回到房间，发现笔记本电脑的显示器的铰链被莫名折断。但是由于王先生等整个项目组在白天都由于工作原因没有回到酒店，因此可以排除是己方人员损坏电脑的可能性。在王先生向前台进行投诉后，经过半个多小时的等候时间，值班经理告知王先生：目前不清楚事故的真实原因，但是在调查清楚之前，酒店对此不负有任何责任。酒店向王先生说明：白天打扫房间的服务员目前均已下班，因此取证询问也只能等到明天员工上班之后再做处理。在向王先生解释的过程中，值班经理多次强调：酒店的服务人员都是经过严格的服务培训，有着较高的职业操守，可以肯定员工不会乱动客人的物品。因此可以认为即使在监控中只有酒店人员出现，但是也不能就此

---

①　来自网络文库：http://www.doc88.com/p-772453874066.html.

轻易下判断，电脑是在酒店损坏的。

到了第二天，值班经理又通过电话与王先生进行沟通，声称目前没有任何证据可以表明电脑是在酒店内受到损坏的，服务人员也说明没有损坏电脑，因此酒店方面不能承担电脑损坏的责任，并拒绝电脑维修。过了不久，酒店总经理亲自向王先生打电话，向王先生表达安慰之情，并征求王先生对此事件的服务满意情况。在经过一番交涉后，王先生与酒店方面对此并没有达成共识。王先生及其同事对酒店这样的处理方式和结果不满意，于当天下午就退订了所有房间，选择了另外一家酒店。最后，电脑维修的 1000 元费用也由王先生个人承担，酒店方面拒绝支付费用。

案例 3 分析

酒店作为一家服务型企业，难免会遭遇到各种各样的顾客。因此，具有一定的特殊性，这也决定了酒店难免会遭遇"服务失误"的情况。但是会有一大部分的酒店或因经验不足或因处理不当而没能利用好"服务失误"所带来的补救和改进机会。所以，酒店服务人员不结合实际与顾客情况，按照一般的逻辑思维来进行处理，不得不说是一件令人遗憾的事件。

在这个案例中，值班经理最后可能会为自己"成功"地为酒店避免了1000 元的经济损失而沾沾自喜，认为自己很好地为酒店摆脱了服务人员损坏顾客物品的污点，从而使得酒店的良好名誉没有受到破坏，总经理也认为下属能够识破顾客的"敲诈勒索"的骗局。但从事件的最后发展，人们不难看到这 1000 元意味着忠诚顾客的流失，当然，还伴随着顾客对酒店的负面口碑。

顾客是一个企业发展的基石，酒店在处理与顾客的关系时就要明确这一点。在顾客满意的基础上来谋求酒店的发展，而不是以怀疑的态度来揣测消费者。由美国咨询机构 TARP 主导的一项研究表明：具有蓄意对酒店进行勒索敲诈行为的消费者只占顾客群体的 2%—3%。[①] 在此案例中，该酒店虽然将"顾客至上，服务第一"视为自身的宗旨，但是在与顾客协商处理事故的整个过程中，却一直将顾客视为蓄意破坏敲诈勒索的犯罪分子，而不积极站在顾客角度来处理这个事情。这家酒店为了防范一小撮"坏人"而把 98%的诚实顾客也当成了"贼"。不得不说，这是酒店失败的经营行为。

Homburg & Fürst 在研究中指出，服务补救在提高客户体验感和减少消费者流失方面起着十分关键的作用。从很多案例中可以得出一个结论：经理在接受到顾客的投诉后，也会努力使顾客满意。事实上，据估计，仅在美国，

①　苏宁. 酒店业顾客忠诚研究——以北京西郊宾馆为例［D］. 清华大学，2004.

企业处理投诉的成本每年就要花费高达约 2000 亿美元。在这种情况下，顾客对服务补救的满意程度（即顾客对公司处理问题的能力的评价）可以被视为反映公司处理服务危机事件的能力和绩效的一个重要指标。[①]

因此，值班经理在处理此类事件时，如何正确利用服务补救机会开展补救行为极为重要，在以顾客至上的理念为指导原则下，酒店有着"有则改之，无则加勉"的态度是好事，但是也不能无理由无底线地强迫酒店付出高昂的成本去开展服务补救。酒店服务企业应当认识到，在服务失误发生的前提下，服务补救的出发点在于改善服务企业的服务体系，避免这类事件的发生，从而从根本上提升服务企业的整体服务质量。在这一案例中，酒店在调查事件的过程中，其正确的做法应该是产生同理心，理解酒店服务人员此刻的困境，并且乐意提供帮助，同时也要保持礼貌、良好的态度来对待客户。其具体的做法可以邀请顾客一起参与，提升顾客的参与度，就算事情没有如顾客所愿解决，也能在一定程度上缓解事件所带来的不利后果；另外，尽量按顾客要求的数额进行赔偿，只要不是过分的要求，都可以视作对顾客抱怨的一个合理回馈；最后，对待顾客要始终保持有礼相待的微笑服务态度，而不是抱着顾客在无理取闹、讹取金钱的怀疑态度对待顾客，甚至处处"防范"顾客。因为这样的行为只有一个结果，就是会从根本上疏远顾客，最终造成顾客流失。

案例 4　女作家六六开炮 A 商城[②]

在 2018 年 3 月 15 日到来之际，作家六六发了一篇名为"A 商城无赖"的文章，曝光了自己的学姐在 A 商城购买了一个假的 Comfort U 护腰枕，却无法有效维权的情况，控诉 A 商城涉嫌公开售卖假货。文章发布仅 1 小时，阅读量就已经达到了 100 万，受到了大众的广泛关注。

面对六六的激烈指控，A 商城一直未作回应，直至 24 小时才发布声明。A 商城宣称，商家该售卖行为是发货中的实务操作，并非售假行为，没有义务向买家提供十倍的赔偿金。此外，A 商城还严厉表示，作家六六严重侵害了 A 商城的信誉，并将向六六提出诉讼维权。这样的高姿态回应不仅使得六六态度更加强硬，还遭受到了更多网友的谴责。

最终，迫于舆论的压力，A 商城 CMO 向六六及其学姐致以歉意，并针

①　Homburg, c., & Fürst, A. (2005). How organizational complaint handling drives customer loyalty: Ananalysis of the mechanistic and the organic approach. Journal of Marketing, 69 (3), 95 – 114.

②　来自搜狐网：https://www.sohu.com/a/225699265_413981.

对此事进行自我反思，以及全面彻查此事。

案例 4 分析

面对商家售假的行为，A 商城此次回应可以说是十分缓慢，回应的声明也只是一己之言，对于问题避重就轻，这不仅激起了网友们的反感，还引出了诸多网友在京东平台买到了假货却无法有效维权的血泪史，至此"品质 A 商城"的口碑受到了很大的冲击。

从回应时间上，A 商城六六事件发生后的"黄金 3 小时"内，A 商城迟迟没有做出任何声明，说明该企业相关部门并未对此事予以重视，因此没有牢牢抓住舆论演化的关键节点，使得事态发展愈演愈烈。

在回应后的效率上来看，A 商城在 24 小时后发布声明，并以高姿态宣称这是对其企业信誉的严重污蔑，否认商家的售假行为，之后遭受到了大众的严厉抨击。可以看出 A 商城不仅"店大欺客"，态度恶劣，而且并没有在 24 小时的时间内对此事进行核实，这是对消费者的不信任，令人失望。

Yi & Kim 曾在研究中指出，在服务失误期间，一个客户向另一个客户提供帮助会影响焦点客户的品牌满意度。尽管第三方在服务补救方面的影响越来越重要，但在线投诉旁观者的影响也是不容小觑的。① 最后，从其应对策略上来看，A 商城官方就此事立场十分坚决，强烈地不认同并低估作为在线投诉旁观者角色作家六六的诉求内容及其影响力。这一行为再次将此事推上了舆论的风口浪尖，A 商城惨遭"打脸"。三天后，A 商城高管 CMO 才就此事向作家及其朋友，还有大众表达歉意，承认了错误，但为时已晚，此次事件已经给大众留下了不好的印象。

从此次事件可以看出，企业切勿将消费者当成"傻子"，出现问题掩耳盗铃来自圆其说是不可取的，承认错误，勇于改正才是企业发展之道。A 商城六六事件中，消费者花费了正品的价格却没能买到同等价值的产品，没有享受到应有的服务。A 商城作为一个买卖方的交易平台，应当本着公平公正的原则，而不是在没有清楚事情原委之前帮着商家圆谎，最后，毁了自身的声誉。因此，此次事件问题的关键经过发酵后已经变成了企业对待问题的态度，性质的突变让事态由一个普通的顾客抱怨的小事件演变成企业销售不诚信的大事件。如何杜绝"小"，继而不发生"大"，是服务补救事件处理的根本追求。

---

① Yi, Y., & Kim, S. Y. (2017). The role of other customers during self-service technology failure. Service Business, 11 (4), 695 – 715.

案例 5　A 品牌汽车漏油，女研究生哭诉维权①

2019 年 4 月 11 日，一段"66 万车未驶出店外遭漏油，女研究生坐引擎盖维权"的视频迅速在互联网爆红，并引起了众多网友的关注。事件原委是一名研究生毕业的女子，在 X 市 4S 店花费了 66 万元购买了一辆 A 品牌汽车。然而，令人匪夷所思的是，新车竟然在提车当天就漏油。然而，在与 4S 店耐心交涉 15 天中，4S 店一味拖延，从起初的换车、退款到最后的只能更换发动机，引起了 A 品牌女车主极大的不满，出于无奈，车主放下斯文，在 4S 店内盘腿坐在 A 品牌车引擎盖上，控诉店家的无理以及其糟心的购车历程。

随后，受到网络舆论的压力和当地市场监管部门介入调查，4S 店才开始着手尽快落实"退车退款"事宜。

4 月 16 日深夜，4S 店通过媒体向外宣称已为车主更换同款的 A 品牌新车，退还了服务费，并且赠送该车主 10 年"一对一"的 VIP 服务等，最终与车主达成和解。至此，此事件才有了阶段性结果。

案例 5 分析

一石激起千层浪，A 品牌汽车女车主的哭诉维权引发了一阵热议，4S 店被推上了风口浪尖。4S 店是以"四位一体"为核心的汽车特约销售服务店，本应以服务著称的企业竟做出如此店大欺客的事情。

质量再好的产品，也免不得会出现一些意外的瑕疵状况。消费者也并不会要求每一次都能购买到完美无瑕的商品，而是要求商家在处理问题时，能保有积极的处理态度。此次 A 品牌汽车漏油事件闹的人尽皆知的一大原因，就在于 4S 店的敷衍，出现了"小闹不解决，大闹才解决"的局面。A 品牌汽车作为消费者心目中的"百年老店"，消费者愿意支付更高的价格去购买自然是拥有较高的期望。然而，在出现新车漏油的事件后却没有享受应有的高品质服务，实属令人失望。该品牌的信誉度也在从中慢慢消耗。

众所周知，树立一个良好的品牌需要千日功。然而，自损形象仅仅在旦夕之间。漏油本不可怕，有的是办法进行补救，但商家却选择漠视消费者，一味推脱，最终以相关部门介入调查才得以着手处理。这不仅影响了自身的声誉，也伤了许多忠诚消费者的心。

此次事件的主要原因在于，4S 店没有牢牢地把握住问题出现后的服务

---

① 来自网易新闻：https://news.163.com/19/0412/11/ECIDHQL60001899N.html.

补救机会，才使得事态进一步发酵，遭到大众的谴责。"顾客至上"应该落实在企业经营的每一个步骤，乃至每一处细节。因此，这次事件更重要的启示或许在于，企业在日常经营的过程中不能只将目光聚焦于企业自身产品的质量，还应将目光投放到产品质量出现问题之后的情形，即，企业的售后服务是否及时地回应了消费者诉求，如何解决问题才能达到双方满意的目的。

同样的，在服务失败后，不满的客户越来越倾向于通过社交媒体渠道（如 Facebook 品牌页面）向公司通报其不当行为并实现赔偿行为。对于投诉旁观者（即被动观察他人负面服务体验的人），他们作为品牌的潜在客户，这些负面评论传达了影响他们对品牌态度的宝贵信息[1]。Chevalier & Mayzlin（2006）[2]以及 Sen & Lerman（2007）[3]的研究一致表明，来自不满意客户的负面口碑会对旁观者的品牌评价和购买相关品牌的意愿产生不利影响，并增加他们传播不利口碑的意愿。Hart 也曾通过企业服务失误的实验发现，因此而不满意的顾客会将这次糟糕的体验诉说给 10 至 20 人。即使企业及时地解决顾客的投诉，顾客依旧会将这次经历诉说给 5 人。如果考虑每个人都会扩散信息的可能性，那么，最后将会是井喷式的变化结果，企业的声誉便会遭受到严重的冲击，同时会带来不可估量的损失。

因此，企业在追求利益的时候，不仅要将营运商环境纳入自己的考虑范畴之中，也需要及时从顾客的角度出发，重点关注消费环境的变化。诚然，诚信有序的消费环境至关重要，但是其根源在于企业良好的管理水平和自我修养。同时，企业也要自觉接受公众的监督，积极主动邀请监测评测第三方机构进行评测参与，配合相关政府市场部门进行检查，从而在企业自律和相关部门监督下良性发展，快速成长，实实在在为顾客提供良好的消费环境，实现共赢。

案例6　A 民营房企系列坍塌事件[4]

2017 年 A 民营房企连续两年获得了销冠。然而，2018 年 A 民营房企

---

① Pan, X., Hou, L., Liu, K., & Niu, H., (2018). Do reviews from friends and the crowd affect online consumer posting behaviour differently? Electronic Commerce Research and Applications, (29), 102 – 112.

② Chevalier, J. A., & Mayzlin, D., (2006). The effect of word of mouth on sales: Online book reviews. Journal of Marketing Research, 43 (3), 345 – 354.

③ Sen, S., & Lerman, D., (2007). Why are you telling me this? An examination into negative consumer reviews on the web. Journal of Interactive Marketing, 21 (4), 76 – 94.

④ 来自老铁外链：http://www.6ke.com.cn/seoxuetang/2019/1102/24683.html.

流年不利，坍塌事件纷纷兴起。

2018 年 4 月 7 日，广西 A 民营房企工地发生坍塌，致 1 死 1 伤。6 月 24 日，上海 A 民营房企售楼处发生模架坍塌事故，导致 1 人死亡 9 人受伤。7 月 26 日，安徽 A 民营房企一建筑工地同样发生坍塌，造成了多人伤亡。"屋漏偏逢连夜雨"。A 民营房企同年还发生了其他安全事故。7 月 2 日，A 民营房企在建工地发生火灾。7 月 12 日，A 民营房企杭州萧山项目边上出现了一个大坑。

基于此，A 民营房企立即宣布停工，排查安全隐患。但出人意料的是，A 民营房企在刚检查完毕后进行全国范围内的恢复施工。但在 8 月 1 日，江苏 A 民营房企工地上发生了火灾，这一次危机使得 A 民营房企彻底成为众矢之的。

8 月 3 日，A 民营房企就多次危机事故召开发布会。令人诧异的是，A 民营房企向在场的媒体发放"红包"，进行无微不至的照料，未就此次危机作出反省之态，没有让公众看到该企业的解释与说法，反而倒是借这个机会宣讲了企业文化及产品服务。A 民营房企此次发布会遭受了各界人士及公众的批判。

案例 6 分析

好事不出门，坏事传千里。"A 民营房企发生系列坍塌事故"可以说是闹得沸沸扬扬。众所周知，在日常生活中或工作中难免会出现事故。然而，好的道歉可以及时化解冲突，求得原谅，甚至拉近关系。但是，没有诚意的、失败的道歉则会令人费解，加剧企业和消费者之间关系的恶化。

A 民营房企在此次处理中，未能牢牢抓住作为房企生存的关键，即，房屋质量关于企业的生死存亡，没有妥善处理好关乎人命的事情。A 民营房企在新闻发布会进行企业宣传，欲将事故公关变成洗白与正面宣传，没有表达诚恳的歉意，想用博取同情的方式换取公众的理解。这种诉说不易的背后，其实是企业为躲避责任的侥幸心态，尤其是在备受瞩目的发布会上公然"收买"各家媒体，这样做的后果自然是受人谴责的。

类似的事件在 2010 年也出现过，一个钻井平台石油发生泄漏，进而引起大爆炸，导致 11 名员工死亡和临近海域的大片污染。泄漏污染事件发生一个月之后，其公司高层领导向公众致歉，其声称对于此次事件中出现的死亡也感到心痛，深感抱歉。但是其后又指出希望此次事件尽快结束，自身生活秩序能够尽快走向正常轨道。从言辞中可以看到，其对利益的追逐之态，最后引起了公愤。

而如今，A 民营房企管理者在出席表态的过程中，也犯了同样的错误。由于 A 民营房企过于强调自我，从而使得公众无法接受他的道歉声明，最终损失企业声誉。

从此次事件可以看出，企业进行服务补救的时候，勇于承担责任是进行补救的主要关键点。好比一个人犯了错，没把事情处理好，但是，他不是承认并改正，而是不断推卸责任，这样的下场只会更惨。对于敢于直面服务失误勇于承担责任的公司而言，早期在经济上可能会受到亏损，但从长远看来，却的确能对企业品牌推广产生正向作用。这其中的社会哲学也只有经历过逆水行舟的人才有着深刻体会。

6.3　服务补救案例启示

服务补救是指企业为处理服务失误和客户投诉而采取的行动，从而恢复客户的重新购买。

智者千虑必有一失。因此，再模范的服务企业在服务交付中也难以实现"零缺陷"。因为，服务提供过程中的差异性和不可分离性两个原因，让服务提供"零缺陷"的概率为零。服务的差异性是指在通常情况下，服务型的产品难以有非常标准的规范来进行复制，具有一定的不可确定性，也就是说，服务产品的构成会随着实际而变化，难以进行界定。服务的不可分离性是指，顾客必须参与到服务传递的过程之中，只有这样服务才能顺利地传递到顾客这头，保证服务的质量水平。从上述推论可以得知，在服务企业中服务失误是在所难免的，同时企业也难以向顾客隐瞒这些失误。服务失误有的是服务企业自身处理不当造成的。例如，服务人员可能由于疏忽将一件独一无二的产品同时交易给两位顾客。然而，有的服务失误可能是由于不可抗力或者是顾客本身的原因造成的。例如，天气恶劣而造成的航班晚点，或者是顾客因寄信人将地址写错而导致的投递错误。这些服务失误都是难以避免的。

在服务失误发生后，不管顾客是把原因归咎于服务企业的问题，还是顾客本身，服务企业必须拥有"顾客始终正确"的观念，及时处理顾客的埋怨与不满。也就是，服务企业应当立即做出服务补救行为。"立即"的意思就是要服务企业做到现场性和快速性两个要求。现场性要求服务企业在失误当场做出服务补救行为；快速性要求服务企业为了防止顾客的不满升级，需要快速及时地采取服务补救行为。

通过对正面和负面案例的分析，本研究认为，在不同的服务失误情形下，服务企业应采取不同的服务补救策略和步骤。

1. 不同的服务失误情形下服务补救一般性策略

第一，服务企业应当在服务失误发生的第一时间就做出积极的回应，与顾客积极地进行沟通，诚挚道歉并向顾客解释服务失误发生的缘由。一般情况下，消费者在遭遇到服务失误之后，往往采用主观视角，不会认为是自身原因，比较倾向于将责任全部引咎于服务企业。因此，服务企业就应该在第一时间给予合理解释，降低顾客对服务企业的不满感，让顾客考虑到整体服务环境的因素，从而避免顾客在心理上建立起失误是企业整体层面所导致的认知，进而减少对服务企业品牌的损害，这样有利于维护企业声誉，也降低了企业服务补救的成本。

第二，服务企业需要就如何及时有效地服务补救进行员工专业培训。消费者的程序公平感知很大程度上受到服务补救措施采取的及时性和现场性。因此服务企业必须在服务失误发生的当时当场进行处理，不可推脱和转移责任。同时，企业应当着手于一线服务员工的培训工作，建立起员工在面对顾客时的服务补救能力并能及时化解危机。例如，给予免单或优惠活动、对失误人员的撤换以及对受损顾客的其他形式赔偿。

第三，在顾客期望的基础上给予合适的补偿。在大多数情况下，服务失误的存在都会引来顾客的不满。然而，每一位顾客的期望并不相同，服务企业在这种时候没有通用的标准，因此，服务企业需要真正地了解顾客诉求，从而对遭遇服务失误的顾客进行恰当及时有效的服务补偿，更上一个层次地满足顾客的服务感知期望和服务补救感知期望。这样才能完成有效的服务补救，赢得顾客的满意与忠诚。

第四，对待顾客要拥有诚恳的态度。当顾客遇到服务失误的情况下，他们内心渴望被真诚、耐心以及礼貌地对待。作为服务者，应该对顾客表示同情与关心，对顾客的失望表达理解。这些行为能够让顾客在服务企业服务失误后感到安慰，感受到服务企业对他的关心，这种良性互动能够加深二者之间的信任，使得顾客对企业有足够的信心，从而构建起两者之间的良性互动关系。

2. 不同的服务失误情形下服务补救的一般性步骤

首先，服务企业应当从发生服务失误的源头来进行服务补救行为，而查找这个根源，其关键点就在于服务企业对其服务步骤一清二楚，从而从服务过程中寻找根源。这个查找过程能够使得服务企业获得较多信息，如失误的根本原因、顾客不满情绪的触发事件、服务补救应该如何开展以及其他竞争企业怎么开展服务补救行为等。如何查找这些信息的方法主要来自顾客、员工或者竞争对手，包括提供热线电话或其他渠道。这些途径应当方便顾客表达不满，服务企业自主识别失败的服务等。与此同时，服务企业要善于运用工具来更新数据。比如，SERVQUEL 量表通过差距模型和差距量化，不仅可以寻找服务失误的源头，还为后续的服务补救分析打好基础。这是一个低成本的较优的调查方法。

　　其次，服务企业在收集服务补救信息之后需要对服务失误原因进行归纳总结，并对顾客反馈进行评估。只有这样，服务企业才能总结出服务企业服务失误的重点环节和关键原因。从而，企业能够做到不局限于此次服务失误的发生，从服务失误中学习到企业应当改善和注意的关键点，从而对后续服务做出根本性指导，这对后续的服务品质有着关键性的影响。服务企业对其所了解到的服务补救信息进行评价，应当以企业自身情况为依据，借助质量管理工具进行分析，例如，帕累托图以及控制图，不断更新服务失误和服务补救管理工具。

　　最后，服务企业服务补救应该通过收集来的企业和顾客双方的信息进行验证性分析，对其中的重要内容进行分析和思考，进而改善企业的服务行为。在服务企业收集到服务失误相关信息之后，应当及时将这些信息上传给相关部门。在这个过程中，企业应当建立起完整有效畅通顺利的服务补救通道，建立起完整的信息传递链条。在服务企业采取服务补救措施后，应当及时将补救实施效果反馈给顾客，并及时关注顾客对于服务补救措施的满意程度。只有建立起这样的服务补救信息沟通通道，服务人员以及顾客等一系列服务补救信息链上的重要环节参与者，才能获得较强的顾客和员工的双重归属感以及满足感，从而赢得顾客和员工的双重忠诚，获得服务企业长期的补救效益。

第7章 基于企业和顾客认同的服务补救策略研究

7.1 基于企业和顾客认同的服务补救投入和顾客心理反应的权变模型

在本研究的第3和第4章中从企业认同与顾客认同两个角度分析了服务补救关键影响因素和作用机制。这两章帮助本研究从不同的角度认识到服务企业服务补救的不同。针对不同的角度，服务企业在设计服务补救对策时也应当有所不同，这样才能有针对性地解决问题，达到事半功倍的效果。

过去的服务补救策略研究大部分都是基于顾客的抱怨来进行，仅是对服务失误进行基础的补救，并没有真正解决服务企业所存在的服务问题。本研究基于前面章节的研究，从企业认同与顾客认同两个角度对服务补救的策略进行分析。

本书的第3章和第4章从企业认同和顾客认同两个不同视角分析了影响服务补救的关键因素和作用机制。这两个角度和前期服务补救的研究进行比较后可知，这是一个两个角度相互验证性的实证研究，相比之前的从顾客或者从企业的单一视角的研究，本研究有着它的独特性。前期学者们对服务补救的关注度都集中在服务失误基础性的补救，对于服务企业服务中存在的根源性问题的探讨较为薄弱。本章基于前面章节的研究，从企业认同与顾客认同两个角度对服务补救的策略进行分析，针对不同的角度，服务企业采取不同的服务补救策略，因应对策，达到事半功倍的效果。

学者研究表明，不管是从服务企业角度还是从顾客角度出发，抓住顾客的心理特征才是抓住服务补救的关键。顾客心理反应会随着服务企业服务补救投入的变化而变化，这是一个高度复杂的权变过程。

　　服务企业服务补救投入和与之相伴相生的顾客心理反应，不仅是一个高度复杂的过程，而且也是一个权变的过程。可信的第三方介入的效果、顾客转移成本的高低、服务企业对服务补救的认同程度、顾客对服务补救的认同程度以及服务企业服务失误情境严重程度等都直接影响着服务企业服务补救投入和顾客心理反应，如果将服务企业服务补救投入和顾客心理反应的各个不同的得分刻画在坐标上，就形成服务企业服务补救投入和顾客心理反应曲线，如图7.1。

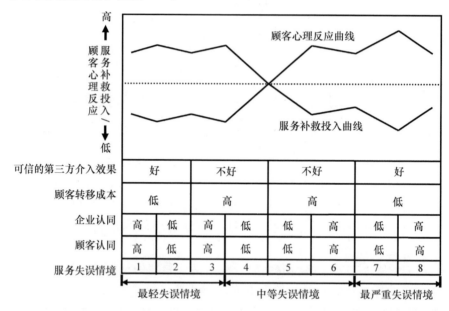

图 7.1　基于企业和顾客认同的服务补救投入和顾客心理反应的权变模型

　　由图7.1可以看出，服务企业服务补救投入的资金力度和时间成本曲线及其在服务企业服务补救过程中，顾客心理反应的实时变化曲线，两者之间相互影响和相互变化，共同演变成最终的权变模型。这一权变模型表明，服务企业在服务补救方面的投入和顾客心理反应取决于五个方面的指标：其一是可信的第三方介入效果；其二是顾客转移成本；其三是企业认同；其四是顾客认同；其五是服务企业服务失误的情境。笔者将服务失误按照其严重程度分为8个情境。其中，最轻失误情境为等级1、2、3；中等失误情境为等级4、5、6；最严重失误情境为等级7、8。在不同的服务失误情境中，可信的第三方介入效果、顾客转移成本、企业认同、顾客认同的相互作用均会对服务补救的投入与顾客心理反应产生影响。在前文中，笔者对可信的第三方介入效果、顾客转移成本、企业认同、顾客认同的概念已做明确的界定，故本部分不做过多的阐述。服务补救的投入是指服务企业在服务失误后，为了重塑服务企业形象、防止顾客流失所付出的货币成本与非货币成本。其中，货币成本包括时间成本、精神成本与精力成本。而顾客心理反应是指顾客对本次服务补救的心理感知，即是指非常满意、满意、一般、不满意、非常不满意的程度变化。

在服务失误等级为 1 的情境中，且顾客转移成本较低、企业认同、顾客认同较高，在可信的第三方如质监局、消费者保护协会等的介入产生较好效果的情形下，使得服务企业的服务补救投入降低，顾客的满意度感知上升。

在服务失误等级为 2 的情境中，且顾客转移成本较低、企业认同、顾客认同较低，在可信的第三方如质监局、消费者保护协会等的介入产生较好效果的情形下，使得服务企业的服务补救投入上升，顾客的满意度感知下降。

在服务失误等级为 3 的情境中，且顾客转移成本较高、企业认同、顾客认同较高，即使在可信的第三方如质监局、消费者保护协会等的介入产生不好效果的情形下，也能够使得服务企业的服务补救投入下降，顾客的满意度感知上升。

综上所述，在服务失误最轻的情境中，服务补救效果的好坏主要取决于企业认同和顾客认同程度的高低。企业认同度和顾客认同度的提高在这一情形下会提高服务企业服务补救的效果。

在服务失误等级为 4 的情境中，且顾客转移成本较高、企业认同、顾客认同较低，在可信的第三方如质监局、消费者保护协会等的介入产生不好效果的情形下，使得服务企业的服务补救投入上升，顾客的满意度感知下降。

在服务失误等级为 5 的情境中，且顾客转移成本较高、企业认同、顾客认同较低，在可信的第三方如质监局、消费者保护协会等的介入产生不好效果的情形下，使得服务企业的服务补救投入继续上升，顾客的满意度感知继续下降。

在服务失误等级为 6 的情境中，且顾客转移成本较高、企业认同、顾客认同较高，即使在可信的第三方如质监局、消费者保护协会等的介入产生不好效果的情形下，使得服务企业的服务补救投入也会有所下降，顾客的满意度感知也将继续上升。

综上所述，在中等服务失误的情境下，服务失误的补救效果同样取决于企业认同和顾客认同程度的高低。即使在可信的第三方如质监局、消费者保护协会等的介入产生不好效果的情形下，企业认同度和顾客认同度的提高在这一情形下也将会提高服务企业服务补救的效果。

在服务失误等级为 7 的情境中，且顾客转移成本较低、企业认同、顾客认同较低，在可信的第三方如质监局、消费者保护协会等的介入产生较好效果的情形下，使得服务企业的服务补救投入有所上升，顾客的满意度感知有所下降。

在服务失误等级为 8 的情境中，且顾客转移成本较低、企业认同、顾客认同较高，在可信的第三方如质监局、消费者保护协会等的介入产生较好效果的情形下，使得服务企业的服务补救投入有所下降，顾客的满意度感知有所上升。

综上所述，在服务失误最严重的情境中，服务补救效果的好坏主要取决于企业认同和顾客认同程度的高低。企业认同度和顾客认同度的提高在这一情形下会提高服务企业服务补救的效果。

因此，在不同的情境中，无论在何种程度的服务失误情境，无论可信的第三方介入效果如何，以及无论顾客的转移成本是高还是低，服务企业服务补救效果如何无疑是企业认同和顾客认同共同作用的结果。所以提高企业和顾客的认同程度对失误补救将会起到事半功倍的效果。当然，这一模型是基于定性的研究，定量的研究有待各种不同情境的多案例验证，鉴于时间的紧促和研究任务的繁重，在此仅构建一个理论上的模型，有待后续研究求证。

7.2　基于企业认同的服务补救策略

本研究的第 3 章提出了企业认同的三大影响因素。它们分别是企业服务失误特征、顾客特征以及企业特征。其中，企业服务失误特征包括产品质量、服务水平、操作方式、企业形象四维度；顾客特征包括顾客掌握的信息量、顾客的信任水平以及顾客对待服务失误的态度三维度；企业特征包含高管服务导向、企业文化和企业声誉三维度。本部分根据这三大影响因素提出以下服务补救措施。

7.2.1　完善产品质量，优化操作流程

产品质量是影响服务企业服务质量的重要因素之一，也是顾客高度关

注的领域。在上游产品价值链中，注重产品的采购、生产质量；在下游的产品价值链中，注重产品的包装、销售质量，系统地把资源投入产品质量中去，能够为服务企业带来良好的产品效应。例如，餐饮业需要在供应环节中把握食材的质量和安全，在加工环节把握产品的生产质量，才能在消费环节更好地迎合顾客需求，最终得以留住顾客。众所周知的三聚氰胺事件，三鹿集团正是由于重大食品安全问题而一蹶不振。作为食品行业的服务企业，产品安全问题始终是首位的，无法切实保证自身产品的质量，最终将导致自身的灭亡。所以作为食品/餐饮行业，产品的安全和质量问题必须得到充分的重视。而服务企业之所以有层出不穷的服务失误问题，这并不是一次偶然的事件。实质上，这些服务失误发生的根源在于服务企业在管理质量上存在问题。对于服务企业来说，服务质量直接关系着服务企业的持续发展。因此，把服务管理质量作为战略性的问题来考虑，不断致力于提高服务水平，可以为服务企业的长远发展提供保障。

一般而言，服务企业在创建阶段的业务操作流程都较为简单。随着在服务过程中故障的频出，管理者就会着力修改业务操作流程，使之比以前更加复杂和详细。但是，这样的修改往往本末倒置，新的业务操作流程会产生新的问题。因此，服务企业在优化操作流程时，要抓准源头，有的放矢，才能呈现效果。业务流程改造的基本原则是：设计时具体分析，不能照搬照抄其他同类服务企业；执行时，统一指挥，统一领导，防止"踢皮球"现象。服务企业可以采取的具体策略有：一是在标杆管理的基础上设计出一套符合本服务企业特点、特色和特长的业务操作流程；二是明确责任意识、强化团队理念、信息共享，从而提高效率，为顾客减少成本、增加服务价值；三是引入服务风险管理，增强处理突发事件的能力，使服务处理具有具体性和柔软性，使顾客倍感温馨。正如海底捞火锅对于产品质量和服务流程的把控，服务企业将每个岗位操作流程进行优化与明确，确保其服务质量。开放后厨为顾客对于食品安全的担忧提供了保障。服务企业每个工作流程的优化和准确到位，使工作的每个环节都明晰无误，正是如此迎合消费者的需求，才赢得了大量的忠实顾客。

7.2.2　及时有效地实施服务补救

由相关的研究可知，对于服务补救效果的提升，服务补救的时效性有着非常重要的作用。戴尔公司将及时有效地实施服务补救做到了极致，旗下外星人系列笔记本电脑在游戏行业享有很高的声誉，不仅仅是因为其过硬的质量和炫酷的外表，其售后服务更让人津津乐道。购买外星人笔记本在质保期间，电脑出现任何问题通过售后电话，维修人员会及时上门服务。即使所在地没有售后点也无须担心，公司会通过外派来解决售后问题，为顾客及时有效地解决笔记本电脑的问题。这是此行业其他商家无法做到的。但是，服务企业仅靠及时地处理服务失误是远远不够的。服务失误后，在一定的顾客容忍度内把握顾客的心理，提升顾客信任水平，才能将服务失误后所产生的不良影响降到最低，最终达到"服务补救悖论"的效果。

从市场营销发展的历史趋势看，在现行买方市场条件下，顾客信任是服务企业发展最坚实的无形资产。虽然无形，不可触摸，但是却能使服务企业在激烈的竞争中立于不败之地。顾客信任度由五个维度构成：顾客的总体满意度、顾客与服务企业合作的主动性、顾客重复购买的意愿、顾客的传播意愿和顾客的抵抗力。真正的顾客忠诚形成后，公司与顾客之间的关系不再是买卖关系，而是管理水平的最高境界——"协合关系"。所谓"协合"就是指买卖双方在长期的因供需交往中而产生出乎双方意料的默契、协作和融合。这种关系将会产生直接提升服务企业的市场竞争力。因此，服务企业要时刻关注顾客动态，把握服务补救的主动性。本研究认为，提升顾客的信任水平可以从六个方面进行。

1. 员工接受服务补救的质量标准。员工只有充分理解并接受服务企业制定的相关服务补救质量标准，才有可能使其得到充分的落实。服务企业可以通过提高员工在制定服务补救质量标准上的参与度来获得员工的支持，并且可使确定的标准更精确，操作性更强。

2. 员工对服务企业服务补救措施的认同。员工认同服务企业服务文化并积极参与服务企业服务标准的制定，不仅能把顾客的反馈信息落实到实处，更能够激发员工的积极性、主动性和创造性，获得员工的认同。服务企业、员工和顾客三方协作，才能让顾客的信任水平得以提升。

3. 强调服务补救工作的重点。员工对过于烦琐的质量标准势必会产生一定的困惑，无法明确其主要目标。在基本原则一致的前提下，可给予员工一定的自主权。员工自主权不仅可使员工灵活应对不同顾客带来的复杂情况，而且可以有针对性地提供个性化服务，兼具可行性和挑战性。过高的服务质量标准会使员工望而生畏无法触及，产生不良情绪。而过低的服务质量标准又会使服务质量低下而无法提高总体服务水平。只有兼备可行性和挑战性的服务质量标准才能够更好地激励员工做好服务补救工作。

4. 突出服务补救工作的个性化。服务企业的服务质量标准制定后，员工在操作时出现例外情况时，难免捉襟见肘和顾此失彼，无法达到预期的效果。因此，在设计服务企业服务标准时突出重点，更应把握服务精髓，还要给予员工一定的灵活性，使员工在不同的情境下发挥自己的特长、才智、魅力，有效地应对个性化服务。星巴克遭投诉事件正是由于员工没有把握住重点所导致的。Dorosin 先生是忠实的星巴克客户，他在星巴克购买使用了一款咖啡壶，Dorosin 先生对咖啡壶很满意，遂购买赠予朋友，但是收货时发现包装有破损且使用也有问题。Dorosin 先生投诉之后，星巴克商店经理未能及时地把握此投诉的重点，导致售后处理一拖再拖，最终此事件被顾客刊登在《金融时报》。

5. 服务补救标准要适度。适当的服务企业服务标准极其重要。标准过高，员工难以触及，定会产生不良情绪，最终使得服务结果达不到预期效果；如果标准过低，员工的积极性得不到提高，则会导致服务质量改进受阻。既切实可行且具有挑战性的服务质量标准才可最大限度上激励员工做好服务工作。"跳一跳，摘桃子"正是这个道理。

6. 服务补救要以诚信为本。服务企业对顾客所做出的承诺一定要勇于兑现。诚信对服务企业来说，既是责任，又是价值。以诚信为本，满足顾客的服务需求，最终有助于形成顾客信任，一次的失约将会导致顾客的流失。

7.2.3　培养员工主人翁意识，主动参与服务补救

企业文化是企业发展的积淀和精髓，在一定程度上影响着企业员工的行为。近年来，不少服务企业意识到员工对企业文化的认同对服务企业发展的重要性。国际知名管理大师鲍勃·尼尔森提供了五个不需要花费任何成本的秘诀来强化员工对服务企业文化的认同。1. 注重挖掘员工兴趣，并将其与工作相结合。每个员工都有自己的兴趣爱好，注重挖掘员工的兴趣，将其安排到适当的岗位，激发员工的工作动力。2. 信息共享和管理透明。互动无阻的信息以及透明化的管理，能够让员工时刻了解服务企业的发展状况，提升员工对服务企业的熟悉度和责任感。3. 参与决策和增强员工归属感。让员工参与有利害关系的决策，从心理上获得员工的赞誉、感恩和情感。4. 富有独立及弹性的工作。多数员工总是希望能够自主、独立和不受约束地完成工作。这不仅能增强员工的成就感，更能为工作注入新的血液。5. 增加培训和获取成长机会。物质补偿能够在一段时间内激发员工动力，但是增加培训，获取成长机会等精神性奖励则会使员工产生源源不断的动力，积极投入服务企业发展中去，自觉地认同自己是组织不可缺少的成员。

随着时代的发展，服务企业管理者应该及时地根据服务企业自身的各项指标，如目标、需求等，制订出符合自身且成本较低的员工激励计划，进而增加员工对企业的认同感，而不仅仅只是在薪酬上对员工进行激励。高管服务导向对企业认同的积极效应是显而易见的，帮助员工更好地认同企业文化，融入服务企业。谷歌就是一个充满创新文化的"好"公司，它的员工热爱他们的工作，他们把创新变成一种快乐。谷歌办公环境亲切化、人员自由化、部分时间私有化和内部沟通扁平化等各个方面无不体现着以人为本、以人为核心的理念。在这种氛围下，员工得到了充分认同感和归属感，方方面面为服务企业考虑，充分发挥了各自的创新才能，成就了今天的互联网巨头。在为员工认同提供条件的同时，服务企业管理者应当根据自身的发展阶段、特点、目标与愿景，制订出一套激励员工的计划，进一步增强员工对服务企业的认同。具体措施如下：

1. 广泛征求意见，让员工参与文化建设

不少研究者片面地认为，企业文化是高层文化，这是狭隘与片面的观点。本研究认为，企业文化是组织成员的价值观念、行为准则、风俗习惯和做事方式，是企业长期发展的结晶与精髓。但是，企业文化并不是员工观念、行为和做事方式的简单汇总，而是一个有机的整合过程。正是因为如此，企业文化的建设首先要征求员工的意见。员工广泛参与企业文化的构建能够让企业获得坚实性、活力性、变革性和稳定性的企业氛围。在取得员工对企业文化的感知后，与原有文化进行对比，取其精华、弃其糟粕，不断推陈出新，与时俱进，保持企业文化的先进性，配合以广泛宣传，让全体员工都知道企业文化是怎么产生的，并愿意积极主动地去学习和融入，使员工深刻了解到企业文化是符合员工自身利益的。

优秀的企业文化均以"人"为核心，把"人"放在首要位置。现如今，企业之间的竞争不再是传统的资金、技术、设备等，更多的关注于企业品牌和文化的竞争。而无形的"企业文化"能够使公司人才源不绝地汇聚，整体力量日益强大，形成企业的独有竞争力。所以，众多的优秀公司都将实现员工的利益放在了首位。例如惠普公司，他们在员工的培养方面投入大量的精力和资金，建立了完善的员工培养体系，并且充分运用自身企业中高层员工的知识与技能，将员工的培训提升作为最有价值的投资，这也正是惠普公司现如今拥有众多追崇和敬仰者的主要原因。因此，即使很多员工离开了惠普，但是他们对惠普公司重视员工利益的表现依然津津乐道。服务企业在解决问题中学习与成长，依靠的核心竞争力就是那些对企业忠诚和能力出众的员工。其中，对企业忠诚的员工来自于有效的激励、核心价值观的培养、人性化的组织结构与程序设计；能力出众的员工得益于以终身学习为核心的学习型组织的构建。这些使服务企业良好生存与发展的潜在要素可以浓缩为服务企业的文化培育和学习型组织的建设。服务补救需要得到企业补救文化和学习型组织的大力支持，同时，反之亦然。

2. 传承企业文化

优秀企业文化的形成离不开员工，传承同样离不开。高层管理者需要率先垂范，在传承企业文化的精髓时要确立相关准则，并使之在组织中传播开来。管理者通过这种社会化的方式帮助新员工学习组织的做事方式和经营理念。这就营造了一种文化学习的氛围，久而久之，新员工的价值观与企业的价值观也就互相匹配了，并能在员工加入企业后学习解决问题的诀窍时提供支持，强化新员工对企业文化的认同。以"敬天爱人"为企业伦理的京都陶瓷公司，时时刻刻弘扬着开诚布公的企业文化，并且充分应用到员工的招聘中，使员工充分了解企业文化的同时认同了企业的经营理念。员工通过企业文化的熏陶，从方方面面影响着员工的行为。只有新老员工培养了主人翁意识，才能使企业文化得到发扬和传承。

7.3　基于顾客认同的服务补救策略

第 4 章研究了顾客认同的服务补救影响因素与作用机制。顾客认同服务补救受到非制度性特征与制度性特征的影响。非制度性特征则主要是指服务失误发生后服务企业当时的反应，包括补救主动性、有形补偿、响应速度和道歉等；而制度性特征则是指服务企业针对服务失误发生而制定的预防性的、有步骤方法可循的措施，即理赔声明、防范制度和措施等。本研究将从这两个方面探讨顾客认同服务补救策略。

7.3.1　非制度性特征角度的顾客认同服务补救策略

从非制度性特征来看，基于顾客认同的服务补救策略主要有五个。

1. 服务企业应当注重服务补救的及时性

服务失误后如何在有效的时间内修复顾客信任成了服务企业需要思考的关键问题。因此，服务企业在服务失误后要积极配合，及时道歉，采取紧急复原措施，不能反应迟钝或者拖延，否则会引起顾客的误解、愤怒，甚至无理取闹。例如，当消费者就餐使用的餐具有破损时，服务者应及时地表达真诚的歉意，并且立即为其更换餐具。及时的补救措施向顾客表明了服务企业对于服务失误的重视程度。另外，服务企业有必要采取紧急复原服务补救举措。服务企业采取紧急复原服务补救举措作为道歉之后的必然选择，这也是顾客所希望得到的。紧急复原服务补救举措是指在服务失误发生之后及时采取的补救行动，而不是反应迟钝、行动缓慢。例如，当顾客在就餐时发现餐具有污渍，服务人员应及时地道歉并且紧急复原，即，立马为顾客更换餐具。这展现了服务补救过程中的及时和公平性原则。

2. 服务企业要学会对顾客采取服务补救中的移情处理

服务企业仅采取紧急复原服务补救措施是不够，还需要在情感上予以安抚和理解，这就是移情。移情使得顾客认识到企业与顾客一样感同身受，对顾客目前所处的情境非常的敏感、关心和歉意。假若顾客意识到这一点，顾客的情绪将会得到缓解，同时，移情还有助于培养员工和顾客之间的合作与交流。但是，如果移情的方法应用不当，反而会使顾客更加情绪化。因此，服务企业关于移情技巧应用的岗前培训是十分有必要的。另外，服务企业在移情处理服务补救的同时做出相应的补偿。移情能够在时点上缓解顾客的不满情绪。但是，想要将消费者发展为长期顾客还需要采取一些适当的补偿措施。例如，餐饮行业可根据服务失误的程度给予顾客优惠券、适当折扣、免除本次服务收费等补偿。服务企业通过这些措施不但可以展现出服务企业勇于承担责任的精神，而且也是公正对待服务补救结果的体现。

3. 服务企业要灵活处理不可抗力因素

服务企业应当建立防御系统以应对一些不可抗力的因素。对于诸如停电、停水等因素而造成的顾客抱怨、不满和惊吓等场景，服务企业应当勇于承担相应的责任，并在合理的时间限度内给予顾客合理的理由，积极做好预防措施，避免不必要的顾客流失和服务企业损失。服务企业在必要时也要学会借助一定外力。当抱怨或者投诉发生时，服务企业可以根据当时的实际情况充分借助顾客的正式组织关系或者非正式组织关系化解或降低其不满程度。比如，餐饮企业在服务失误发生后，在实施服务补救及时性措施与相应的补偿之后，可以通过劝解顾客的家人、朋友间接性地劝说顾客，消除不满。

4. 服务企业在服务补救中要尽量让顾客处于知情状态

当服务失误发生后，服务企业所采取的措施必须公平、公开和透明，并且要让顾客知晓服务企业正在积极地采取行动解决问题。如果出现棘手的问题无法立刻解决，应及时与顾客沟通交流，并坦诚陈述后续服务企业将会采取哪些针对性措施解决问题。实践经验表明，服务企业采取单方面的封闭式处理服务失误问题，易使顾客产生焦躁不安的情绪，进而导致顾客的流失。因此，及时向顾客反馈问题的处理进展能使顾客感受到服务企业的真诚和责任，使其较能接受处理过程的延迟，而不是服务企业单方面零信息反馈后而导致的顾客的无奈和不满。如果问题妥善解决，服务企业应当及时告知顾客处理结果，并且适时表达服务企业对于此次服务失误的歉意以及改善和提高服务质量的决心。滴滴快车通过及时有效和周全的服务占据了网约车的半壁江山。网约车作为体验式服务，整个服务过程由于情况的复杂不可避免会出现各种各样的问题。当顾客通过平台进行投诉时，滴滴客服会在几分钟之内介入处理，及时地告知顾客关于顾客投诉问题的处理进度，让顾客充分感受到服务企业认真负责的态度。这在缓解顾客不安情绪的同时，也塑造了良好的服务企业形象。

5. 服务企业要注重服务设备和环境氛围的改善

现代服务企业给顾客提供的不仅仅是服务的结果，更重要的是一种服务体验。服务设施的现代化程度直接影响着服务提供的时效性与质量，环境的舒适程度会间接地缓解客户因情绪因素带来的冲突。因此，服务企业如果经常性面临顾客情绪因素造成的不满意问题，可以考虑从服务设施的更新换代与环境舒适性方面入手，通过物质基础刺激服务业务的顺利进行。这样往往会用较小的服务环境提升投入，获得较大的服务收益。

现代服务理念的核心强调的是创造顾客价值。服务设施的现代化程度直接影响着服务提供的质量。舒适的服务环境不仅能够缓解客户的情绪，更能够给顾客感官上的满足和愉悦，创造顾客价值。因此，服务企业如果能够从服务设施方面入手，通过更新设施和改善环境，缓解顾客因服务补救而产生的愤怒情绪，将会为服务企业采取服务补救措施提供时间上的支持与情绪上的保障，为最终顺利解决服务失误问题，延伸顾客价值奠定坚实的基础。必胜客作为全球著名的披萨专卖连锁企业，正是充分地运用了环境氛围的改善对服务企业服务质量提升的重要影响。必胜客服务形象的塑造可谓独树一帜。必胜客距离式服务令顾客消费自如，而欢乐餐厅欢乐美食的环境塑造更给顾客提供了一个舒适的就餐环境，提高了顾客的就餐体验。在服务补救方面，必胜客对于食品方面的问题会不遗余力地进行补偿，从重新制作到赠送优惠券到免单。服务企业一直都是毫不吝啬，而目的仅仅是提供最好的服务。

7.3.2　制度性特征角度的顾客认同服务补救策略

服务企业非制度性的服务补救措施在一定程度上赋予了员工柔性，可使员工在面对复杂各异的服务失误情境时能够采取充分的、合适的和个性化的补救方法。这是一个服务企业在灵活应对服务失误中不可或缺的一部分。而制度性服务补救措施的实施，服务企业应当从顾客认同的视角出发及时地更新和修正自身在制度方面的规章约定。

1. 建立服务补救预警系统

服务补救作为服务失误之后采取的措施，要使其做到极致应是预先消除其产生的可能性，即，避免服务失误的产生。针对在服务过程中出现的投诉或者不满，应以预防为主，补救为辅。服务作为一种商品具有其单向性和独特性等特点，一旦产生失误将无法重置，只能在最大限度上进行补救来挽回顾客。因此，服务企业需要建立一套服务失误的跟踪识别系统，不光从已知的顾客抱怨和投诉处把控，更要从未知的、可能潜在服务失误的地方着手控制。服务企业可通过若干次的情景模拟，推算服务失误发生的概率。服务企业应当预先获知在哪些境况下易于发生服务失误，哪些境况下较少发生服务失误。服务企业对易于发生服务失误的场景加强控制，主动识别可能的服务失误。除此之外，服务企业还需要对员工加强培训，使员工对于服务失误的出现有着足够的警觉，从而在一定程度上预防服务失误的发生，并且提高员工对补救需求的敏感度，提前并且充分地准备着满足顾客的补救需要。这样提高服务补救质量也就不是痴人说梦。正如海底捞式的服务至上。海底捞对服务补救预警的工作是做得相当完备的。其管家式的服务充分地考虑到顾客可能产生的抱怨和不满，使其服务失误的产生降到了最低点，做到了充分的预警。例如，定期清理桌面垃圾，保证茶水不空杯等。而且，海底捞对于服务的内容形成了一系列的标准，上岗前对员工进行充分的培训，真正地做到了预防为主，补救为辅。

2. 制定服务标准和服务补救标准

对于大多数的顾客来说，服务水平的界定是模糊不清的。这是由于服务的无形性、特殊性所导致的。这也正是许多顾客在经历服务失误时不投诉的原因之一。因此，服务企业需要制定准确、明晰的服务准则，在明确自身服务质量水平的同时提高顾客在被服务过程中的参与感与主动性，而且服务企业对于服务补救的水平也要有所界定并制定相应的标准。这既是对顾客的承诺，也更能够让顾客对服务补救的公平性形成评价，为服务企业服务补救措施的提高提供建议，还能为服务企业服务补救提供依据，使服务企业服务补救措施更具科学化。

例如，餐饮企业把送餐时间作为服务优质与否的重要标准，有些甚至把钟表放到顾客餐桌上，接受顾客的监督。这种严格而又明确的服务标准，一方面，能够使顾客认知到服务企业服务标准的苛刻性，降低顾客对服务企业的认知风险，为顾客衡量服务的执行力提供标准；另一方面，对于服务企业员工而言，严格的服务标准可以规范员工行为，明确发展方向。一旦发生失误，服务企业可使员工第一时间意识到问题所在，在顾客投诉前就准备好应对措施。服务标准是服务质量的量化形式，能够通过安排、设计和制度等清晰地表达出来。对顾客来说，有形的服务标准就等于对服务的保证，使顾客相信服务企业有能力满足自己的需求，增强对服务企业的信任，也降低了顾客遇到服务失误后的感知风险。作为 IT 行业的佼佼者——Apple 公司，其服务标准和服务补救标准都是值得服务企业学习的。顾客通过官方渠道购买的产品有两周无理由退货期。顾客即使打开使用过后也是可以进行退货申请的。对于大多数的产品问题都会为顾客更换为全新，如果发生退换，则会有人上门取件。这些内容都是企业销售制度中明确了的服务标准。这对于一个服务型 IT 科技企业来说是相当难得的。

3. 加强员工培训

相关研究表明，与顾客产生直接接触的一线员工对于服务企业服务补救的成功实施有着很大的关系。大约 65% 的服务失误的投诉或抱怨都是关于一线员工的服务问题，而且服务补救工作的落实也是由一线的员工来实现的。所以，员工提供服务及实施补救工作的能力是至关重要的。服务企业的相关部门应该就服务质量、业务水平、人员素质及人际交往技巧等方面对员工进行必要的培训，切实提高一线员工个人的服务能力，确保其可以既快又好地完成服务相关的一系列工作，减少甚至杜绝服务失误的产生。

本研究认为，对员工进行高质量的培训能够使员工了解其工作目的。通过长期培训考核的员工能感受到其使命，也能提高其服务水准。因此，员工培训是服务企业提升服务质量的必经之路。

同时，本研究也认为，对员工进行高质量的培训能够使员工对服务、产品的认知得到提高，从而高效地满足顾客多样化的需求。通过长期的培训，强化员工对企业的认同，使员工与服务企业文化融为一体，提高服务的水平。因此，员工培训是服务企业提升服务质量的必经之路。

本章主要从企业认同与顾客认同两个角度介绍了服务企业服务补救的相应措施。根据前文的论述，本研究发现，无论是从哪个角度对服务失误进行补救，服务企业最终的目的都是希望通过不断地改进提高服务企业整体的服务质量，切实服务好每一位顾客。由于服务在各方面存在显著的差异，如服务环境、服务对象及其服务内容等，服务失误难以一一消灭。因此，服务企业应当根据服务情境因地制宜地调节其自身的服务项目和水平，提升服务质量，赢得顾客满意的同时，获取顾客忠诚。

第8章 本研究的局限性和后续的研究方向

8.1 本研究的局限性

服务补救领域的学术研究是学者们不断探索、不断拓展的过程。随着服务补救研究选题的不断拓展和深入，服务失误和服务补救二者之间链条式的研究在不断地去伪存真、去繁存简。二者之间的系统化研究也日趋成形。服务失误和服务补救涉及的研究背景是复杂和多层次的。而顾客作为服务补救的对象也是一个变化多端的主体，企业作为服务补救的实施方，既是利益驱使的商家，又是责任担当的社会企业，服务企业同样也是一个矛盾统一体。研究顾客对服务补救的认同和服务企业对服务补救的认同使得本研究的过程中充满了可变性和不确定性。而恰恰是这些变化不一的因素、这些独特的顾客个体和企业个体才有了本研究这一科学研究问题的提出。本研究在得到了基于企业认同和顾客认同的服务补救影响机理的相关研究结论的同时，也发现本研究存在以下四个方面的研究局限性。

1. 服务补救调节变量回归分析方法的局限性

本研究在分析可信的第三方介入、公众关注度对企业认同的调节作用，可信的第三方介入、自我解释倾向对顾客认同的调节作用时使用了回归分析法对研究假设进行了检验。基于李怀祖（2004）的研究结论，本研究中调节变量的作用采用回归分析法有三个方面的不足之处：首先，管理研究中有时会出现难以直接观测的变量，而回归分析模型中涉及的变量要求是可测的。虽然本研究用七级量表进行了所有调节变量、前因变量、中介变量和结果变量的测量，但是也不能保证所有测量条款涵盖了所测变量的全部内涵。其次，采用回归分析的方法进行分析时，回归模型只是验证了进入回归方程中的自变量和因变量之间存在的相关关系。然而，实际情况是，这种相关关系也完全有可能存在于自变量之间。自变量对于被因变量的影响不仅有着直接影响，同样存在间接影响，回归分析难以验证变量之间的间接影响。最后，自变量和因变量之间的相关关系可能是多重性的，但是，回归方程分析的结果只是表明了自变量对因变量的独立和直接的影响，并没有反映二者之间关系的多重性。因此，本研究中调节变量的作用还有待后续研究的进一步验证。

2. 服务补救调查样本选取和差异性研究的局限性

本研究的调查样本可进一步扩充和差异化处理。本研究由于涉及的变量较多，实验情境分类也较为复杂。如何优化基于企业类型和顾客个体差异的实验情境设计，今后将是本研究后续拓展中的重点，同时也是难点。因此，本研究需要进一步针对不同样本进行实验研究，只有这样，本研究分析结论的可靠性和可信性才能相应提高，研究对策的针对性也才能相应提高。这些研究缺陷需要在后续的研究中进行弥补。另外，本研究在实证研究中，由于调查问卷通过线下和线上两种采样渠道收集。年轻人和学生群体在本研究样本占据一定比例。这一部分群体由于生活体验的欠缺，对服务补救的认知、判别与真实的感受应当说与有着众多生活体验的受调查者是存在一定的认知差异的。调查取样如何优化选择？如何进行严谨的服务补救事件访谈和问卷调查？后续的服务补救研究中这些问题有必要重新审视和纠偏。

3. 服务补救横截面数据分析的局限性

尽管本研究提出的概念模型是建立在服务补救前期诸多学者的理论基础之上的，本研究结果可以在一定程度上推断企业认同和顾客认同概念模型之间各个前因、中介和结果变量之间的因果关系。但与诸多学者一样，时间的仓促和科研费用短缺，本研究中不得已采用了横断调研法，而没有采用纵断调研法。最终，本研究采用的是横截面数据研究服务补救情境下企业认同在企业感知和企业服务补救投入、顾客认同在顾客感知和顾客后续行为意向的中介作用机理，在一定程度上能够推断模型之间各变量间的关系，但无法对各变量间的关系做出不同时间节点上的连续因果关系的肯定判定，只能确定变量间某个时点的显著相关关系。因此，后续服务补救研究需要花费较多的时间和经费，通过关键连续时间节点的跟踪企业和顾客，深入分析企业认同、顾客认同与服务企业服务补救效果之间的关系，尽量采取多时点数据对本研究的相关结论进行验证。后续服务补救研究结论将为服务企业的服务补救管理实践提供可靠和可信性的实践和理论参考。

4. 服务补救模型研究变量选取的局限性

本研究把企业服务失误特征（产品质量、服务水平、企业形象、操作方式）、顾客特征（掌握的信息量、信任水平、对待服务失误的态度）和企业特征（高管服务导向、企业文化、企业声誉）作为企业感知的考察变量，分析其在服务补救框架中的角色和作用程度。而在现实的市场环境中，对企业感知状况的描述还有很多其他的维度，如服务失误程度、服务失误倾向、服务失误强度等，在本研究中没有被包括进来，采用不同的描述变量会得出不同的研究结论。因此，企业感知的状况并没有在本研究中得到全面的展示，期待在后续的研究中加以完善。本研究把顾客感知的非制度性特征（补救主动性、有形补偿、响应速度、道歉）和制度性特征（理赔声明、防范制度和措施）作为顾客感知的测量变量，考察其在服务补救框架中的角色和作用程度。而在现实的市场环境中，对顾客感知状况的测量还有很多其他的维度，如服务失误归因、服务补救公平性、服务补救期望和服务失误严重性程度等，在本研究中没有被包括进来，采用不同的描述变量会得出不同的研究结论。因此，顾客感知的状况并没有在本研究中全部包含，期待在后续的研究中补充完善。

总而言之，以上提及的本研究的局限性在后续的研究中将尽量克服。本研究将在服务补救调查数据采集方法上进行调整，对服务补救的行业范围进行拓展，并对所采用的服务补救计量方法进一步规范。后期的服务补救研究中尽最大可能减少研究结论的偏差性，提高服务补救研究结论的可适用性和推广性。

8.2　本研究后续的研究方向

本研究历时数年，从 2011 年教育部的课题立项后就一直在进行着服务补救领域的相关研究。这其中也获得了服务补救的两个省自科课题，两个省社科课题，到最终 2019 年国家社科后期资助课题的资助。本研究在对服务补救的角度和领域日渐拓展和丰富的同时，却也深深感受到服务补救领域问题的纷繁复杂。服务失误和服务补救涉及的研究领域、角度和层次都非常丰富。而企业和顾客作为服务的实施方和主体是非常复杂多变的个体，这使得服务补救研究的过程充满了不确定的因素。而正是由于这些不确定因素的存在，这些独特多变的企业和顾客个体，才促成了这一个又一个科学而严谨的研究命题的存在。本研究最深的感触就是，研究越往前推进就越发艰辛和富有挑战。当然，这其中所获得的研究收获也是弥足珍贵的。研究进行到今天，必须承认，本研究只是服务补救研究领域一个尝试性的探索，有许多问题有待进一步研究和挖掘。服务补救领域需要在以下五个方面做进一步的深入拓展。

1. 服务补救的定性和定量研究的设计需要再规范

在后续研究中，本研究可通过扩大问卷调查范围和调整问卷收集方式等方法来扩大样本量，使样本资料更加全面，样本分布更符合市场用户分布，进而使实证研究结果更具代表性。在实验方法和数据采集上，后续研究可尝试使用真实场景来激发顾客的主观感知和情绪变化，同时使用跨时间点的数据进行验证，进一步丰富和完善研究结论。在后续的实证研究中，可以对顾客情绪的测量采用如文本挖掘、语音情绪识别等方式丰富现有调查方法，更准确地测量顾客情绪。

2. 服务补救的差异性化研究需要在后续的研究中进一步拓展

服务补救差异性化研究需要在后续的研究中进一步拓展。首先，从不同的理论基础或研究视角出发，对服务补救与顾客行为意向之间关系起到中介效应和调节效应的影响因素还有很多，例如感知公平、关系质量、服务补救期望等，各变量间关系较为复杂，值得深入探索。此外，顾客个体特征和企业失误类型对于服务补救与顾客行为意向关系的影响也值得继续进行实验研究探究其中的差异性影响。其次，后续服务补救和服务失误的研究可以在更多服务行业验证本研究的服务补救模型和研究结论的正确性，特别是高顾客接触型服务行业更是如此。服务业的不同属性和特质极有可能影响和修正本研究的研究结论。举个例子来说，同一个服务失误情境下，结果性服务失误和程序性服务失误对顾客补救满意的影响肯定是存在差异化的。那么，这一差异化的服务补救感知需要通过行业检验。再次，研究忽视了企业形象、顾客—企业关系、企业来源国在同样的服务失误及补救策略下的服务补救效果差异，这些都有必要在后续的研究中剖析。最后，情境实验设计如何尽可能模拟真实场景也是后续研究中必须思量的问题。能否以最真实的场景还原服务补救，给予被调查对象最本真感知的同时，获取最本真的消费体验和感知，这些势必直接影响着后续研究结论的正确与否。

3. 服务补救的研究变量和框架模型需要不断地完善

服务补救的研究变量和框架模型在不断地拓展，需要不断地完善。首先，本项研究针对企业认同和顾客认同对服务补救机理进行了探究，未来的研究可以对服务补救能力进行进一步的研究。这一内容目前国内外研究较少涉及。现有对服务补救能力的研究也只是从其概念界定、产生与形成机制等方面进行了理论角度的探索性研究，还有待于今后做进一步的理论与实证研究。其次，随着全球化的发展，企业会越来越多地面对不同文化背景和价值观而有着差异化的需求和期望的顾客，而对服务补救的研究和管理的焦点又回到了对服务补救有效性的理解和评估上。民族文化对服务补救感知的影响还有待于进一步的探索。因此，对于跨文化背景下的服务补救管理的研究应引起高度重视并有待加强。最后，本研究提出的模型并没有包括影响服务补救效果的所有因素，如服务失误的严重性、服务补救手段组合等因素对服务补救满意的影响。在今后的研究中应考虑这些因素，以便更全面地解释服务补救满意的形成过程。

4. 服务补救的措施需要与时俱进地追踪探索

在已有的服务补救措施研究中，学者们比较多地关注心理补救和物质补救两个层面。另外，有学者比较多地关注服务补救的响应速度及其服务补救的主动性。但是，网络时代下，新的服务补救措施也应运而生，譬如顾客有了可以无条件退货或有条件退货这一服务补救措施。退货与心理补救、物质补救这两种较为普遍的服务补救方式是有着本质上的区别的，应当属于第三种服务补救方式。这一方式极有可能突破现有服务补救措施的局限性。为顾客带来收益和愉悦的同时，给现今的服务企业带来不一样的挑战。因此，与时俱进地探索服务补救措施，追踪探索服务补救措施的差异化手段和差异化效果无疑会成为今后的一个研究方向。

5. 探索服务企业服务补救效果的最大化

服务补救研究过程中，服务企业认同服务补救的效果，也认识到服务补救悖论的存在，却在实施服务补救的过程中又习惯性地进行捉襟见肘的服务补救措施的实施。服务企业服务补救实施过程中的心理认同，措施却不认同的根源是由于服务补救毕竟是真金白银的即时付出，服务补救的收益却又是虚无缥缈的远期收益，二者不能即时匹配是服务企业在服务补救措施实施过程中打退堂鼓的主要原因。因此，后续的研究中需要解决服务企业的这一痛点。在后续的研究中，如何实现服务企业服务补救效益的最大化？探索服务企业服务补救成本——收益平衡模型，追求企业和顾客共同认可的服务补救效果，寻找企业和顾客服务补救过程中的补救均衡点，提供服务企业更现实和经济的服务补救方案和分析框架，这些势必成为今后服务补救的研究方向。

参考文献

1. Ainsworth, S. , Loizou, A. T. (2003) . The effects of self-explaining when learning with text or diagrams. *Cognitive Science*, *4* (5), 23 – 28.

2. Albrecht, A. K. , Schaefers, T. , Walsh, G. , & Beatty, S. E. (2019) . The Effect of Compensation Size on Recovery Satisfaction After Group Service Failures: The Role of Group Versus Individual Service Recovery. *Journal of Service Research*, 22 (1), 60 – 74.

3. Andreassen T. A. (2000) . Antecedents to satisfaction with service recovery. *European Journal of Marketing*, 34 (1l2), 156 – 175.

4. Antonetti, P. , Crisafulli, B. , & Maklan, S. (2018) . Too Good to Be True? Boundary Conditions to the Use of Downward Social Comparisons in Service Recovery. *Journal of Service Research*, 21 (4), 438 – 455.

5. Blodgett J. G. Hill D. J. & Tax S. S. (1997) . The effects of distributive, procedural and interactional justice on post complaint behavior. *Journal of Retailing*, 73 (2), 185 – 210.

6. Berry, R. , Tanford, S. , Montgomery, R. , & Green, A. J. (2018) . How We Complain: The Effect of Personality on Consumer Complaint Channels. *Journal of Hospitality & Tourism Research*, 42 (1), 74 – 101.

7. Bielaczyc K, PirolliP L, Brown A L. (1995) . Training in Self-explanation and Self-regulation strategies: Investigating the Effects of Knowledge Acquisition Activities on Problem Solving. *Cognition and Instruction* , 13 (2), 221 – 252.

8. Bitner, M. J. , Booms, B. H. & Tetreault, M. S. (1990) . The Service Encounter: Diagnosing Favorable and Unfavorable Incidents. *Journal of Marketing*, 54 (1), 71 – 84.

9. Blodgett J. G. Granbois D. & Walters R. G. (1993) . The effects of perceived justice on negative word-of-mouth and repatronage intentions. *Journal of Retailing*, 69 (4), 399 – 428.

10. Blodgett, Jeffrey G, Donna J Hill, Stephen S Tax. (1997) . The effects of distributive, procedural, and interactional justice on postcomplaint behavior. *Journal of Retailing*, 73 (2) , 185 – 210.

11. Boshoff C. (1999) . An instrument to measure satisfaction with transaction-specific service recovery. *Journal of Service Research*, l (3) , 236 – 249.

12. Boshoff C. Staude G. (2003) . Satisfaction with service recovery: Its measurement and its outcomes. *Journal of business management*, 34 (3) , 9 – 17.

13. Chen, P. , & Kim, Y. G. (2019) . Role of the perceived justice of service recovery: A comparison of first-time and repeat visitors. *Tourism and Hospitality Research*, 19 (1) , 98 – 111.

14. Chia-Ying Li, Yu-Hui Fang. (2016) . How online service recovery approaches bolster recovery performance? A multi-level perspective. *Service Business*, 10 (1) , 179 – 200.

15. Chihyung Ok, Ki-Joon Back, and Carol W. Shanklin. (2005) . Modeling Roles of Service Recovery Strategy: A Relationship-Focused View. *Journal of Hospitality& Tourism Research*, 29, 484 – 507.

16. Chung, L. M. , Wirtz, J. (1998) . Book Review: Satisfaction: A Behavioral Perspective on the Consumer. *Asia Pacific Journal of Management*, 15, 285 – 286.

17. Cronin J, Taylor S. (1994) . SERVPERF vers SERVQUAL: reconciling performance-based and perceptions measurement of service quality. *Journal of Marketing*, 58, 125 – 133.

18. Cronin J. J. & Taylor S. A. (1992) . Measuring service quality: a re-examination and extension. *Journal of Marketing*, 56, 55 – 68.

19. Daunt Harris. (2014) . Linking employee and customer misbehaviour: The moderating role of past misdemeanours. *Journal of Marketing Management*, 30 (3 – 4) .

20. David Gefen, Detmar W. Straub. (2004) . Consumer trust in B2Ce-Commerce and the importance of social presence: experiments in e-Products and e-service. *The International Journal of Management Science*, 6, 79 – 96.

21. Davoud Nikbin, Hamed Armesh, Alireza Heydari and Mohammad Jalalkamali. (2011) . The effects of perceived justice in service recovery on firm reputation and repurchase intention in airline industry, *African Journal of Business Management*, 5 (23) , 9814 – 9822.

22. Echeverri Per, Alomonson Nicklas, Aberg, Annika. (2012) . Dealing with

customer misbehaviour: Employees´tactics, practical judgement and implicit knowledge. *Marketing Theory*, 12 (4), 427.

23. Etemad-Sajadi, R. , & Bohrer, L. (2019) . The impact of service recovery output/process on customer satisfaction and loyalty: The case of the airline industry. *Tourism and Hospitality Research*, 19 (2), 259 – 266.

24. Fisk, R. , Grove, S. , Harris, L. , Keeffe, D. , Daunt, K. , Russell - Bennett, R. and Wirtz, J. (2010) . Customers behaving badly: a state of the art review, research agenda and implications for practitioners, *Journal of Services Marketing*, 24 (6), 417 – 429.

25. Glikson, E. , Rees, L. , Wirtz, J. , Kopelman, S. , & Rafaeli, A. (2019) . When and Why a Squeakier Wheel Gets More Grease: The Influence of Cultural Values and Anger Intensity on Customer Compensation. *Journal of Service Research*, 22 (3), 223 – 240.

26. Goodwin C. & Ross I. (1992) . Customer responses to service failures: influence of procedural and interaction fairness perceptions. *Journal of Business Research*, 25 (9), 149 – 163.

27. Goodwin, Cathy & Ross, 1. (1989) . Salient dimensions of perceived fairness in resolution of service complaints. *Journal of Consumer Satisfaction, Disatisfaction and Complaining Behavior*, 2, 87 – 92.

28. Goodwin, Cathy & Ross. (1992) . Customer responses to service failures: Influence of procedural and interactional fairness perceptions. *Journal of Business Research* , 25 (9), 149 – 163.

29. Gregoire Y. , Thomas M. Tripp and Renaud Legoux. (2009) . When customer love turn into lasting hate: the effects of relationship strength and time on customer revenge and avoidance. *Journal of Marketing*, 73 (4), 18 – 32.

30. Grewal D. , Roggeveen A. L. & Tsiros M. (2008) . The Effect of Compensation on Repurchase Intentions in service recovery, *Journal of Retailing*, 84 (4), 424 – 434.

31. Groroos C. (1984) . A service quality Model and Its Marketing Implication. Europ*eanJournal of Marketing*, 18 (4), 36 – 44.

32. Gustafsson, Anders, Johnson, Michael D. , Roos, Inger. (2005) . The Effects of Customer Satisfaction, Relationship Commitment Dimensions, and Triggers on Customer Retention. *Journal of Marketing*, 69 (4), 210 – 218.

33. Ha J. & Jang S. (2009) . Perceived justice in service recovery and behavioral

intentions: The role of relationship quality. *International Journal of Hospitality Management*, 28 (3), 319 – 327.

34. Heskett J. L., Jmaes T. O., Lovemna G. W., Sasser W. E. and Sehlesinger, L. A. (1994). Putting the service-Profit chain to work. *Harvardr Business Review*, 164 – 174.

35. Hess Jr. R. L. Shankar Ganesan & Noreen M. Klein. (2003). Service failure and recovery: the impact of relationship factors on customer satisfaction. *Journal of the Academy of Marketing Science*, 31 (2), 127 – 145.

36. Hogreve, J., Bilstein, N., & Hoerner, K. (2019). Service Recovery on Stage: Effects of Social Media Recovery on Virtually Present Others. *Journal of Service Research*, 22 (4), 421 – 439.

37. Holloway & Betsy B. Beatty Sharon E. (2003). Service Failure in Online Retailing. *Journal of Service Research*, 6 (1), 92 – 95.

38. Hsi-Tien Chen, Chun-Min Kuo. (2017). Applying a severity-performance loss analysis in service failure research. *Journal of Service Science Research*, 9 (2), 121 – 145.

39. Huang Wen-hsien, Lin, Ying-ching. (2010). Wen Yu-chia. Attributions and Outcomes of Customer Misbehavior. *Journal of Business and Psychology*, 3, 151 – 161.

40. Huang Zhuowei, Zhao Chen, Miao Li, Fu Xiaoxiao. (2014). Triggers and inhibitors of illegitimate customer complaining behavior. *International Journal of Contemporary Hospitality Management*, 26 (4), 544 – 571.

41. Jens Hogreve, Nicola Bilstein, Leonhard Mandl. (2017). Unveiling the recovery time zone of tolerance: when time matters in service recovery. *Journal of the Academy of Marketing Science*, 45 (6), 866 – 883.

42. Jerger, C., & Wirtz, J. (2017). Service Employee Responses to Angry Customer Complaints: The Roles of Customer Status and Service Climate. *Journal of Service Research*, 20 (4), 362 – 378.

43. Jingyun Zhang, Sharon E. Beatty, David Mothersbaugh. (2010). A CIT investigation of other customers' influence in services. *Journal of Services Marketing*, 24 (5), 389 – 399.

44. Johnston R. (1995). Service failure and recovery: impact, attributes and process. *advances in services Marketing and Management*, (4), 211 – 228.

45. Joohyung Park, Sejin Ha. (2016). Co-creation of service recovery: Utilitar-

ian and hedonic value and post-recovery responses. *Journal of Retailing and Consumer Services*, 28 (1), 310 – 316.

46. Jooyeon H. , Soo C. J. （2009）. Perceived justice in service recovery and behavioral intentions: The role of relationship quality. *International Journal of Hospitality Management*, 28 (3), 319 – 327.

47. Jörg Lindenmeier, Dieter K. Tscheulin, Florian Drevs. （2012）. The effects of unethical conduct of pharmaceutical companies on consumer behavior. *International Journal of Pharmaceutical and Healthcare Marketing*, 6 (2), 108 – 123.

48. Kanousi A. （2006）. An empirical investigation of the role of culture on service recovery expectations. *Managing Service Quality*, 15 (1), 57 – 69.

49. Kanuri, V. K. , & Andrews, M. （2019）. The Unintended Consequence of Price-Based Service Recovery Incentives. *Journal of Marketing*, 83 (5), 57 – 77.

50. Kate L. Daunt, Lloyd C. Harris. （2012）. Exploring the forms of dysfunctional customer behaviour: A study of differences in servicescape and customer disaffection with service. *Journal of Marketing Management*, 28 (1 – 2), 129 – 153.

51. Kate L. Daunt, Lloyd C. Harris. （2012）. Motives of dysfunctional customer behavior: an empirical study. *Journal of Services Marketing*, 26 (4), 293 – 308.

52. Kelley, S. W, Hoffman, K. D. & Davis, M. A. （1993）. A typology of retail failures and recoveries. *Journal of Retailing*, 107 – 115.

53. Kelly S W, K D Hoffman, M A Davis. （1993）. A typology of retail failures and recoveries. *Journal of Retailing*, 69 (4), 429 – 452.

54. Kelly, S. W. & Davis, M. A. （1994）. Antecedents to customer expectations for service recovery. *Journal of the academy of marketing science*, 22 (1), 52 – 61.

55. Khanh V. La & Jay Kandampully. （2004）. Market oriented learning and customer value enhancement through service recovery management. *Managing Service Quality*, 14 (5), 390 – 401.

56. Lee, M. K. O. , Turban, E. （2001）. A trust model for consumer internet shopping. *International Iournal of Electronic Commerce*, 6 (1), 75 – 91.

57. Liljander V, Strandvik T. （1997）. Emotions in service satisfaction. *International Journal of Service Industry Management*, 8 (2), 148 – 169.

58. Lionel Bobot. （2011）. Functional and dysfunctional conflicts in retailer-supplier relationships. *International Journal of Retail & Distribution Manage-*

men, 39（1）, 25 – 50.

59. Lloyd C. Harris, Kate Daunt. （2013）. Managing customer misbehavior: challenges and strategies. *Journal of Services Marketing*, 27（4）, 281 – 293.

60. Ma, Q. H. , Liu, R. P. , and Liu, Z. D. （2009）. Customer social norm attribute of services: Why does it matter and how do we deal with it? . *International Journal of Services Technology and Management*, 12（2）, 175 – 191.

61. Marios Koufaris, William Hampton-Sosa. （2004）. The development ofinitial trust in an online company by new customers. *Information & Management*, 41, 377 – 397.

62. Markus Fellesson, Nicklas Salomonson, Annika Aberg. （2013）. Troublesome travelers-the service system as a trigger of customer misbehaviour. *International Journal of Quality and Service Sciences*, 5（3）, 256 – 274.

63. Matthew M. Lastner, Judith Anne Garretson Folse, Stephanie M. Mangus, Patrick Fennell. （2016）. The road to recovery: Overcoming service failures through positive emotions. *Journal of Business Research* , 69（10）, 4278 – 4286.

64. Mattila, A. S. & Cranage, D. （2005）. The impact of choice on fairness in the context of service recovery. *The Journal of Services Marketing*, 19（5）, 271 – 279.

65. Mattila, A. S. , & Patterson, P. G. （2004）. Service Recovery and Fairness Perceptions in Collectivist and Individualist Contexts. *Journal of Service Research*, 6（4）, 336 – 346.

66. Maxham J. G. （2001）. Service recovery's influence on consumer satisfaction, positive word-of-mouth, and purchase intentions, *Journal of Business Research*, 54（1）, 11 – 24.

67. Maxham J. G. & Netemeyer R. A. （2002）. longitudinal study of complaining customers' evaluations of multiple service failures and recovery efforts. *Journal of Marketing*, 66（10）, 57 – 71.

68. Maxham&Ill, J. G. （2001）. Service recovery's influence on comsumer satisfaction, positive word-of-mouth, and purchase intentions. *Journal of Business Research*, 54（1）, 11 – 24.

69. May-Ching Ding, Yuan-Shuh Lii. （2016）. Handling online service recovery: Effects of perceived justice on online games. *Telematics and Informatic*, 33（4）, 881 – 895.

70. McCole & Patrick. （2003）. Towards a re-conceptualization of service failure and service recovery: a consumer-business perspective. *Irish Journal of Manage-*

ment, 24（2），11 – 19.

71. McColl Kennedy, J. R. , Catherine S. Daus & Beverley A.（2003）. Sparks The Role of Gender in Reactions to Service Failure and Recovery. *Journal of Service Research*, 6（1）, 66 – 82.

72. McCollough M. A. , Berry L. L. & Yadav M. S.（2000）. An empirical investigation of consumer satisfaction after service failure and recovery. *Journal of Service Research*, 3（2）, 121 – 137.

73. Michel S.（2001）. Analyzing service failures and recoveries: a process approach. *International Journal of Service Industry Management*, 12（2）, 20 – 33.

74. Neuman Y, Leibowitz L.（2000）. Patterns ofverbalmediation during problem solving: a sequential analysis of self-explanation. *The Journal of Experimental Education*, 68（3）, 197 – 213.

75. Norvell, T. , Kumar, P. , & Dass, M.（2018）. The Long-Term Impact of Service Failure and Recovery. *Cornell Hospitality Quarterly*, 59（4）, 376 – 389.

76. Osman M. Karatepe, Ilkay Yorganci, Mine Haktanir.（2009）. Outcomes of customer verbal aggression among hotel employees. *International Journal of Contemporary Hospitality Management*, 21（6）, 713 – 733.

77. Oznur Ozkan Tektas.（2017）. Perceived justice and post-recovery satisfaction in banking service failures: Do commitment types matter? . *Service Business*, 11（4）, 851 – 870.

78. Parasuraman A, ZeithamlV. A and Berry L. L. ,（1985）. A Conceptual Model of Service Quality and its implications for Future Research, *Journal of Marketing*, 49（3）, 41 – 50.

79. Parasuraman, A.（2000）. Technology Readiness Index: A Multiple Item Scale to Measure Readiness to Embrace New Technologies. *Journal of Services Research*, 2（4）, 307 – 320.

80. Parasuraman, A. , Berry, L. L. &Zeithaml, V. A.（1993）. More on improving service quality measurement. *Journal of Retailing*, 69（1）, 140 – 147.

81. Patterson P. G. Cowley E. & Prasongsukarn, K.（2006）. Service failure recovery: The moderating impact of individual cultural value orientation on perceptions of justice. *International Journal of research in marketing*, 23（3）, 263 – 277.

82. Ramana Kumar Madupalli, Amit Poddar.（2014）. Problematic customers and customer service employee retaliation. *Journal of Services Marketing*, 28（3）, 244 – 255.

83. Ray Fisk, Stephen Grove, Lloyd C. Harris, Dominique A. Keeffe, Kate L. Daunt (née Reynolds), Rebekah Russell-Bennett, Jochen Wirtz. (2010). Customers behaving badly: a state of the art review, research agenda and implications for practitioners. *Journal of Services Marketing*, 24 (6), 417 – 429.

84. Reichheld F F, Sasser W E. (1990). Zero defections: Quality comes to services. *Harvard Business Review*, 68 (5), 105 – 111.

85. Reynolds, K. L., Harris, L. C. (2009). Dysfunctional customer behavior severity: An empirical examination. *Journal of Retailing*, 85 (3), 321 – 335.

86. Richard Nicholls. (2011). Customer-to-customer interaction (CCI): a cross-cultural perspective. *International Journal of Contemporary Hospitality Management*, 23 (2), 209 – 223.

87. Richard S Lapidus, Lori Pinkerton. (1995). Customer complaint situations: An equit perspective. *Psychology & Marketing* (1986 – 1998), 12 (2), 105 – 123.

88. Robert Johnston, Stefan Michel. (2008). Three outcomes of service recovery: Customer recovery, process recovery and employee recovery. *International Journal of Operations & Production Management Emerald Article*, 28 (1), 79 – 99.

89. Rod M., Ashill N. J., Carruthers J. (2008). The relationship between job demand stressors, service recovery performance and job outcomes in a state-owned enterprise. *Journal of Retailing and Consumer services*, 15 (1), 22 – 31.

90. Ruhama Goussinsky. (2011). Customer aggression, emotional dissonance and employees' well-being. *International Journal of Quality and Service Sciences*, 3 (3), 248 – 266.

91. Ruhama Goussinsky. (2012). Coping with customer aggression. *Journal of Service Management*, 23 (2), 170 – 196.

92. Schaefers, T., Wittkowski, K., Benoit (née Moeller), S., & Ferraro, R. (2016). Contagious Effects of Customer Misbehavior in Access-Based Services. *Journal of Service Research*, 19 (1), 3 – 21.

93. Sciders, K. & Berry, L. L. (1998). Service fairness: what it is and why it matters. *Academy of Manaement Executive*, 12 (2), 8 – 20.

94. Smith, Amy, K. Bolton, R. N. & Wagner, J. (1999). A model of customer satisfaction with service encounters involving failure and recovery. *Journal of Marketing Research*, 36 (8), 356 – 372.

95. Stephen S. Tax, Stephen W. Brown & Murali Chandrashekaran. (1998). Customer

Evaluations of Service Complaint Experiences: Implications for Relationship Marketing. *Journal of Marketing*, 62 (4), 60 – 76.

96. Stewart D. （2003）. Piecing together service quality: a framework for robust service, *Production and Operations Management*, 12 (2), 246 – 265.

97. Sunmee C and Mattila A S. （2008）. Perceived controllability and service expectations: Influences on customer reactions following service failure. *Journal of Business Research*, 61 (1), 24 – 30.

98. Sven Tuzovic. （2010）. Frequent frustration and the dark side of word-of-web: exploring online dysfunctional behavior in online feedback forums. *Journal of Services Marketing*, 34 (6), 446 – 457.

99. Tax, S. S., Brown, S. W. & Chandrashekaran, M. （1998）. Customer Evaluations of service complaint experiences: Implications for relationship marketing. Journal of marketing, 62 (4), 60 – 76.

100. Tsarenko, Y., Strizhakova, Y., & Otnes, C. C. （2019）. Reclaiming the Future: Understanding Customer Forgiveness of Service Transgressions. Journal of Service Research, 22 (2), 139 – 155.

101. Umashankar, N., Ward, M. K., & Dahl, D. W. （2017）. The Benefit of Becoming Friends: Complaining after Service Failures Leads Customers with Strong Ties to Increase Loyalty. *Journal of Marketing*, 81 (6), 79 – 98.

102. Ursula Sigrid Bougoure, Rebekah Russell-Bennett, Syed Fazal-E-Hasan, Gary Mortimer. （2016）. The impact of service failure on brand credibility. *Journal of Retailing and Consumer Services*, 31, 62 – 71.

103. Valenzuela F. Pearson D. & Epworth R. （2005）. Influence of switching barriers on service recovery evaluation. *Journal of Services Research*, (*Special Issue*), 240 – 257.

104. Van Vaerenbergh, Y., Varga, D., De Keyser, A., & Orsingher, C. (2019). The Service Recovery Journey: Conceptualization, Integration, and Directions for Future Research. *Journal of Service Research*, 22 (2), 103 – 119.

105. Wang Y. S., Wu S. C., Lin H. H. & Wang Y. Y. （2011）. The relationship of service failure severity, service recovery justice and perceived switching costs with customer loyalty in the context of e-tailing. *International Journal of Information Management*, 31 (4), 350 – 359.

106. Wen-Hsien Huang. （2008）. The impact of other-customer failure on service satisfaction. *International Journal of Service Industry Management*, 19 (4),

521 – 536.

107. Wen-Hsien Huang. （2010）. Other-customer failure. *Journal of Service Management*, 21 （2）, 191 – 211.

108. Wilson, A. （2014）. Book Review: The Power of Customer Misbehaviour: Drive Growth and Innovation by Learning from your Customers. *International Journal of Market Research*, 56 （4）, 557 – 558.

109. Wong N. Y. （2004）. The role of culture in the perception of service recovery. *Journal of Business Research*, 57 （9）, 957 – 963.

110. Xiaoyan Li, Erhua Zhou. （2013）. Influence of customer verbal aggression on employee turnover intention. *Management Decision*, 51 （4）, 890 – 912.

111. Xu, X. , Liu, W. , & Gursoy, D. （2019）. The Impacts of Service Failure and Recovery Efforts on Airline Customers' Emotions and Satisfaction. *Journal of Travel Research*, 58 （6）, 1034 – 1051.

112. Yagil, D. （2008）. When the customer is wrong: A review of research on aggression and sexual harassment in service encounters. *Aggression and Violent Behavior*, 13 （2）, 141 – 152.

113. Youjae Y, Taeshik G. （2008）. The effects of customer justice perception and affect on customer citizenship behavior and customer dysfunctional behavior. *Industrial Marketing Management*, 37 （2）, 767 – 783.

114. Zeithaml V. , Parasuraman A. and Berry L. （1985）. Problems and strategies in services marketing. *Journal of Marketing*, 49 （2）, 33 – 46.

115. Zeithaml, V. A. （1988）. Consumer perceptions of price, quality and value: a means-end model and synthesis of evidence. *Journal of Marketing*, 52 （3）, 2 – 22.

116. 薄湘平, 周琴. 服务补救——重建顾客满意的重要手段 ［J］. 湖南大学学报, 2005 （1）: 58 – 62.

117. 宝贡敏, 徐碧祥. 国外企业声誉理论研究述评 ［J］. 科研管理, 2007 （3）: 98 – 107.

118. 蔡升桂. 关系营销视角的顾客信任研究 ［J］. 当代财经, 2006 （12）: 79 – 82.

119. 蔡宜安. 服务补救方式与补救后顾客满意度之关系——关系行销之社会连结的干扰效果 ［D］. 中国文化大学. 1996.

120. 常亚平, 罗劲, 阎俊. 服务补救悖论形成机理研究 ［J］. 管理评论, 2012, 24 （3）: 100 – 106.

121. 常亚平，姚慧平，韩丹，阎俊，张金隆．电子商务环境下服务补救对顾客忠诚的影响机制研究［J］．管理评论，2009，21（11）：30－37.

122. 陈国平，李德辉．顾客对服务失误感知与抱怨动机的整合模型：自我概念的视角［J］．武汉大学学报（哲学社会科学版），2013（4）：106－110.

123. 陈姣，董瑾．中美消费者对服务补救承诺反应的差异性分析［J］．北京理工大学学报（社会科学版），2009（5）：67－71.

124. 陈可，涂荣庭．服务补救效果的双期望理论：动态的视角［J］．管理评论，2009，21（1）：53－58.

125. 陈可，涂荣庭．基于顾客自我调整导向的差异化服务补救策略研究［J］．南开管理评论，2008，11（4）：49－56.

126. 陈丽．网购服务补救对消费者重购意愿影响研究评述［J］．现代营销（下旬刊），2019（09）：142－143.

127. 陈鹭洁，黄俊毅．服务氛围对服务补救绩效的影响——以高星级酒店为例［J］．中国管理信息化，2017，20（21）：92－94.

128. 陈文长，韩顺平，项志明．探索儒家文化背景下服务补救对公正感知影响［J］．技术经济与管理研究，2008（2）：42－45.

129. 陈欣欣，关新华，张婷．网络服务补救研究述评：基于企业和顾客的视角［J］．服务科学和管理，2018，7（1）：7－16.

130. 仇立．服务失误情境下互联网顾客忠诚影响机理［J］．中国流通经济，2018，32（05）：84－96.

131. 丛庆，王玉梅，阎洪．顾客服务补救满意结构研究：一个量表开发的视角［J］．营销科学学报，2008（3）：1－13.

132. 丛庆，王玉梅．内部服务补救：理论探讨与模型分析［J］．西南民族大学学报（人文社科版），2009，30（03）：151－154.

133. 崔艳武，苏秦，陈婷．价值导向的服务补救决策模型［J］．管理学报，2010（2）：248－253.

134. 崔占峰，陈义涛．感知公平和感知真诚在服务补救中的作用［J］．企业经济，2019，38（12）：86－95.

135. 戴雅兰，杨文涛，侯蒙，张志博．航班延误服务补救应急机制研究［J］．经营与管理，2016（05）：87－89.

136. 党金平．酒店顾客抱怨行为与服务补救［J］．旅游纵览（下半月），2017（08）：70.

137. 丁学伟．韩国中小企业的发展及政府的引导推动作用［J］．中国科技产业．1999，（07）：47－48.

138. 杜建刚，范秀成．服务补救中情绪对补救后顾客满意和行为的影响——基于情绪感染视角的研究［J］．管理世界，2007（8）：85－94，172．

139. 杜建刚，范秀成．服务失败情境下顾客损失、情绪对补救预期和顾客抱怨倾向的影响［J］．营销科学学报，2007，10（6）：4－10，18．

140. 樊志勇，唐雪薇．服务补救、地方依恋与游客正面口碑传播意愿——基于402份问卷的实证研究［J］．调研世界，2017（05）：18－23．

141. 范广伟，刘汝萍，马钦海．顾客对同属顾客不当行为反应类型及其差异研究［J］．管理学报，2013，10（9）：1384－1392．

142. 范钧，林帆．服务失误模糊情境下顾客不当行为意向的形成机制研究：基于归因视角［J］．管理评论，2014，26（7）：138－147．

143. 范秀成，杜建刚．服务质量五维度对服务满意及服务忠诚的影响——基于转型期间中国服务业的一项实证研究［J］．管理世界，2006，6（6）：111－118．

144. 范秀成，赵先德，庄贺均．价值取向对服务业顾客抱怨倾向的影响［J］．南开管理评论，2002（5）：11－16．

145. 费显政，肖胜男．同属顾客对顾客不当行为反应模式的探索性研究［J］．营销科学学报，2013（2）：13－38．

146. 费显政，周航．同属顾客对顾客不当行为反应模式研究——瑟斯顿量表的开发［J］．中南财经政法大学学报，2013（6）：79－85．

147. 丰佳栋．我国公立医院服务补救机制的研究［J］．经济研究参考，2017（58）：57－65．

148. 付海燕．认知设计：体演文化的视角——以《酒店英语：服务补救》为例［J］．海外英语，2017（20）：28－31＋37．

149. 傅元．企业质量与企业形象［J］．上海企业，2001（11）：53－55．

150. 龚杨达，徐金发，刘志刚．企业声誉对顾客忠诚的作用机制研究［D］．浙江大学，2005．

151. 高海霞．消费者的感知风险及减少风险行为研究——基于手机市场的研究［D］．浙江大学，2004．

152. 郭帅，银成钺，苏晶蕾．不同社会距离顾客对服务接触失败下补救措施的反应与偏好研究［J］．管理评论，2017，29（12）：141－152．

153. 郭婷婷，李宝库．顾客心理契约破裂及其修复策略——基于网络购物服务失误情境［J］．经济与管理，2019，33（06）：50－57．

154. 郭贤达，陈荣，谢毅．如何在服务失败后仍然得到顾客的拥护——感知公平、顾客满意、顾客承诺对行为意向的影响［J］．营销科学学报，

2006，2（3）：74 - 85.

155. 郭志贤. 不同关系类型下心理契约违背对顾客不良行为的影响 [J].
咸宁学院学报，2012，32（1）：20 - 32.

156. 何会文，齐二石. 成功补救的"五步骤"模型 [J]. 华东经济管理，
2005（4）：21 - 24.

157. 何会文. 基于战略竞争力的服务补救体系 [M]. 天津：南开大学出版
社，2006：222 - 237.

158. 何奇兵，张承伟. 网购中退货服务补救与消费者购买意愿关系实证研究
[J]. 商业经济，2019（02）：94 - 97.

159. 何庆丰. 品牌声誉、品牌信任及与品牌忠诚关系的研究 [D]. 浙江大
学，2006.

160. 贺红. 基于服务补救的电商 O2O 模式服务质量提升研究 [J]. 商业经
济研究，2017（18）：61 - 64.

161. 侯兴起. 服务质量对顾客满意与顾客忠诚度的影响研究 [D]. 山东大
学，2008.

162. 胡蓓明. 服务失误、负面情绪与服务补救效果的关系——基于珠三角地
区酒店业的实证研究 [J]. 暨南学报（哲学社会科学版），2014（6）：
112 - 119.

163. 黄娟，李华敏. 顾客不当行为对同属顾客负面情绪及满意度的影响研究
[J]. 西安财经学院学报，2014，27（3）：60 - 65.

164. 黄露易. 与消费者相关的信任因素对旅游电子商务购买的影响及对策
[J]. 中外企业家，2009（4）：90 - 92.

165. 黄敏学，才凤艳，周元元，朱华伟. 关系规范对消费者抱怨意愿及潜在
动机的影响模型 [J]. 心理学报，2009（10）：989 - 999.

166. 黄珍，常紫萍. 线上服务补救、消费者宽恕与持续信任——基于中介与
调节效应检验 [J]. 商业经济研究，2020（03）：97 - 99.

167. 刘怀伟. 商务市场中顾客关系的持续机制研究 [D]. 浙江大学，2003.

168. 贾冰. 门诊护理中实施护理服务补救管理的临床效果分析 [J]. 中外
医学研究，2018，16（10）：94 - 95.

169. 贾薇，赵哲. 服务补救一定会导致顾客满意吗？——基于顾客情绪视角
[J]. 东北大学学报（社会科学版），2018，20（01）：44 - 51.

170. 简兆权，柯云. 网络购物服务失误、服务补救与顾客二次满意及忠诚度
的关系研究 [J]. 管理评论，2017，29（01）：175 - 186.

171. 金立印. 基于服务公正性感知的顾客不良行为模型研究 [J]. 营销科

学学报, 2006, 2 (1): 1 - 17.

172. 金立印. 顾客服务补救预期: 形成因素及对顾客满意的影响 [J]. 营销科学学报, 2006, 2 (2): 1 - 15

173. 金立印. 消费者企业认同感对产品评价及行为意向的影响 [J]. 南开管理评论, 2006, 9 (3): 16 - 21.

174. 雷芳芳. 互联网电商服务补救中有效沟通策略研究 [J]. 当代经济, 2017 (26): 68 - 69.

175. 李冬迪, 刁美灵, 王蕾. 接种式服务补救对酒店外包服务顾客满意度的影响 [J]. 旅游纵览 (下半月), 2017 (12): 73.

176. 李奋生. 传统诚信伦理与现代企业诚信文化建设 [J]. 中外企业文化, 2008 (2): 5 - 7.

177. 李克芳, 钟帅, 纪春礼. 高接触度服务中公平对服务补救绩效的影响研究 [J]. 云南财经大学学报, 2017, 33 (06): 140 - 149.

178. 李四化, 服务补救与顾客后续行为意向关系研究 [D]. 辽宁大学博士学位论文, 2009.

179. 李伟健, 王洁瑜, 姜玉荣. 自我解释的研究述评 [J]. 宁波大学学报, 2006, 28 (5): 23 - 27.

180. 李晓宇. 网络零售企业服务补救后顾客满意的影响因素分析 [J]. 经济研究导刊, 2017 (17): 155 - 157.

181. 李晓宇. 网络零售企业顾客对服务补救需求的分析 [J]. 经济师, 2017 (04): 65 - 67.

182. 李欣, 于渤. 基于顾客二度满意的服务补救策略 [J]. 管理世界, 2006 (05): 154 - 155.

183. 李雁晨, 卢东, 周庭锐. 服务营销组合因素对服务失误归因的影响 [J]. 软科学, 2010, 24 (6): 40 - 44.

184. 林艳, 王志增. 网购顾客心理契约违背、服务补救与顾客品牌态度 [J]. 商业研究, 2016 (04): 131 - 138.

185. 刘凤军, 孟陆, 杨强, 刘颖艳. 责任归因视角下事前补救类型与顾客参与程度相匹配对服务补救绩效的影响 [J]. 南开管理评论, 2019, 22 (02): 197 - 210.

186. 刘国巍, 李闯管. 网购服务补救质量测度体系及改进 SERVQUAL 模型——基于策略偏好的实验分析视角 [J]. 中国流通经济, 2017, 31 (09): 63 - 70.

187. 刘黎, 李小军. 服务不公平与归因对顾客不良行为的交互作用研究 [J].

商场现代化，2013（14）：57-58.

188. 刘人怀，姚作为. 关系质量研究述评［J］. 外国经济与管理，2005（01）：27-33.

189. 刘汝萍，马钦海，范广伟. 社会规范标识与顾客社会规范行为意图和服务满意［J］. 管理科学，2010，23（3）：53-59.

190. 刘汝萍，马钦海，赵晓煜. 其他顾客不当行为对满意及行为倾向的影响：关系质量的调节效应［J］. 营销科学学报，2012，8（2）：129-145.

191. 刘汝萍，马钦海. 顾客不当行为研究回顾与展望［J］. 外国经济与管理，2010，32（10）：58-64.

192. 刘汝萍，曹忠鹏，范广伟，马钦海. 其他顾客不当行为引发服务失败的补救效果研究［J］. 预测，2014，33（02）：20-25.

193. 刘野逸，苏秦，彭晓辉. 基于情景实验的服务差错补救策略设计［J］. 工业工程与管理，2009（4）：84-90.

194. 刘玉荣. 基于顾客满意的零售企业服务补救策略研究［J］. 对外经贸，2012（11）：103-105.

195. 罗贤春. 企业危机管理的信息机制研究［M］. 北京：科学出版社，2009.

196. 缪荣，茅宁. 公司声誉概念的三个维度——基于企业利益相关者价值网络的分析［J］. 经济管理，2005（11）：6-11.

197. 穆晓晗. 浅谈星级酒店餐饮服务质量提升［J］. 河北企业，2016（01）：5-6.

198. 马庆国. 应用统计学：数理统计方法，数据获取与 SPSS 应用［M］. 科学出版社，2016.

199. 倪慧丽. 星级酒店服务补救对顾客满意度和忠诚度的影响研究［J］. 丽水学院学报，2017，39（03）：33-40.

200. 彭军锋，汪涛. 服务失误时顾客为什么会选择不同的抱怨行为？——服务失误时自我威胁认知对抱怨行为意向的影响［J］. 管理世界，2007（3）：102-115.

201. 彭军锋，景奉杰. 关系品质对服务补救效果的调节作用［J］. 南开管理评论，2006，9（4）：8-15.

202. 彭军锋. 在服务补救过程中关系品质对顾客知觉公平及行为意向的影响［D］. 武汉大学，2004.

203. 彭艳君. 旅游业顾客参与对服务失误归因及行为意向的影响研究——以旅游形式为调节变量［J］. 营销科学学报，2011，7（4）：42-58.

204. 彭艳君. 自助服务中的服务失误及补救研究——以 ATM 为例［J］. 技术经济与管理研究，2012（4）：50－53.

205. 任金中，景奉杰. 产品伤害危机模糊情境下自我一致对归因及行为意向的作用机制［J］. 营销科学学报，2012，8（3）：88－106.

206. 阮丽华，黄梦婷. 网络情境下服务补救对重复购买意愿的影响［J］. 湖北文理学院学报，2017，38（08）：59－66.

207. 佘升翔，武则虹，田云章，黄定轩. 服务补救研究动态及展望［J］. 钦州学院学报，2018，33（08）：48－58.

208. 沈渊，吴丽民，许胜江. SPSS 17.0（中文版）统计分析及应用实验教程［M］. 浙江大学出版社，2019.

209. 沈占波，陈丽清，吴明. 网络零售业服务失误类型及补救策略［J］. 河北大学学报，2013（6）：133－137.

210. 石成玉，李小琪. 网购退货物流服务补救质量对消费者情绪及重购意向的影响［J］. 物流技术，2019，38（09）：25－30.

211. 宋亦平，王晓艳. 服务失误归因对服务补救效果的影响［J］. 南开管理评论，2005（4）：12－17.

212. 孙乃娟，郭国庆. 群发性危机背景下服务补救的宽恕效果研究——危机性质和解释水平的调节［J］. 管理学刊，2019，32（06）：54－61.

213. 孙乃娟，孙育新. 服务补救、移情与消费者宽恕：归因理论视角下的模型建构及实证［J］. 预测，2017，36（05）：30－35.

214. 谭刚，王毅，熊卫. 基于顾客知识的服务失误归因模型研究［J］. 经济管理，2006（8）：24－31.

215. 谭鑫. 网购服务补救质量对顾客二次满意的影响研究——基于顾客认同的中介作用［J］. 江汉大学学报（社会科学版），2017，34（05）：75－80，127.

216. 唐化雨. 酒店服务利润链中的内部服务补救研究［J］. 中国商论，2017（05）：150－151.

217. 唐化雨. 酒店内部服务补救中员工满意度提升策略研究［J］. 中国管理信息化，2017，20（06）：86－87.

218. 唐小飞，贾建民，周庭锐，尹洪娟. 遭遇员工态度问题和不公平价格的顾客满意度补救研究——基于顾客赢回管理的一个动态纵向评估模型［J］. 管理世界，2009（05）：107－118，188.

219. 田桂玲，平力群. 日本政府对企业持续技术创新的政策引导作用及启示［J］. 科学学与科学技术管理. 2008（02）：199－200.

220. 田相龄．一线员工服务补救授权有效性问题研究［J］．消费导刊，2009（14）：163.

221. 涂荣庭，陈可，林倩蓉．服务补救悖论产生的条件：应该期望的作用［J］．营销科学学报，2007，3（4）：28 – 37.

222. 汪纯孝，韩小芸，温碧燕．顾客满意感与忠诚感关系的实证研究［J］．南开管理评论，2003（04）：70 – 74.

223. 王登峰，崔红．中国人的"开放性"——西方"开放性"人格维度与中国人的人格［J］．西南师范大学学报（人文社会科学版），2006，32（6）：1 – 10.

224. 王登峰，崔红．中国人人格量表（QZPS）的编制过程与初步结果［J］．心理学报，2003，35（1）：127 – 136.

225. 王颖越．服务失败、服务补救与感知公平及补救绩效的关系［D］．浙江大学．2006.

226. 王子贤，吕庆华．服务补救、感知公平与顾客满意——基于网购用户视角的研究［J］．山西财经大学学报，2018，40（10）：77 – 89.

227. 韦福祥．服务质量评价与管理［M］．北京：人民邮电出版社，2005：56 – 78.

228. 魏杰．企业文化塑造：企业生命常青藤［M］．北京：中国发展出版社，2003，1.

229. 闻超群，夏周成昊．网店服务失误对顾客满意度的影响［J］．经营与管理，2019（01）：115 – 120.

230. 翁美莹，陈喆．旅行社客户抱怨及服务补救行为研究述评［J］．价值工程，2017，36（10）：230 – 233.

231. 邬金涛，江盛达．顾客逆向行为强度的影响因素研究［J］．营销科学学报，2011，7（2）：92 – 106.

232. 肖必燕．内部服务补救及其实施途径［J］．企业改革与管理，2017（13）：101 – 102.

233. 肖海林，李书品．企业社会责任感知与消费者归因对服务性企业服务补救满意度的影响——基于顾客认同的中介作用［J］．南开管理评论，2017，20（03）：124 – 134.

234. 肖丽，姚耀．关系类型对服务失败后顾客反应的影响［J］．南开管理评论，2005（6）：56 – 62.

235. 肖胜男．顾客不当行为中影响的情绪中介效应研究——基于同属顾客的视角［J］．中南财经政法大学研究生学报，2012（5）：33 – 40.

236. 谢凤华，杨沁烜. 服务补救中顾客/企业参与对服务创新影响研究［J］. 科研管理，2017，38（04）：84-93.

237. 谢凤华. 消费者信任前因、维度和结果的研究［D］. 浙江大学，2005.

238. 谢礼珊，龚金红. 服务失误归因与顾客感知的公平性关系研究［J］. 管理学报，2008，5（6）：903-911.

239. 谢强. 危机营销：转危为安实现新跨越的营销策略［M］. 西南财经大学出版社，2007.

240. 谢雨萍. 市场经济与饭店企业文化［J］. 旅游论坛. 1998（1）：35-37.

241. 胥郁. 酒店问题顾客行为及对服务人员的影响研究［J］. 北京第二外国语学院学报，2010（3）：67-72.

242. 徐俊毅，伍小美. 认知和情感信任对顾客忠诚影响的差异分析——以化妆品市场为例［J］. 北方经济，2007（02）：76-77.

243. 徐霞. 图书馆服务补救对读者满意度影响的实证研究［J］. 山西档案，2017（04）：105-107.

244. 徐哲俊，李春花，于弋扉. 服务补救情境下星级酒店顾客重购意愿分析［J］. 延边大学学报（社会科学版），2018，51（01）：78-85、141-142.

245. 许超，杨薇，吴丽燕，范琼丹，江燕. 术后访视中实施手术室护理服务补救的效果评价［J］. 中国实用医药，2018，13（13）：186-187.

246. 薛珠. 服务补救模式在高星级酒店管理工作中的应用［J］. 时代金融，2017（30）：281、285.

247. 杨安博，崔红，王登峰. 中国人人格与后效的关系［J］. 心理科学，2010，33（6）：1401-1404.

248. 杨汉青，徐哲俊. 服务补救对顾客再使用意愿影响研究——以四星级酒店为例［J］. 时代金融，2017（14）：288、294.

249. 杨环环. 酒店服务补救系统建构现状分析及对策研究——以成都市某四星级酒店为例［J］. 现代商业，2017（11）：121-122.

250. 杨君茹，王小丽. 服务补救对消费者情绪及行为意向的影响研究［J］. 统计与决策，2016（05）：117-119.

251. 杨俊. 服务补救运作机理［M］. 北京：中国经济出版社，2006：42-50.

252. 杨强，孟陆，董泽瑞. 图书馆预防性服务补救实证研究——基于读者感知控制的调节作用［J］. 图书情报工作，2017，61（21）：71-78.

253. 杨强，孟陆，董泽瑞. 服务不好，试试接种"投诉疫苗"——基于投诉者异质性的预防性服务补救［J］. 管理评论，2019，31（10）：153-163.

254. 杨强，孟陆，董泽瑞. 预防性服务补救对顾客忠诚的影响研究——基于顾客感知公平的中介作用［J］. 大连理工大学学报（社会科学版），2018，39（06）：31－37.

255. 杨彤骥，杨红玉. 中小企业环境下服务补救后客户忠诚分析［J］. 辽宁工程技术大学学报（社会科学版），2017，19（03）：297－303.

256. 杨秀云，李扬子，张园园. 我国航班延误内部服务补救质量评价［J］. 郑州航空工业管理学院学报，2018，36（02）：1－11.

257. 杨学成，郭国庆，汪晓凡，陈栋. 服务补救可控特征对顾客口碑传播意向的影响［J］. 管理评论，2009（7）：56－64.

258. 银成钺，徐晓红. 基于归因理论的顾客对供应链其他成员服务失误的反应研究［J］. 管理学报，2011，8（8）：1213－1220.

259. 于志华. 基于顾客关系视角的服务补救理论、模型与实证［D］. 山东：山东大学博士学位论文，2007.

260. 张广玲，王辉，胡琴芬. 顾客不良行为对现场顾客行为的影响——基于归因理论的研究［J］. 武汉大学学报（哲学社会科学版），2013，66（3）：90－95.

261. 张剑渝. 运动鞋顾客忠诚：一个以满意与信任为核心的理论框架［J］. 消费经济，2006，（4）：15－24.

262. 张金连，钟长华. 网购情境下服务补救满意度研究——基于感知公平的中介作用［J］. 西部经济管理论坛，2016，27（02）：66－70.

263. 张金连. 服务补救情境下心理契约对网购顾客感受公平影响研究［J］. 济源职业技术学院学报，2018，17（01）：33－38.

264. 张敏，王倩，吴淑娟. 服务补救能够挽回顾客忠诚吗？——网购情境下顾客情绪的调节作用分析［J］. 南京财经大学学报，2018（03）：74－81.

265. 张圣亮，高欢. 服务补救方式对消费者情绪和行为意向的影响［J］. 南开管理评论，2011（2）：37－43.

266. 张圣亮，李晓昕. 采用黑名单制管理问题顾客对其他顾客影响的研究［J］. 管理现代化，2014（4）：37－40.

267. 张圣亮，李勇，李小东. 遭遇服务失误的消费者投诉动机研究［J］. 现代财经，2013（12）：105－116.

268. 张圣亮，吕俊. 服务失误归因对消费者情绪和行为的影响［J］. 经济管理，2010，32（11）：99－105.

269. 张圣亮，陶能明. 快递公司服务失误对网店顾客满意和忠诚的影响——基于心理账户理论和归因理论［J］. 现代财经，2014（6）：89－102，113.

270. 张圣亮，高欢．服务补救方式对消费者情绪和行为意向的影响［J］．南开管理评论，2011（02）：37-43.

271. 张圣亮，杨锟．服务补救时机对消费者情绪和行为意向的影响［J］．北京邮电大学学报（社会科学版），2010，12（05）：82-91.

272. 张圣亮，张文光．服务补救程度对消费者情绪和行为意向的影响［J］．北京理工大学学报（社会科学版），2009，11（6）：82-89.

273. 张圣亮，张小冰．服务补救内容和顾客关系对消费者情绪和行为意向的影响［J］．天津大学学报（社会科学版），2013，15（3）：219-223.

274. 张孝义，朱棒棒，张星杰，杨琪．黄山市乡村旅游者后悔心理满意度服务补救的特点及关系［J］．内江师范学院学报，2017，32（02）：19-23.

275. 张新，马良，王高山．服务补救环境下感知公平对重购意向的影响［J］．商业研究，2016（10）：39-43.

276. 赵冰，涂荣庭，符国群．服务补救如何影响消费者转换意向［J］．营销科学学报，2005，1（2）：1-11.

277. 赵梦琪．经济型酒店内部服务补救策略研究［J］．现代商业，2017（19）：131-132.

278. 赵延昇，王仕海．网购中服务失误对关系质量及顾客重购意愿的影响：基于关系类型调节下的实证研究［J］．中南大学学报（社会科学版），2012，18（3）：123-130，134.

279. 赵彦彦，蒋丽芹，靖广强．顾客不良行为对其他顾客的影响研究——以新华书店为例［J］．中外企业家，2014（9）：122-123.

280. 赵占波，张钧安，徐惠群．基于公平理论探讨服务补救质量影响的实证研究——来自中国电信服务行业的证据［J］．南开管理评论，2009，12（03）：27-34+44.

281. 郑春东，张帅帅，段琦，蔺宇．快递服务失误补救对顾客再购买意愿影响研究［J］．工业工程与管理，2012，17（4）：96-100.

282. 郑丹．服务补救中顾客情绪对顾客满意之影响的实证研究［J］．中国管理科学，2011，19（03）：166-173.

283. 郑秋莹，范秀成．网上零售业服务补救策略研究——基于公平理论和期望理论的探讨［J］．管理评论，2007，19（10）：17-23.

284. 郑亚楠，周庭锐．连续服务情景中启动信息对顾客购买意愿的影响［J］．营销科学学报，2010（6）：13-23.

285. 钟庚．浅谈检测服务业的服务补救［J］．江西建材，2017（23）：241-242.

286. 钟天丽，胡培，孙靖．基于外部比较下的服务补救后顾客行为意向的探

　　讨［J］．管理评论，2011（01）：59 – 67.

287. 周永康．论企业实力与企业形象的关系［D］．西南师范大学，2002.

288. 朱华伟，黄敏学．高瞻远瞩导致自控还是冲动：自我建构与冲动购买
　　［J］．营销科学学报，2012，8（2）：45 – 62.

289. 邹勇．服务补救研究现状述评与趋势展望［J］．技术经济与管理研究，
　　2017（09）：69 – 72.

290. 左文明，陈华琼．分享经济模式下基于 TRIZ 理论的服务创新［J］．南
　　开管理评论，2017，20（05）：175 – 184.

附录1 服务补救过程中顾客感知的调查问卷

服务补救过程中顾客感知的调查问卷

尊敬的小姐/女士/先生：

本人最近从事一项课题研究，需要一些数据做经验分析。烦请您在百忙之中帮我完成这份问卷，所需时间大约为五分钟。以下问题均是针对您的一次不满意的家电购买后，您和家电服务企业是如何进行后续的沟通的？请针对您的切身感受填写。您的回答只要是您的真实想法，都是对我的莫大帮助。我以人格保证，您所填写的一切仅作为我的学术研究之用，不会另作他用。谢谢您！

2013 年 6 月

1. 您这一次不满意的家电购买，商家服务是属于结果性失误还是程序性失误，请选择：[1] 结果性失误　[2] 程序性失误。

其中，结果性失误是指：您购买了这家家电企业的产品或者享受这家家电企业的服务时，如属于以下情形之一则为结果性失误：（1）产品质量较差；（2）服务没有按要求执行，待遇较差；（3）购买时服务较为到位，但是使用的情况较差等类似情况。

程序性失误是指：您购买了这家家电企业的产品或者享受这家家电企业的服务时，如属于以下情形之一则为程序性失误：（1）服务质量大打折扣；（2）提供的服务和介绍上描述的信息不符；（3）同样的服务内容因顾客不同给予不同的标准；（4）故意添加强制性的服务内容；（5）服务人员态度不好；（6）服务人员没有与你进行交流；（7）服务过程中使用伪劣或残损产品；（8）此项服务会对你造成一些不好的影响，而事先服务提供商未告知；（9）服务费用不明确；（10）服务的内容和标准不明确；（11）服务提供商不守信用，服务成交后借故毁约；（12）享受服务过程中有不清楚的限制条件；（13）服务等待时间太长等。尽管有以上不如意的体验，但是这家家电企业最终的产品使用效果您还是比较满意的。

2. 请您就这一次家电购买的感受在相应的选项上打钩。

[1] 完全不同意　　[2] 很不同意　　[3] 不同意　　[4] 不确定　[5] 同意　　[6] 很同意　　[7] 完全同意

编号/测量条款		完全不同意	很不同意	不同意	不确定	同意	很同意	完全同意
Qact1 服务企业会提前通告可能出现服务失败的事项	……	1	2	3	4	5	6	7
Qact2 服务企业提供了多种投诉方式	……	1	2	3	4	5	6	7
Qact3 服务企业在我提出抱怨时主动提出补救	……	1	2	3	4	5	6	7
Qact4 发生服务失败后，该服务企业在我提出抱怨前主动补救	……	1	2	3	4	5	6	7
Qact5 该企业在补救时还是比较主动的	……	1	2	3	4	5	6	7
Qact6 该企业的处理问题的态度我还是比较认可	……	1	2	3	4	5	6	7
Qcom1 服务企业应对服务失败，从利益方面进行了补偿	……	1	2	3	4	5	6	7
Qcom2 服务企业应对服务失败，从金钱方面进行了补偿	……	1	2	3	4	5	6	7
Qcom3 面对服务失败，服务企业提供了多种补救措施	……	1	2	3	4	5	6	7
Qcom4 服务企业应对服务失败，对我进行了有形的补偿	……	1	2	3	4	5	6	7
Qcom5 服务企业应对服务失败，从商品方面进行了补偿	……	1	2	3	4	5	6	7
Qres1 服务企业在我提出抱怨时的回应速度是较快的	……	1	2	3	4	5	6	7

续表

编号/测量条款		完全 不同意	很不 同意	不同意	不 确定	同意	很 同意	完全 同意
Qres2 服务企业在我提出抱怨时解决问题的速度较快	……	1	2	3	4	5	6	7
Qres3 服务企业不会为与顾客纠缠责任归属而耽误时间	……	1	2	3	4	5	6	7
Qapo1 服务企业在我提出抱怨时，承认了服务失败的发生	……	1	2	3	4	5	6	7
Qapo2 服务企业在我提出抱怨时，对我做出了道歉	……	1	2	3	4	5	6	7
Qapo3 服务企业在我提出抱怨时，会对服务失败的原因做出详细解释	……	1	2	3	4	5	6	7
Qapo4 服务企业及时地对我进行了道歉	……	1	2	3	4	5	6	7
Qapo5 企业的道歉态度还是不错的	……	1	2	3	4	5	6	7
Qapo6 企业在整个过程中都进行了道歉	……	1	2	3	4	5	6	7
Qsta1 该服务企业在进行服务补救时常采取理赔声明这一形式	……	1	2	3	4	5	6	7
Qsta2 相对口头道歉，我更看重该服务企业的理赔声明	……	1	2	3	4	5	6	7
Qsta3 该企业的理赔声明为顾客享受服务补救提供了保障	……	1	2	3	4	5	6	7
Qsta4 该企业的理赔声明还比较具体	……	1	2	3	4	5	6	7
Qsta5 该企业按照理赔声明给予了我适度的赔偿	……	1	2	3	4	5	6	7
Qmea1 该服务企业有很好的应对服务失败的预防措施	……	1	2	3	4	5	6	7
Qmea2 我能够感受到该服务企业预防服务失败出现的制度规范	……	1	2	3	4	5	6	7

编号/测量条款		完全不同意	很不同意	不同意	不确定	同意	很同意	完全同意
Qmea3 该服务企业的防范制度减小了发生服务失误的可能性	……	1	2	3	4	5	6	7
Qmea4 该服务企业的防范措施减小了发生服务失误的可能性	……	1	2	3	4	5	6	7
Qmea5 该服务企业尽量在杜绝类似事件的发生	……	1	2	3	4	5	6	7
Qmea6 该服务企业做了很多防范措施	……	1	2	3	4	5	6	7
Qmea7 该服务企业向我展示了一些防范事件发生的制度	……	1	2	3	4	5	6	7
Qmea8 该服务企业的防范行为让我少了些脾气	……	1	2	3	4	5	6	7
Qind1 我很有兴趣知道别人对这个公司所实施的服务补救有何看法	……	1	2	3	4	5	6	7
Qind2 有人批评这个公司的服务补救措施时，我会感到被人身攻击	……	1	2	3	4	5	6	7
Qind3 当有人赞赏这家公司服务补救时，会令我感受到个人赞誉	……	1	2	3	4	5	6	7
Qsat1 我对该服务企业处理我的问题的方式感到满意	……	1	2	3	4	5	6	7
Qsat2 我对问题处理的结果感到满意	……	1	2	3	4	5	6	7
Qsat3 整体来说，我对该服务企业的补救措施感到满意	……	1	2	3	4	5	6	7
Qsat4 整个事件让我对该企业印象还比较好	……	1	2	3	4	5	6	7
Qsat5 我对该企业处理问题的态度还比较满意	……	1	2	3	4	5	6	7

续表

编号/测量条款		完全不同意	很不同意	不同意	不确定	同意	很同意	完全同意
Qloy1 我会乐意再光顾这家服务企业	……	1	2	3	4	5	6	7
Qloy2 我会在这家企业购买大部分相关产品和服务	……	1	2	3	4	5	6	7
Qloy3 若需要同样的服务，我认为这家服务企业是第一选择	……	1	2	3	4	5	6	7
Qwor1 我会推荐我亲友光顾这家服务企业	……	1	2	3	4	5	6	7
Qwor2 我对这家服务企业的推荐会是积极正面的	……	1	2	3	4	5	6	7
Qwor3 我会向他人讲述在这家服务企业的经历	……	1	2	3	4	5	6	7
Qwor4 我会向朋友讲述这段经历	……	1	2	3	4	5	6	7
Qthi1 在服务补救过程中有第三方的介入	……	1	2	3	4	5	6	7
Qthi2 企业在这个过程中运用了第三方的力量	……	1	2	3	4	5	6	7
Qthi3 在实施过程中，我们尝试过借用第三方来寻求公证	……	1	2	3	4	5	6	7
Qthi4 补救过程中，我主动查找企业不足的咨询测评公司	……	1	2	3	4	5	6	7
Qthi5 第三方介入让我有更多的把握为自己赢得利益	……	1	2	3	4	5	6	7
Qexp1 在学习过程中，我习惯于停下来自己跟自己解释分析	……	1	2	3	4	5	6	7
Qexp2 在服务消费中，我习惯根据自己已有的知识、经验来推断服务质量	……	1	2	3	4	5	6	7
Qexp3 我会在理智的分析的基础上对服务失误企业的补救措施进行预期	……	1	2	3	4	5	6	7

3. 为了便于统计，请提供一些关于您的个人信息，请选择。

（1）您的性别：

      1）男   2）女

（2）您的年龄（岁）：

      1）20 以下   2）20—30   3）30—40   4）40—50

      5）50 以上

（3）您的学历：

      1）高中以下   2）高中   3）大专   4）本科

      5）本科以上

（4）您的月收入（元）：

      1）1000 以下   2）1000—2000

      3）2000—3000   4）3000—4000

      5）4000 以上

（5）您的职业：

      1）个体经营者   2）政府职员   3）企业职员

      4）医疗、教育机构职员   5）其他自由职业

问卷到此结束，谢谢您的合作！

附录 2 服务补救过程中企业感知的调查问卷

服务补救过程中企业感知的调查问卷

尊敬的领导，您好：

万分感谢您在百忙之中接受我们的问卷调查。您所提供的信息对我们的研究极具价值。所有回收的资料将不会做任何方面的价值判断，保证绝对保密并只做学术研究之用。

谢谢您的合作。祝贵企业业务蒸蒸日上！

2015 年 6 月

1. 企业基本情况

（1）我们企业为：

①个人独资企业 ②合伙企业 ③有限责任公司 ④股份有限公司

（2）我们企业生产的产品属于：（如有多种产品，请以主导产品来回答）

①电子和通信产品 ②玩具 ③家电 ④医药制品 ⑤化妆品 ⑥饮食产品 ⑦服装鞋类 ⑧文具 ⑨其他

（3）在市场竞争手段上，我们企业倾向于：

①靠成本和价格取胜 ②靠突出产品特色 ③服务质量 ④其他

2. 企业在服务过程中难免碰到服务失误，以下语句都是针对我们企业可能面临的服务不周和失误时，我们的处理态度和决策行为。请根据您的个人感知选择下列选项，在相应的数字上打钩。（［1］完全不同意 ［2］很不同意 ［3］不同意 ［4］不确定 ［5］同意 ［6］很同意 ［7］完全同意）

编号/测量条款		完全 不同意	很不 同意	不 同意	不 确定	同意	很 同意	完全 同意
Qpro1 我们无法向顾客提供个性化的产品	……	1	2	3	4	5	6	7
Qpro2 我们提供的产品没有达到顾客的期望	……	1	2	3	4	5	6	7
Qpro3 我们提供的产品难以保证其高质量	……	1	2	3	4	5	6	7
Qpro4 我们提供的产品种类不全	……	1	2	3	4	5	6	7
Qpro5 我们提供的产品难以让顾客放心	……	1	2	3	4	5	6	7
Qser1 我们对待顾客的态度欠佳	……	1	2	3	4	5	6	7
Qser2 我们有时帮助顾客主动性不够	……	1	2	3	4	5	6	7
Qser3 我们有时无法兼顾顾客的特别要求	……	1	2	3	4	5	6	7
Qima1 顾客对我们企业的整体印象不好	……	1	2	3	4	5	6	7
Qima2 顾客对我们企业的经营环境不满意	……	1	2	3	4	5	6	7
Qima3 顾客对我们企业的员工的整体表现不满意	……	1	2	3	4	5	6	7
Qima4 顾客认为我们企业没有把他们的利益放在第一位	……	1	2	3	4	5	6	7
Qima5 顾客认为我们企业不热心公益事业	……	1	2	3	4	5	6	7
Qima6 顾客对我们企业的形象认可度一般	……	1	2	3	4	5	6	7
Qtra1 我们向顾客提供的服务难以标准化	……	1	2	3	4	5	6	7
Qtra2 我们的员工不能及时地完成向顾客承诺的服务	……	1	2	3	4	5	6	7

续表

编号/测量条款		完全 不同意	很不 同意	不 同意	不 确定	同意	很 同意	完全 同意
Qtra3 我们的员工不能完全地按企业承诺的服务标准向顾客提供服务	……	1	2	3	4	5	6	7
Qtra4 我们的员工提供的服务难以达到顾客的要求	……	1	2	3	4	5	6	7
Qinf1 顾客能经常从报纸和杂志上看到我们的信息	……	1	2	3	4	5	6	7
Qinf2 顾客对我们提供产品的价格、功效、性能等都有了解	……	1	2	3	4	5	6	7
Qinf3 顾客对我们的服务流程和服务标准比较熟悉	……	1	2	3	4	5	6	7
Qinf4 顾客会通过一些渠道来比较我们与其他企业的差异	……	1	2	3	4	5	6	7
Qinf5 顾客会在第一时间知晓我们的新产品和新服务	……	1	2	3	4	5	6	7
Qinf6 顾客会通过朋友来获取我们的信息	……	1	2	3	4	5	6	7
Qtru1 顾客对我们的服务质量非常放心	……	1	2	3	4	5	6	7
Qtru2 顾客相信我们的广告宣传，促销让利等承诺是真实可信的	……	1	2	3	4	5	6	7
Qtru3 顾客相信我们的员工非常诚实可靠	……	1	2	3	4	5	6	7
Qtru4 顾客相信我们始终将他们的利益放在第一位	……	1	2	3	4	5	6	7
Qopi1 顾客经历服务失误后会向企业提出建议改进	……	1	2	3	4	5	6	7
Qopi2 顾客经历服务失误后会要求企业进行处理	……	1	2	3	4	5	6	7
Qopi3 顾客会把自己不满的经历告诉亲戚、朋友	……	1	2	3	4	5	6	7

续表

编号/测量条款		完全 不同意	很不 同意	不 同意	不 确定	同意	很 同意	完全 同意
Qtop1 管理层通过以身作则来表明他们重视服务	……	1	2	3	4	5	6	7
Qtop2 管理层针对员工的服务品质提供了较好的鼓励及奖励方案	……	1	2	3	4	5	6	7
Qtop3 管理层会提供资源以提升员工优质服务的能力	……	1	2	3	4	5	6	7
Qtop4 管理层非常关注顾客对企业服务质量的评价	……	1	2	3	4	5	6	7
Qcul1 企业不断地努力提高服务水平	……	1	2	3	4	5	6	7
Qcul2 企业会经常给员工进行服务培训	……	1	2	3	4	5	6	7
Qcul3 企业文化就是需要员工全心全意服务顾客	……	1	2	3	4	5	6	7
Qrep1 我们企业具有较好的知名度	……	1	2	3	4	5	6	7
Qrep2 消费者对我们企业评价较好	……	1	2	3	4	5	6	7
Qrep3 我们企业在顾客的心目中有着较好的名声	……	1	2	3	4	5	6	7
Qcin1 我们认为对失误进行服务补救投入是必要的	……	1	2	3	4	5	6	7
Qcin2 我们相信进行服务补救能带来顾客满意度的提高	……	1	2	3	4	5	6	7
Qcin3 我们相信进行服务补救能带来顾客忠诚度的提高	……	1	2	3	4	5	6	7
Qcin4 我们相信进行服务补救能提高顾客二次购买的概率	……	1	2	3	4	5	6	7
Qcin5 我们相信进行服务补救能带来顾客的口碑宣传	……	1	2	3	4	5	6	7

续表

编号/测量条款		完全 不同意	很不 同意	不 同意	不 确定	同意	很 同意	完全 同意
Qcin6 我们相信进行服务补救能帮其树立良好的企业形象	……	1	2	3	4	5	6	7
Qpay1 我们会给顾客相应的物质补偿	……	1	2	3	4	5	6	7
Qpay2 我们会弥补服务失误给顾客所带来的损失	……	1	2	3	4	5	6	7
Qpay3 我们不会因为与顾客纠缠责任归属而耽误时间	……	1	2	3	4	5	6	7
Qpay4 我们解决顾客提出的抱怨事件的速度较快	……	1	2	3	4	5	6	7
Qpay5 在失误面前，我们会给顾客道歉	……	1	2	3	4	5	6	7
Qpay6 我们会对可能出现的服务失误做出预先说明	……	1	2	3	4	5	6	7
Qint1 上级监管部门会根据顾客的投诉对我们进行调查	……	1	2	3	4	5	6	7
Qint2 消费者协会帮助顾客维权，向我们来索赔	……	1	2	3	4	5	6	7
Qint3 我们会请监管企业监督自己的服务质量	……	1	2	3	4	5	6	7
Qint4 我们与顾客之间有中立的第三方调解纠纷	……	1	2	3	4	5	6	7
Qawa1 公众会关注与我们相关的信息	……	1	2	3	4	5	6	7
Qawa2 公众会关注企业的新产品和新服务	……	1	2	3	4	5	6	7
Qawa3 公众会关注我们对负面事件的处理情况	……	1	2	3	4	5	6	7

问卷到此结束，谢谢您的合作！

后　记

　　不知不觉到了为这本书写后记的时候。回想写作的历程，不禁感慨万千。如果不是身边亲朋好友这么多年来的鼓励与支持，我肯定无法坚持完成。感谢生命中如此多的真诚相待的朋友。而此时此刻正在万千书海中选择了这本书的您，我也无限感激；您愿意花费时间和精力去阅读，对于这本书而言，是莫大的荣光，无限的荣幸；是您成就了这本书，谢谢您！

　　本书向各位分享了服务补救过程中顾客和企业对企业服务补救的认同机理研究。从一些零碎的火花，到梳理成理论观点；从纯粹的理论思考，到将这些理论应用到实践中去验证；从系统思想的勾画，到形成一部成体系的论著，既有耕耘者的辛劳，也有收获者的喜悦，非亲历者难以体会。在市场经济的环境中，以顾客满意为中心，从顾客满意的角度来开发产品和规划服务经营活动，是现代服务企业的重要竞争策略。本书结合国内外最新的理论研究和实践成果，历时八年多时间的修改、扩充和完善，终于脱稿而出。

　　本书从全新的视角对顾客认同、企业认同、企业服务补救、企业服务理念等有关问题做了探讨。由于时间和学识的拘囿，我进行深入探讨、学习的时间有限，与营销同行们也疏有探讨和切磋。因而，本书的系统性方面尚有欠缺。另外，由于有些部分是原创性的研究，有些内容分析、阐述及其结论难免出现不妥当或较为粗糙的地方。如何让服务补救的概念、理论和研究方法不断充实和完善是今后研究工作中的努力方向，也恳切希望得到各位读者的批评和指教。

　　限于研究主旨以及我的学术水平，本书仅仅是服务补救领域的具体研究，普适性还是有局限性的，诚挚欢迎对服务补救有想法和不吝提点的读者朋友与我分享和交流，以便在今后的研究中，我能够进一步充实本书的内容和提升本书的科研水平。您的想法、批评和建议对我非常有价值。对于您的反馈意见，我将感激不尽。

　　任何创作都不可能是"凭空而起的"，本书在编著过程中也参阅了许多国内外专家的研究成果，在此也一并道谢！最后，让我再次对曾经和正在关心我成长的所有良师益友表示最衷心的感谢！感谢我的研究生为本书的出版所做的努力！在本书完稿出版之时，我深感其中还存在诸多不足，在此恳请读者和同行不吝赐教，以便在今后的研究中修正和补充，感谢你们后期的指导！